Erwin Teufel

Gewissen für das Ganze

Erwin Teufel

GEWISSEN FÜR DAS GANZE

Ein politisches Leben

HERDER

FREIBURG · BASEL · WIEN

www.herder.de

Umschlagkonzeption: Groothuis, Lohfert, Consorten | glcons.de
Umschlagmotiv: © Martin Storz / Graffiti

Satz: Barbara Herrmann, Freiburg
Herstellung: fgb · freiburger graphische betriebe
www.fgb.de

Gedruckt auf umweltfreundlichem, chlorfrei gebleichtem Papier
Printed in Germany

ISBN 978-3-451-30227-5

VORWORT

Ein Buch über mein Leben zu schreiben, kam mir eigentlich nie in den Sinn. Zum einen, weil es eine Biografie über mich schon gibt. Zwei Redakteure der Stuttgarter Zeitung, Michael Ohnewald und Thomas Durchdenwald, haben sie geschrieben. Wie viele andere bin auch ich ihnen Rede und Antwort gestanden. Dieses Buch ist von mir nie autorisiert worden, es ist das Ergebnis der Recherchearbeit und der Wertung dieser beiden Journalisten.

Der zweite Grund für meine Zurückhaltung war, dass ich mich selbst nicht herausstellen wollte. Ich sehe mein Leben und meine Arbeit nicht auf einer so hohen Ebene, die eine Autobiografie nötig machen würde. Warum dann doch der Sinneswandel?

In den letzten Jahren habe ich oft Diskussionen mit Oberstufenschülern an Gymnasien, mit Berufsschülern an Berufsschulen oder mit Studenten an Hochschulen geführt. In den letzten Monaten habe ich zudem viele Reden gehalten und Diskussionen geführt: über 60 Jahre Grundgesetz, über 60 Jahre Bundesrepublik und über 20 Jahre Fall der Mauer, Freiheit für die osteuropäischen Nachbarländer und die Wiedervereinigung Deutschlands. Dabei ist mir aufgefallen, wie sehr sich die jungen Leute bei uns für diese Themen der jüngeren Geschichte, noch mehr aber, wie sehr sie sich für die Erfahrungen der Kriegsgeneration und der Nachkriegsgeneration, also für die Erlebnisse ihrer Großeltern und ihrer Eltern interessieren. Ich habe die Erfahrung gemacht, dass offenbar viel zu wenig erzählt wird und von einer Generation zur nächsten zu wenig Erlebnisse, Geschichte und Erfahrungen vermittelt werden. Es geht den Jüngeren nicht so sehr um Geschichtsdaten als um erlebte Geschichte, um Authentizität, um persönliche Wertungen. Das hat bei mir im Frühsommer dieses Jahres ganz spontan zum Entschluss geführt, einiges aus meinem Leben zu erzählen. Ich schreibe bewusst keine umfassende Darstellung meines Lebens vom Tag meiner Geburt bis zum heutigen Tag. Sondern ich möchte anhand ganz konkreter Erlebnisse und Erfahrungen vermitteln, was mich geprägt hat, was mich veranlasst hat, in die Politik zu gehen, und was meine eigene Identität ausmacht. Ich möchte deutlich machen, warum ich so geworden bin, wie ich bin, was mich zum Handeln und Gestalten motiviert hat, was meine Ziele waren und sind und warum ich durchgehalten habe.

Manches lasse ich weg, weil ich nicht zu ausufernd werden möchte. Anderes, weil es nicht mehr so deutlich in meinem Gedächtnis ist. Wieder anderes, weil es Tagesroutine war, auch wenn es wichtig und manchmal auch anstrengend gewesen ist. Stoff gäbe es sicher für ein Buch mit dem doppelten Umfang.

Ich denke in Hochachtung an die Generation meiner Eltern, die Kriegsgeneration, die es sehr viel schwerer hatte als wir heute. Viele aus dieser Generation sind gefallen oder Opfer der Diktatur geworden. Mütter wurden in jungen Jahren zu Witwen und standen allein da mit ihren Kindern. Die Zurückgebliebenen oder Zurückgekehrten oder auch die Menschen, die als Heimatvertriebene in unser Land kamen, haben in einer gewaltigen Anstrengung unser Land aus der schlimmsten Notlage seiner Geschichte neu aufgebaut. Wir können an ihnen Maß nehmen und müssen uns gleichermaßen anstrengen, unsere Probleme zu lösen und jedem jungen Menschen Zukunftschancen zu eröffnen.

Noch nie hatten die Menschen in unserem Land über 60 Jahre Friede und Freiheit. Noch nie hat eine Generation vor uns auf diesem Boden so gut gelebt wie wir heute. Noch nie hatten wir einen Rechtsstaat, der die Menschenwürde und Menschenrechte schützt und dafür sorgt, dass jeder mehr aus seinem Leben machen kann.

Ich schreibe einige Erlebnisse meines Lebens auch in Dankbarkeit dafür, dass ich zur ersten Generation gehöre, die nicht in einen Krieg ziehen musste. Auch in Dankbarkeit dafür, dass wir in der Europäischen Union mit allen unseren Nachbarn in Frieden leben und gemeinsam dafür arbeiten, dass sich Europa im weltweiten Wettbewerb behaupten kann.

Ich widme dieses Buch den beiden Generationen, zu denen auch meine Kinder und Enkelkinder gehören. Sie sind unsere Hoffnung und Zuversicht.

Der Titel „Gewissen für das Ganze“ stammt nicht von mir. Er bezieht sich auf eine Formulierung des großen Tübinger Philosophen und Pädagogen Eduard Spranger. Ich habe sie häufig in Reden zitiert, weil sie wiedergibt, was auch meine ganze Überzeugung ist: Wir müssen über unsere persönlichen Interessen hinaus die Verantwortung für das Ganze wahrnehmen und ein Gewissen für die Mitmenschen und für das Gemeinwohl haben. Auf die innere Stimme des Gewissens zu hören und sich an ihm zu orientieren, über die Spezialisierungen und Teilwahrheiten hinaus das Ganze zu sehen, Teilwahrheiten zu integrieren und Synthesen finden, darum geht es. Denn „die Wahrheit ist das Ganze“, sagt Hegel.

1.

Meine erste deutliche Kindheitserinnerung geht zurück auf den 20. April 1945: Mit dem Vorrücken einer marokkanischen Panzerbrigade kam es zum Einmarsch französischer Soldaten in meiner Heimatgemeinde Zimmern ob Rottweil. Ich war damals fünfeinhalb Jahre alt, und der Krieg war auch für uns allgegenwärtig. Das Sirenengeheul hat sich mir tief eingeprägt. Auch die Erinnerung daran ist noch lebendig, wie wir Kinder nachts bei Fliegeralarm aus dem Bett gerissen, in Decken gehüllt und in den Keller eines Nachbarhauses getragen wurden, der sicherer schien als der Keller im eigenen Haus. Banges Warten, Beten, Zittern und Frieren sind bleibende Eindrücke. Ich erinnere mich auch an das tägliche Nachtgebet, in dem wir für die Rückkehr des Vaters und des Onkels aus dem Krieg gebetet haben.

Und dann also der 20. April 1945. Er ist mir von morgens bis abends in vielen Einzelheiten gegenwärtig. Es hieß: Die Franzosen kommen! Meine Mutter und wir drei kleinen Kinder, mein Bruder Albert mit vier Jahren, meine Schwester Irmgard mit zweieinhalb Jahren und ich, brachen mit dem Nötigsten und einem Kinderwagen auf zu unserem Onkel Franz, dem ältesten Bruder meines Vaters, der den elterlichen Hof der Vorfahren bewirtschaftete. Wir gingen in eine alte Mosterei im Garten. Dort fanden wir in einem schwer zugänglichen und versteckten Kellerraum Zuflucht. Es waren noch einige Familien mit uns zusammen. Immer wieder kamen Boten mit Alarmmeldungen und mit neuen Nachrichten in den Keller. Angst und Unsicherheit waren groß: Wann und aus welcher Richtung würden die französischen Streitkräfte kommen? Ob es noch Kämpfe und Widerstand gebe? Würde der Volkssturm Hindernisse aufbauen oder wegräumen? Diese Fragen bewegten die Erwachsenen.

Alles wurde jäh unterbrochen durch Fliegeralarm, durch großen Lärm von Flugzeugen, durch Bombenexplosionen, die ganz nahe sein mussten. Schließlich sickerte die Nachricht durch: Zimmern brennt. Der ganze Ortskern stand in Flammen. Die „Spittelhöfe" (frühere Hofgüter des Spitals Rottweil) brannten lichterloh. Schließlich gingen auch Häuser am westlichen Ortsrand in Flammen auf. Zum Löschen fehlten erfahrene Männer. Es fehlte auch an Wasser. Was die Wasserleitung nicht hergab, ersetzte der Dorfbrunnen. Die Ängste der Erwachsenen waren inzwischen einer spontanen Hilfsbereitschaft gewichen. Mit Mut und Tatkraft gingen viele Frauen und ältere Männer ans Werk. Sie befreiten das Vieh in den brennenden Ställen und holten wichtigen Hausrat aus den Häusern. Sie löschten und halfen, wo es nötig war.

Wir Kinder blieben zunächst im Keller, verängstigt, aber ruhig. Als wir am Nachmittag informiert und herausgeholt wurden, bot sich uns ein Bild des Grauens: Ein brennender Ortskern, herumirrendes Vieh, teilweise von Brandwunden versehrt, brüllend vor Schmerz. Viele Menschen, die mit größter Eile und Anspannung löschten und halfen. Gegen Abend wurde das Vieh aus den bis auf die Grundmauern abgebrannten Häusern und Ställen in die Bauernhöfe gebracht, die unversehrt geblieben waren. Menschen, die ihr Haus, ihr Hab und Gut verloren hatten, fanden Aufnahme in anderen Familien. Auch ich teilte mein Bett für einige Zeit mit einem gleichaltrigen Buben.

Jahre danach erzählte mir Gebhard Müller, der zweite Ministerpräsident unseres Landes Baden-Württemberg, dass auch er an diesem 20. April beim Rückzug der deutschen Soldaten in Zimmern vor Ort war. Er kam von der „Flak" auf der Stettener Höhe. Da sich seine Einheit aufgelöst hatte, half er den ganzen Tag, die brennenden Häuser zu löschen. Erst gegen Abend machte er sich dann, dicht gefolgt von den nachrückenden Franzosen, wieder auf den Weg, zu Fuß, in Richtung seiner Heimat Oberschwaben.

Später erfuhren wir, dass die Bombardierung wohl zwei Ursachen hatte. Zum einen, weil am Ortseingang an der Brücke eine Panzersperre war, die – genauso wie einige benachbarte Häuser – von Jagdbombern zerstört wurde. Ich wundere mich noch heute über die Existenz dieser Sperre, weil bekannt ist, dass der damalige Bürgermeister Konrad Mager die Mitglieder des Volkssturms außerhalb des Orts heimgeschickt und sie daran gehindert hatte, so genannte Panzersperren aus Baumstämmen an den Zufahrtsstraßen zu errichten. Das war mutig, weil es gegen alle Vorschriften verstieß. Es gab in Baden-Württemberg vergleichbar mutige Bürgermeister, die wegen einer solchen Anordnung von der SS erschossen wurden.

Die zweite Ursache für die Bombardierung könnte gewesen sein, dass damals im Ortskern von Zimmern einige Militärfahrzeuge der deutschen Abwehrflak standen. Die „Flak" wurde schon im Ersten Weltkrieg in Zimmern außerhalb des Orts auf der Stettener Höhe eingerichtet und im Zweiten Weltkrieg breit ausgebaut. Auf dieser Anhöhe waren einige Hundert Soldaten der Flugabwehr stationiert. Zum Kriegsende hielten sich dort außerdem viele Fremdarbeiter, Frauen wie Männer, aus Russland und anderen osteuropäischen Staaten auf. Jedenfalls wurden vermutlich wegen dieser militärischen Stellung die Brandbomben auf Zimmern geworfen. Die Folgen für unsere Ortschaft waren verheerend. Im Anschluss an das Bombardement aus der Luft rückten dann die Panzer ein.

Wir Kinder sahen an diesem Tag zum ersten Mal mächtige Panzer und schwarze Soldaten. Natürlich fürchteten wir uns. Und das umso mehr, als wir in den folgenden Nächten von Schreien auf der Straße aufgeschreckt wurden, von den Hilferufen der Frauen, die von Soldaten verfolgt wurden. Ich habe sie noch heute im Ohr. Die französischen Soldaten hatten in den ersten Tagen und Nächten freien Ausgang. Viele Frauen wurden damals Opfer von Vergewaltigungen.

2.

Die französische Besatzungszeit war anfangs nicht leicht. Auch ein großer Freund Frankreichs wie ich muss das offen aussprechen. Aber man muss hinzufügen: Deutschland hat Frankreich im Zweiten Weltkrieg angegriffen und besetzt, Paris wurde von deutschen Truppen erobert, das französische Volk gedemütigt. Für die Franzosen war die deutsche Besatzungszeit sicher nicht leichter als die französische Besatzung für die Deutschen. Nur: Es sind immer wieder ganz und gar unterschiedliche Menschen betroffen, Unschuldige sind Opfer. Man kann Unrecht nie mit neuem Unrecht aufrechnen. Das gilt auch für die Vertreibung vieler Deutscher nach dem Zweiten Weltkrieg.

Während der ersten Monate der Besatzungszeit herrschte Hunger, vor allem in den Städten unseres Landes. Die Auflagen der Bauern für das Abliefern von Vieh, Weizen und Kartoffeln waren hart und kaum zu erbringen. Die neuen, von den Franzosen eingesetzten Bürgermeister hatten eine schwere Aufgabe. Sie wurden zerrieben zwischen dem Druck der Besatzungsoffiziere und den Klagen ihrer Mitbürger.

Wenn eine Gemeinde ihr Ablieferungssoll nicht erbrachte, kam es zu Razzien von außen, bei denen die Keller leer geräumt wurden, so dass die Bauern nicht einmal mehr das Saatgut für die Aussaat im nächsten Frühjahr hatten. Die Bauern in den drei französischen Besatzungszonen Rheinland-Pfalz, Baden (Südbaden) und Württemberg-Hohenzollern (Südwürttemberg-Hohenzollern) mussten nicht nur die eigenen Menschen ernähren, sondern vorrangig auch die Soldaten und Zivilbediensteten der Besatzungsmacht und die Bürgerinnen und Bürger der beiden großen französischen Bezirke Berlins, den Wedding und Reinickendorf.

Genauso schwer war für die Bürgermeister vor Ort die Wohnungsversorgung. Viele Städte waren zerstört. Schon Mitte 1945 kamen Heimatvertriebene in jede Gemeinde und mussten von heute auf morgen untergebracht werden. Viele Einheimische sperrten sich gegen die Aufnahme von Flüchtlingen in ihrem Haus. Sie wollten ihren ohnehin schon begrenzten Wohnraum nicht auch noch teilen. Der Anfang war für die Vertriebenen schwer. Sie hatten nichts und waren fremd. Umso mehr fielen diejenigen Einheimischen auf, die ohne große Worte zu machen halfen und bereit waren, etwas von ihrem spärlichen Hab und Gut abzugeben.

Die französische Besatzungsmacht demontierte Maschinen in den Fabriken. Sie ließ das zweite Bahngleis von Horb nach Hattingen abbauen, das auch heute noch nicht wieder eingebaut ist. Sie ordnete Kahlhiebe in den Wäldern, die so genannten F-Hiebe an und verfrachtete das Holz nach Frankreich. Sie beschlagnahmte Häuser für Bedürfnisse der Besatzungsmacht. Sie ließ alle Radiogeräte (die sog. Volksempfänger) und viele Werkzeuge einsammeln, die dann meistens auf Sammelplätzen verrotteten. Kriegsgefangene, die mit ordentlichen Entlassungspapieren aus der britischen und amerikanischen Gefangenschaft entlassen worden waren, mussten sich zu Hause, in der französischen Besatzungszone, noch einmal melden und wurden in großer Zahl neu in Gefangenschaft genommen und auf Lastwagen nach Frankreich deportiert, wo sie auf Feldern und in Fabriken eingesetzt und in Lagern oft noch Jahre festgehalten wurden.

Das alles hatten bei uns die Zurückgebliebenen zu tragen. Mein Vater war im Krieg und in der Gefangenschaft. Meine

Mutter musste ganz allein einen Hof und drei kleine Kinder durchbringen. Jahre später habe ich mir einmal überlegt, wie alt meine Mutter damals war: keine 30 Jahre. Das hat meine Hochachtung vor ihrer Leistung noch gesteigert.

Wir haben um eine gute Rückkehr des Vaters gebangt und dafür gebetet. Als er dann schließlich überraschend früh nach Hause kam, haben wir gezittert vor dem Termin, zu dem er in ein französisches Lager in Tuttlingen fahren musste, um seine Entlassungspapiere überprüfen zu lassen. Er ist aber heil heimgekommen und wir waren wieder eine Familie. Es waren schwere Zeiten für die Eltern, doch wir Kinder waren geborgen und zufrieden. Täglich kamen zu uns Menschen ins Haus: meist aus Rottweil, am Wochenende aber auch von weit her. Sie hatten Hunger und konnten mit den Lebensmittelkarten ihre Kinder nicht durchbringen. Es ist keine und keiner von unserem Hof gegangen, dem meine Mutter nicht geholfen hätte.

3.

Bald nach dem „Umsturz", so nannte man das Ende des Dritten Reiches und den Beginn der Nachkriegszeit, war die Not groß. Man versuchte denen zu helfen, die ihr Haus verloren hatten. Es gab kein Geld, kein Baumaterial, keinen Zement und keine Bausteine. Aber in der Nähe, am Rand der Schwäbischen Alb, zwischen Feckenhausen und Schörzingen, befand sich in einem Wald, dem so genannten „Eckerwald", ein leer stehendes Lager. Die vom Brand Betroffenen durften es abbrechen und das Bauholz und die Steine zum Wiederaufbau verwenden. Weil viele von ihnen keine Zugpferde hatten (einen Schlepper gab es damals noch nicht), sprangen die ein, die Pferde hatten. Mein Vater war zu diesem Zeitpunkt noch in Gefangenschaft, aber meine Mutter stellte unsere beiden Pferde und einen Wagen zur Verfügung. Ich fuhr mit und sah diese Barackensiedlung; was sich auf diesem Gelände früher abgespielt hatte, davon hatte ich keine Ahnung. Hoch auf dem mit Baumaterialien gefüllten Wagen ging es am Abend wieder zurück.

Jahre später, ich war noch in der Ausbildung beim Landratsamt Rottweil, gab mir der Nachkriegsbürgermeister von Schörzingen, Johann Bregenzer, einen von ihm geschriebenen, ausführlichen Bericht über seine Beobachtungen eben dieses Lagers. Ich las ihn mit Entsetzen. In der Folge informierte ich mich dann immer intensiver. Was zu Tage kam, konnte einen jungen Menschen, der das Dritte Reich nicht mehr bewusst erlebt hatte, nur mit Schrecken und Scham erfüllen. Das Thema hat mich dann mein Leben lang nicht mehr losgelassen. Dass ich später oft Reden bei Gedenkstunden gehalten habe, nicht nur bei der Einweihung von Friedhöfen für KZ-Opfer in Bisingen und Dautmergen, sondern auch andernorts, das hängt mit der Erschütterung über das zusammen, was hier in unserer näheren Heimat passiert war. Nicht nur in Dachau und Auschwitz also, sondern mitten unter uns, in unserer Nachbarschaft, hatte es Konzentrationslager mit Menschen aus ganz Europa gegeben. Man konnte zwar nicht in die Lager hineinblicken, aber zu übersehen waren sie nicht. Und es drang außerdem heraus, was dort vor sich ging.

Im Zweiten Weltkrieg wurde durch die Bombardierung von Ölfeldern und Ölraffinerien der Treibstoff für Autos, Flugzeuge und Panzer immer knapper. Im Jahr 1943 hatte das für Wirtschaft und Militär katastrophale Folgen. Damals entdeckte das Reichsministerium für Rüstung und Kriegswirtschaft die Ölschieferschichten am Westrand der Schwäbischen Alb. Unter dem Decknamen „Wüste“ wurde die Ausbeutung dieser Posidonienschieferschicht angeordnet. In der Folgezeit wurden für dieses Unternehmen von der SS sieben Konzentrationslager mit über 10 000 Häftlingen zwischen Bisingen und Schörzingen im heutigen Zollernalbkreis geschaffen. Ebenso wurden zehn Ölgewinnungsanlagen, Versuchsanlagen und Verschwelungsanlagen in dieser Landschaft eingerichtet. Zum Lageraufbau wurden Häftlinge aus dem KZ Natzweiler-Struthof im Elsass in unser Land gebracht. Auch Kriegsgefangene und KZ-Häftlinge aus deutschen Konzentrationslagern hatte man gewaltsam zum Ölschieferabbau verschleppt.

Es war Winter und die Menschen froren und erfroren. Sie trugen dünne Häftlingskleidung und Stoff- bzw. Holzschuhe. Die Gesamtzahl der Häftlinge betrug im Oktober 1944 etwa 19 000 Personen. Die schon nach kurzer Zeit kranken, frierenden und hungernden Menschen arbeiteten täglich 12 bis 14 Stunden. Sie hatten nur teilweise Handwerkszeug. Viele brachen mit bloßen Händen den Schiefer. Sie schliefen auf Pritschen, Bänken und Tischen, weil die Lager völlig überfüllt waren. Die meisten starben schon nach wenigen Wochen. Die Toten wurden im Krematorium Schwenningen verbrannt oder in Massengräbern verscharrt. Die KZ-Friedhöfe in allen Orten erinnern an diese Opfer. Erst nachträglich bekamen sie jetzt ihren Namen zurück, der auf Gedenktafeln verzeichnet ist. Man kann es nur als Hölle bezeichnen, was durch das nationalsozialistische Deutschland, durch die SS, durch KZ-Wächter Mitmenschen aus ganz Europa angetan wurde.

Auch wer keine persönliche Schuld trägt, muss sich ein Leben lang schämen für die Verbrechen an unschuldigen Menschen. Sie haben unter erbärmlichen Umständen hier gelebt und gelitten. Sie wurden geschunden, geschlagen und ihrer Menschenrechte und Menschenwürde beraubt. Sie wurden gefoltert und direkt oder indirekt in den Tod getrieben.

Es gab aber auch Menschen, die sich in schwerster Zeit mitmenschlich verhalten haben. Sie haben unter Gefahr für das eigene Leben Häftlingen Brot zugeschoben. Einige haben geflohene Häftlinge unter Lebensgefahr in ihrem Haus aufgenommen. Der KZ-Wärter Erwin Dold war einer von ihnen. Er organisierte ohne Wissen seiner Vorgesetzten Medikamente und Kleider, besorgte Lebensmittel vom Hof seiner Eltern im Schwarzwald und verteilte sie. Erwin Dold wurde nach dem Krieg von einem französischen Militärgericht wegen erwiesener Unschuld freigesprochen, nachdem ehemalige Häftlinge als Zeugen für ihn eingetreten waren.

Nach dem Krieg hielten die betroffenen Gemeinden und einige Bürgerinitiativen das Gedächtnis an diese Opfer aufrecht und schufen ihnen würdige Grabdenkmäler und Friedhöfe. Viele Bürgerinitiativen und Schulen haben sich seither engagiert, um durch Gedenktafeln und Dokumentationen, durch eine Gedenkstätte in Bisingen und im Eckerwald, die Erinnerung aufrecht zu erhalten. Im Eckerwald steht heute eine Bronzeplastik des Rottweiler Künstlers Siegfried Haas, und ein Kreis um Frau Gertrud Graf kümmert sich um ehemalige Gefangene und um die lebendige Erinnerung an das furchtbare Geschehen. Diese Arbeit von Bürgern, Gemeinderäten, Lehrern und Schülern ist jede Anerkennung wert. Große Verdienste um die präzise Aufarbeitung der „Aktion Wüste“ und ihrer vielen, vielen Opfer hat sich auch Michael Grant mit seinem Buch „Unternehmen Wüste – Hitlers Hoffnung“ erworben.

Ein Leben lang hat mich die Erinnerung an dieses Verbrechen in unserer unmittelbaren Heimat, aber auch in Grafeneck bei Münsingen nicht mehr losgelassen. Dort wurde kurz nach der Machtergreifung Hitlers 1933 das erste KZ in

Württemberg eingerichtet. Später verlegte man es auf den Oberen Kuhberg nach Ulm. Dafür wurden dann in Grafeneck 10 000 geistig behinderte Mitbürgerinnen und Mitbürger aus allen Psychiatrischen Landeskrankenhäusern in Baden-Württemberg vergast. Weil wir diese Verbrechen nicht vergessen dürfen und weil wir mit unseren Kindern und Enkeln darüber reden müssen, habe ich als Ministerpräsident, wo immer es ging, die Errichtung von Gedenkstätten und Dokumentationszentren an den Stätten des Grauens unterstützt und ermöglicht.

Ich habe mir auch oft die Frage gestellt, was unserem Volk noch erspart geblieben wäre, wenn das Attentat Graf Stauffenbergs am 20. Juli 1944 geglückt wäre. Alle Opfer der Operation „Wüste" hätten überlebt. Und viele andere dazu: Die Hälfte der Kriegstoten des Zweiten Weltkrieges ist ja nach dem 20. Juli 1944 gestorben, gefallen, auf der Flucht zu Tode gekommen oder ermordet worden.

Wir müssen uns erinnern und wir müssen den nächsten Generationen unsere Erfahrung vermitteln, damit nicht jede Generation ihre eigenen blutigen Erfahrungen machen muss. Wir müssen uns auch deshalb erinnern, weil nach einem treffenden jüdischen Wort „das Geheimnis der Versöhnung Erinnerung" ist.

4.

Mein Geburtstag fällt direkt in den Beginn des Zweiten Weltkrieges, den Adolf Hitler auslöste. Ich kam am 4. September 1939 im Rottweiler Städtischen Krankenhaus, dem Spital, zur Welt und wurde dort am 10.9.1939 getauft. Am 1. September 1939 überfielen auf Hitlers Befehl hin deutsche Truppen Polen. Am 3. September 1939 antworteten Frankreich und Großbritannien mit einer Kriegserklärung an Deutschland.

Es war von Seiten der nationalsozialistischen Führung nicht nur ein ideologisch motivierter Eroberungskrieg, sondern ein Vernichtungskrieg, der zuerst die Polen traf, dann die Juden Europas, dann die Sinti und Roma in Europa und schließlich alle, die sich der Barbarei entgegenstellten.

Es handelte sich um einen Vernichtungskrieg vom dritten Tag an. Am 1. September 1939 marschierten deutsche Truppen gegen jedes Völkerrecht in Polen ein. Am 3. September folgten Verbände der SS, außerhalb der eigentlichen Kriegshandlung, der Wehrmacht von Ort zu Ort nach. Der Historiker Heinrich August Winkler konstatiert: „Schon im September wurden in Polen Einsatzgruppen der SS tätig, die massenweise Juden und Angehörige der polnischen Intelligenz, darunter Pfarrer, Lehrer, Rechtsanwälte, Ärzte und Gutsbesitzer liquidierten." Und bei Hans-Ulrich Wehler heißt es: „Hitler hatte schon am 22. August vor der Militärspitze die Vernichtung Polens als Staat und den überlebenden Polen eine Sklaven- und Helotenexistenz angekündigt." Und er stellt fest: „Am dritten Tag nach Kriegsbeginn begannen die ersten Mordaktionen. Noch im September 1939 wurden 16 000 polnische Männer liquidiert, Zehntausende folgten." Das alles müssen wir uns vor Augen halten, wenn wir beklagen, dass sich viele Polen schwer tun, zu einem unverkrampften Verhältnis zu Deutschland zu finden.

Ich habe den Zweiten Weltkrieg und die Zeit des Nationalsozialismus nicht bewusst erlebt, mit Ausnahme des Stellungsbefehls für den Vater, die tägliche Sorge um sein Leben und seine Rückkehr und das Ende 1945. Die Last lag auf meiner Mutter, die allein war mit ihren drei kleinen Kindern, einem Bauernhof, mit Stallarbeit und Feldarbeit. Wir Kinder waren gleichwohl behütet und wir hatten zu essen. Meine

Mutter ging an den Inhalt ihres bescheidenen Kleiderschrankes, trennte ihre eigenen Kleider auf und nähte und arbeitete sie zu Kinderkleidern um, damit wir etwas anzuziehen hatten, denn es gab ja nichts zu kaufen. Die Not hörte mit Kriegsende nicht auf. Aber die Hauptsache im Mai 1945 war: Der Krieg ist zu Ende und mit ihm die Ängste, die das Leben bei Tag und bei Nacht bestimmt hatten.

Das große Ereignis des Jahres 1945 war die Rückkehr meines Vaters aus dem Krieg und der britischen Gefangenschaft. Aus Norddeutschland brauchte er mehrere Tage mit der Bahn bis Stuttgart und Horb. Von dort ging er zu Fuß die Strecke von 40 Kilometern nach Hause. Beim Kronenwirt in Epfendorf, dem Vater des späteren Bundestagsabgeordneten Franz Sauter, wurde er zum Mittagessen eingeladen. Dann kam er unangemeldet nach Hause. Es war an einem späten Sonntagnachmittag. Die Mutter lag mit einer Blutvergiftung im Bett. Trotzdem sprang sie ihm geradezu entgegen. Meine kleine Schwester Irmgard wusste mit dem fremden Mann zunächst nichts anzufangen, doch schon bald hatte sie sich an ihn gewöhnt. Wir waren wieder eine Familie und die Mutter hatte nicht mehr die ganze Last der Arbeit und Verantwortung zu tragen.

Wenn ich mich zeitlebens mit dieser schlimmen Phase unserer Geschichte befasst habe, dann nicht, um Deutschland am Pranger zu lassen, sondern um unsere Nachbarn zu verstehen und um für unser Volk eine Zukunft zu gewinnen. Konrad Adenauer stellte uns drei Ziele vor Augen: Versöhnung mit Frankreich, Israel und Polen. Daran habe auch ich mich immer gehalten. Adenauer sah die anderen Nachbarvölker sicher als genauso wichtig für uns an. Er hat sich jedenfalls von Anfang an für gute Nachbarschaft und Zusammenarbeit in einem vereinten Europa eingesetzt.

5.

In der Gemeinde begann das öffentliche Leben wieder. Sie war für alles zuständig: für die Erfüllung der Anordnungen der Besatzungsmacht, für die Ablieferung der Lebensmittel, für die Wohnungsversorgung von Flüchtlingen, für Arbeitsbeschaffungsmaßnahmen für Männer, die aus dem Krieg zurückkamen, für die Hilfe an Witwen, an Waisen und Kriegsversehrten. Wir hatten einen starken Bürgermeister, Konrad Mager. Er sprach mich an, wenn er mich auf der Straße sah und ich durfte auch in sein Vorzimmer aufs Rathaus.

Als ich 20 Jahre alt war, gründete ich mit ihm, der inzwischen aus seinem Amt ausgeschieden war, und einigen anderen Mitbürgern die erste Bürgerinitiative – zu einer Zeit, als es diesen Namen noch gar nicht gab. Wir nannten sie „Aktionsgemeinschaft für eine faire Verkehrsführung von Autobahn und Zubringerstraßen auf der Gemarkung Zimmern". Unsere Aktion war durchaus erfolgreich und ermöglichte der Gemeinde Zimmern trotz Autobahn, Umgehungsstraße Rottweil und Autobahnzubringer auf einer einzigen Gemarkung wenigstens eine bescheidene Entwicklungsmöglichkeit nach Süden und Westen, weil es in zähen Verhandlungen gelang, mehrere Linienführungen und die Autobahnauffahrt ein Stück vom bebauten Ortsrand wegzudrängen. Zum Abschluss schenkte mir der Altbürgermeister eine Kopie seiner Tapferkeitsmedaille in Gold des Württembergischen Königs aus dem Ersten Weltkrieg. Es ist für mich eine der höchsten „Auszeichnungen", die ich in meinem Leben erhielt. Sie kam von einem Mann, der unserer Heimatgemeinde 28 Jahre als Bürgermeister vorbildlich gedient hat, und der auch mir ganz persönlich zu einem Vorbild geworden war.

Für mein Leben wurde die Einsicht prägend, dass die Gemeinde allzuständig ist. Sie ist den Menschen am nächsten.

Wenn nichts mehr geht, dann bringt das Rathaus die Dinge in Bewegung. Noch heute bin ich überzeugt: Die Landesebene, Bundesebene und europäische Ebene sollten den Gemeinden und Städten mehr zutrauen. Sie haben jedes Vertrauen verdient und brauchen für die Lösung von Problemen weder Weisungen von oben noch enge Richtlinien und Verordnungen.

Die ersten Nachkriegsjahre waren schwierig für jeden, der sich durch demokratische Wahl in die Verantwortung begab. Sie waren schwierig für alle, ganz besonders für die Kriegerwitwen und ihre Kinder, für die Schwerkriegsversehrten, für die Heimatvertriebenen.

In dieser Zeit wurde ich eingeschult. Damals, im September 1945, gab es nicht nur keine Schultüte zum Schulanfang, es gab keine Feier, keine Begleitung der Schulanfänger durch die Eltern. Es gab so gut wie nichts: keinen Schulranzen, kein Heft, kein Buch, keine Farbstifte. Wir bekamen eine Schiefertafel, die ohne Rahmen nicht größer war als eine Postkarte. Trotzdem haben wir nichts vermisst. Denn alle waren gleich schlecht dran. Wir kannten nichts anderes. Wir wurden von guten Lehrern unterrichtet, die aus dem Ruhestand zurückgeholt wurden, weil ihre jüngeren Kollegen gefallen waren und viele in der Gefangenschaft waren oder andere in Entnazifizierungsverfahren. Wir hatten übergroße Klassen, aber es gab keine Elternproteste.

In dieser Zeit kam der Bekennerbischof Joannes Baptista Sproll aus der Verbannung zurück. Er war gesundheitlich schwer angeschlagen und gelähmt. Von den Christen der Diözese Rottenburg wurde er verehrt, weil er aufrecht durch das Dritte Reich gegangen war und mutig Stellung bezogen hatte. Weder an Wahlen noch Abstimmungen hatte er teilgenommen und durch sein Verhalten vielen ein Beispiel gegeben.

Nachdem er sich im April 1938 nicht an der Volksabstimmung über den Anschluss Österreichs beteiligt hatte, wurde ein Ermittlungsverfahren gegen ihn eingeleitet, es wurden Demonstrationen organisiert, zu denen man die SS und SA von weither mit Bussen nach Rottenburg transportierte. Die Scheiben des Bischofshauses wurden damals mit Pflastersteinen eingeschlagen. Schließlich musste der Bischof in die Verbannung nach Krumbach, in der Nachbardiözese Augsburg gelegen. Als er nach 1945 in sein Bistum zurückkam, wurde er auf Bischofstagen in der ganzen Diözese gefeiert. An der Hand meiner Eltern habe ich am Bischofstag in Rottweil teilgenommen und war tief beeindruckt. Später habe ich mich dann mit der Lebensgeschichte dieses Kirchenmanns beschäftigt: über einige Jahre der einzige Bischof, der den Nationalsozialismus durchschaute und dagegenhielt.

Ich war auch immer stolz darauf, dass nicht nur der katholische Bischof, sondern auch der evangelische Landesbischof von Württemberg, Dr. Theophil Wurm, standhaft gegen den Nationalsozialismus war. Auch er stand damit einige Zeit allein auf weiter Flur. Dann allerdings kam 1934 die „Barmer Theologische Erklärung" der Bekennenden Kirche, ein herausragendes Zeugnis des Widerstandes und einer der großen Texte des 20. Jahrhunderts.

Ein zweites Ereignis hat sich mir eingeprägt: das Staatsbegräbnis für den Staatspräsidenten von Württemberg-Hohenzollern, Dr. Lorenz Bock. Wiederum ging ich an der Hand meiner Eltern nach Rottweil. Bock war Rottweiler Bürger. Er stammte aus Nordstetten im Kreis Horb und war Rechtsanwalt in Rottweil. In der Weimarer Republik war er württembergischer Landtagsabgeordneter in Stuttgart und Fraktionsvorsitzender des Zentrums gewesen. Mit der Machtergreifung der Nationalsozialisten verlor er alle Ämter, stellte sich aber sofort nach 1945 wieder zur Verfügung, um öffentliche Verantwortung zu übernehmen. Er ist dann mitten in den Verhandlungen mit der französischen Besatzungsmacht über Kahlhiebe in den Wäldern und Demontagen der Fabriken an einem Herzinfarkt gestorben. Die Last der Verantwortung in der größten Not unseres Volkes ging über seine Kräfte. Sein Fahrer wohnte in der gleichen Straße in Zimmern wie ich. Da Autos noch sehr selten waren, bestaunten wir den 12-Zylinder-Maybach mit Holzvergaser. Es war, wie ich später erfuhr, der Wagen der früheren württembergischen Königin.

Durch die Beschäftigung mit der Lebensgeschichte von Lorenz Bock, durch seinen Nachfolger Gebhard Müller und durch den aus Rottweil stammenden ersten Landtagspräsidenten von Württemberg-Hohenzollern, Karl Gengler, lernte ich die Leistung und die Schwierigkeiten dieser Männer der ersten Stunde im Parlament in Bebenhausen und in der Regierung in Tübingen außerordentlich schätzen. Ich habe wenige Jahre später als Mitglied der Jungen Union und der CDU diese erste Generation der Verantwortungsträger noch persönlich kennen gelernt und ihnen meine Hochachtung bewahrt. Wir meinen, wir hätten heute schwierige Probleme zu lösen. Das ist auch wahr. Aber gemessen an den Problemen, vor denen die erste Nachkriegsgeneration stand, müssen wir bescheiden und kleinlaut werden.

6.

Das Jahr 1948 ist mir mit zwei Ereignissen in lebendiger Erinnerung: durch die Erste Heilige Kommunion am Weißen Sonntag, 4. April 1948, und durch die Währungsreform im gleichen Jahr.

Die Erste Heilige Kommunion ist ein großer Tag im Leben eines jungen Katholiken. Monate dauert die Vorbereitung im Religionsunterricht, in der Kirchengemeinde und in der Familie. Jeder sieht dem Fest mit großer Erwartung entgegen: dem feierlichen Gottesdienst, der Aufnahme Jesu in der Gestalt des Brotes, dem Familienfest, zu dem die Großeltern, die Paten und nahe Verwandte als Gäste kommen. Aus diesem Kreis und von Nachbarn und Freunden der Familie erhält man normalerweise kleine Geschenke. Aber die Zeiten waren nicht normal. Geld gab es genug, doch es war nichts mehr wert. Die Geschäfte waren leer und man konnte nichts kaufen. Es gab Lebensmittelmarken und Bezugsscheine für die allernotwendigsten Kleidungsstücke. Sie hatten aber eine schlechte Qualität. So tauschte oder lieh man selbst für das Fest Kleidung. Weil man nicht einmal kleine Geschenke kaufen konnte, bekam ich, wie die übrigen Klassenkameraden, Geld als Geschenk. Am Ende des Tages hatte ich einige hundert Mark. Aber es kam keine rechte Freude auf, denn sie waren nichts wert. Man konnte sein Geld zählen, aber nichts dafür kaufen.

Einige Wochen später wurde heftig über eine Währungsreform diskutiert. Die Menschen waren stark betroffen und über die Auswirkungen besorgt. Die meisten hatten schon einmal eine Inflation und eine nachfolgende Währungsreform erlebt: nach dem Ersten Weltkrieg. Der Wert der Mark sank 1923 auf ein Billionstel ihres Nennwerts. Ursache war die Finanzierung der Kriegsführung und der Kriegsfolgen. So kam es damals zur Währungsreform und zur Einführung der Reichsmark (RM). Viele Menschen verloren ihr Erspartes, viele ihr ganzes Vermögen und die Vorsorge für das Alter. Das hat sich tief in die Mentalität der Bevölkerung eingeprägt.

Nun, im Jahr 1948, erlebten die Menschen wieder eine Währungsreform. Auch dieses Mal war die Ursache für den Verlust des Geldwertes und die Inflation die Rüstungsfinanzierung der Dreißigerjahre und die Kriegsfinanzierung der Vierzigerjahre des Zweiten Weltkriegs sowie die Zerstörung Deutschlands durch die nationalsozialistische Gewaltherrschaft. Man kann einige Zeit die Folgen durch Lohn-Stopp, Preis-Stopp und Devisenbewirtschaftung verschleiern. Aber letztlich müssen die Bürger das ganze Fehlverhalten des Staates und jeden Krieg bezahlen. Wiederum traf es den kleinen Mann und die ganze Volkswirtschaft. Der Schnitt fand zum 21. Juni 1948 statt. An diesem Sonntag ging ich mit meinem Vater auf das Rathaus. Dort gab es eine lange Schlange wartender Bürger. Jeder erhielt für alle Familienangehörigen ein Kopfgeld von 40 Deutsche Mark. Natürlich hat jeder die neuen Geldscheine betrachtet und betastet. Die Leute fragten sich, wie lange wohl das neue Geld gelten würde. Die Skepsis war groß. Jeder hatte nur wenig in der Hand, aber jeder hatte auch große Pläne, weil es viele Jahre nichts zu kaufen und nichts zu investieren gegeben hatte. Deshalb überwog jetzt Hoffnung die kritische Erwartung und Erfahrung.

Das alte Geld wurde im Verhältnis 10: 1 umgetauscht. Aber selbst über diesen neuen Betrag konnte man nicht in vollem Umfang verfügen. Wieder waren die Sparer und die einfachen Leute die Dummen. Das Ergebnis ihrer Mühen und ihrer Arbeit war erneut vernichtet. Da sie über Jahre nicht viel mit dem Geld anfangen konnten, hatte jeder etwas zur Seite legen können. Davon blieb nach dem Umtausch nicht viel übrig, aber mit dem Wenigen konnte man jetzt zumindest etwas anfangen.

Die Währungsumstellung war ein Ereignis, das alle betraf. Ich war am Nachmittag dieses Sonntags mit meinen Klassenkameraden zum Sportplatz unterwegs, um ein Fußballspiel zu besuchen. Auf dem Weg dorthin kamen wir an einer Gastwirtschaft vorbei. Obwohl es der Tag der Währungsreform war und obwohl schon das neue Geld galt, bezahlten wir zu unserem Erstaunen für ein Glas Apfelsaft nur 30 Pfennig altes Geld. Mit meinem Geld vom Weißen Sonntag habe ich daraufhin alle Freunde mit Apfelsaft freigehalten.

Die Währungsreform war der größte Einschnitt in der Nachkriegszeit. Sie war vor allem das Werk Ludwig Erhards, der damals noch nicht Bundeswirtschaftsminister war. Die Bundesrepublik Deutschland gab es noch nicht. Die Gesetzgebungsgewalt hatten letztlich die drei westlichen Besatzungsmächte Amerika, Großbritannien und Frankreich in ihren Besatzungszonen. Sie bildeten einen Zweizonenwirtschaftsrat, der später zum Dreizonenwirtschaftsrat in Frankfurt wurde. Ludwig Erhard war der Direktor dieses Wirtschaftsrats. Schon vorher und in dieser Aufgabe bereitete er im Auftrag der Besatzungsmächte die Währungsreform vor. Am 20.6.1948 setzte er mit der Währungsreform gegen den Willen der Besatzungsmächte das Ende der Zwangswirtschaft in Kraft. Er zerriss Gutscheine und Lebensmittelkarten und entfesselte damit eine ungeheure Dynamik. Der Schritt war ebenso riskant wie mutig und richtig.

Es war in den folgenden Tagen und Wochen wie ein Wunder: In den Geschäften waren die Regale nicht mehr leer, sondern enthielten Waren, die es vorher nicht zu kaufen gegeben hatte. Diese Erfahrung, die ich mit eigenen Augen machte, prägte sich mir für's ganze Leben ein.

Woher kamen die Waren? Weil das Geld nichts mehr wert war, hatte jedes Geschäft und jedes Unternehmen die wirklich wertvollen Produkte gehortet. Jetzt, wo die Bewirtschaftung ebenso aufgehoben wurde wie die Preisbindung und wertvolles Geld für wertvolle Ware bezahlt wurde, gab es keinen Grund mehr für das Zurückhalten und das Verstecken wertvoller Güter. Im Gegenteil: Ein Kaufmann oder Unternehmer kam ja nur zu wertvollem Geld für Löhne und Investitionen, wenn er etwas zu verkaufen hatte, was die Kunden auch unbedingt haben wollten. So gab es eine riesige Nachfrage, die auf vorhandene, aber bisher zurückgehaltene und auf neue Waren stieß.

Eine Bundesbank gab es noch nicht. Diese große Reform wurde gestaltet von der „Bank Deutscher Länder" – wie auf jedem Geldschein zu lesen war. Meine sehr positive Erfahrung mit der Leistungskraft der kommunalen Selbstverwaltung, als es noch keinen Staat gab, aber größte Not, möchte ich auch auf die Länder übertragen, die in Deutschland entstanden sind. Manche davon waren geschichtlich gewachsene Einheiten, doch mehrheitlich handelte es sich um willkürlich zusammengewürfelte Gebiete, von den Besatzungsmächten nach ihren Interessen gebildet. Dennoch haben sie sich bewährt, dank des Einsatzes von Männern und Frauen der ersten Stunde. Diese wurden zwischen der Not der Menschen, den Erwartungen der Bürger und den Anordnungen der Besatzungsmächte fast zerrieben. Vor ihrer Gestaltungskraft, ihrem Einsatz und ihrem Verantwortungsbewusstsein habe ich die größte Hochachtung. Die Länder und der Föderalismus in Deutschland haben sich bei allen Mängeln, die Menschenwerk anhaften, bewährt. Der föderale Staat ist leistungsfähiger, beweglicher und näher an den Menschen als der Zentralstaat. Übrigens haben selbst ganz heterogen zusammengestellte Bindestrichländer, lange als Provisorien angesehen, überlebt und sich in den Augen ihrer Bürger gefestigt.

Eine besonders geglückte Länderneugliederung der Nachkriegszeit erfolgte im deutschen Südwesten, wo drei Länder, Württemberg-Baden (Nordwürttemberg und Nordbaden), Baden (Südbaden) und Württemberg-Hohenzollern (Südwürttemberg-Hohenzollern) aus zwei Besatzungszonen, der amerikanischen Besatzungszone mit ihrem Verwaltungszentrum in Stuttgart und der französischen Besatzungszone in Freiburg bzw. Tübingen, durch Volksabstimmung zum Land

Baden-Württemberg vereinigt wurden. Es entstand das leistungsfähigste Land, das über die Jahre Hauptzahlerland im Länderfinanzausgleich wurde.

Der deutsche Föderalismus würde nicht geschwächt, sondern gestärkt, wenn aus 16 Ländern über sinnvolle Zusammenschlüsse acht starke Länder hervorgingen. Ich sage dies ganz und gar uneigennützig, denn Baden-Württemberg hat keinerlei Erweiterungsabsichten.

Mit der Einführung der D-Mark, mit dem Ende der Planwirtschaft und mit der Durchsetzung der Sozialen Marktwirtschaft wurden jedenfalls die besten Voraussetzungen für die Gründung der Bundesrepublik Deutschland und für ein Gelingen des zweiten Versuchs einer Demokratie in unserem Land gelegt.

7.

Die zweite grundlegende Voraussetzung für das Gelingen der Demokratie in unserem Land schuf der Parlamentarische Rat in den Jahren 1948/49 mit der Beratung und Verabschiedung des Grundgesetzes. Es ist das stabile Fundament unseres Gemeinwesens. Das Grundgesetz hat sich geradezu als Glücksfall für die Entwicklung der Bundesrepublik Deutschland erwiesen. Obwohl es nie eine Volksabstimmung über die Verfassung gegeben hat, ist es verankert im öffentlichen Leben und getragen von der Zustimmung der Bürgerinnen und Bürger.

Wenn es dafür noch eines Beweises bedurft hätte, so wäre er bei der Wiedervereinigung Deutschlands 1989/90 erbracht worden. Es kam zu keiner neuen Verfassungsdiskussion, sondern zum Beitritt der früheren DDR zur Bundesrepublik Deutschland: zum Grundgesetz, zum freiheitlichen Rechtsstaat, zum Bundesstaat, zum Sozialstaat.

Für das Grundgesetz gab es mehrere Entwürfe von Parteien, Verfassungsjuristen und Gruppen. Es war eine geniale Idee der Ministerpräsidenten, zur Vorbereitung für den „Parlamentarischen Rat" eine Gruppe von Verfassungsjuristen und führenden Verantwortungsträgern in einem „Sachverständigen Ausschuss für Verfassungsfragen" zusammenzubringen. Er tagte im August 1948 zwei Wochen lang auf der Insel Herrenchiemsee. Jedes Land entsandte einen sachkundigen Vertreter. Der Entwurf des „Herrenchiemseer Verfassungskonvents" hatte keinerlei rechtliche Wirkung, aber „er wies den Weg". Er war ein vorzügliches Dokument für die Beratung des Grundgesetzes im „Parlamentarischen Rat" und integrierte viele gute Ideen. Er nutzte die Erfahrung der Weimarer Verfassung, des Scheiterns der Verfassung in den Auseinandersetzungen der extremen Linken und der extremen Rechten im Reichstag und den Untergang von Weimar durch die Machtergreifung der Nationalsozialisten. Der Entwurf knüpfte außerdem an die föderale Struktur und die Geschichte der deutschen Länder an, orientierte sich an der freiheitlichen Verfassungsstruktur der Rechtsstaaten des Westens und fand Synthesen zwischen unterschiedlichen Vorstellungen.

Der Ministerpräsident von Nordrhein-Westfalen, Karl Arnold, eine große Persönlichkeit, ein Sohn des Landes Baden-Württemberg, der aus dem oberschwäbischen Dorf Herrlishöfen (Warthausen) stammte, eröffnete die erste Sitzung des Parlamentarischen Rats am 1.9.1948 in Bonn und schlug Konrad Adenauer zum Präsidenten vor. Am 8.5.1949 verabschiedete der Parlamentarische Rat das Grundgesetz.

Das Grundgesetz ist die freiheitlichste Verfassung, die es je auf unserem Boden gegeben hat. Im Mittelpunkt steht die Würde jedes einzelnen Menschen, die unbedingt gilt und nicht gegen andere Grundrechte abgewogen werden kann. Es folgen das Recht auf Leben und körperliche Unversehrtheit, ein Höchstwert unserer Verfassung. Das Grundgesetz garantiert die Menschenrechte und Freiheitsrechte. Dies sind vorstaatliche Rechte. Der Einzelne hat Anspruch auf sie, weil er Mensch ist. Der Staat gibt sie ihm nicht, er gewährleistet und schützt sie. Sie haben „Ewigkeitscharakter". Im Gegensatz zu den meisten Artikeln der Verfassung können diese Rechte selbst mit einer Zweidrittelmehrheit von Bundestag und Bundesrat nicht geändert werden. „Der Mensch hat diese Grundrechte nicht aus der Gunst des Staates, sondern unmittelbar aus der Hand Gottes", sagte der frühere amerikanische Präsident John F. Kennedy. Man kann es nicht schöner und präziser formulieren.

Deutschland ist ein Bundesstaat aus derzeit 16 Ländern. Das entspricht unserer Geschichte, einem Staatsaufbau von unten nach oben nach dem Subsidiaritätsprinzip. Die Länder sind Staaten: Sie haben eine eigene Verfassung, ein Verfassungsgericht, ein Parlament, eine Regierung, eine unabhängige Gerichtsbarkeit, eine Haushaltshoheit.

Der Bundesstaat bringt neben der horizontalen Gewaltenteilung eine vertikale Gewaltenteilung zwischen Gemeinden, Kreisen, Ländern und dem Bund. Die Gewaltenteilung sorgt für eine breite Bürgerbeteiligung und für eine Kontrolle der Macht.

Das Grundgesetz sah die Gesetzgebung grundsätzlich bei den Ländern und nur in genau festgelegten Bereichen beim Bund. Es hat dafür die konkreten Gestaltungsbereiche in drei Kompetenzkatalogen festgehalten: Erstens die ausschließliche Gesetzgebung des Bundes (Art. 73). Zweitens die Rahmengesetzgebung (Art. 75), die dem Bund das Recht gibt, den Rahmen für einzelne Gesetze vorzugeben, welche die Länder dann durch eigene Gesetzgebung ausfüllen und ergänzen. Drittens den Hauptteil der Gesetzgebung, von Art. 74 benannt mit dem Begriff der „Konkurrierenden Gesetzgebung", in 26 breiten Einzelpunkten. Hier liegt die große Zahl der Gesetze. Für sie sieht das Grundgesetz die Landtage als Gesetzgeber vor. Der Bund hat nach Art. 72/1 GG das Recht, einzelne dieser Zuständigkeiten zur Herstellung gleichwertiger Lebensverhältnisse in Deutschland an sich zu ziehen. Der Bund zog seit 1949 nicht 50 %, nicht 80 %, sondern 100 % der konkurrierenden Gesetzgebungszuständigkeit an sich. In einer einzigen Einbahnstraße ohne Gegenverkehr gingen die Gesetzgebungszuständigkeiten der Länder zum Bund. Der Parlamentarische Rat hatte sich das ganz anders vorgestellt. Die Leidtragenden dieser Entwicklung sind die Landtage der deutschen Länder. Die Landesregierungen erhielten zum Ausgleich ein Mitentscheidungsrecht bei Bundesgesetzen im Bundesrat. Wir wollen aber Gestaltungsföderalismus und nicht Beteiligungsföderalismus, eigenständige Rechte und nicht Delegation einzelner Bereiche. Dies war eine Fehlentwicklung. Der Bund ist durch Vereinbarung der Länder entstanden und nicht die Länder durch die Gunst des Bundes.

Die erste Gegenbewegung ergab sich durch Mitentscheidungsrechte der Länder und des Bundesrats bei der Ratifizierung Europäischer Verträge, nach dem Vertrag von Maastricht durch den neuen Art. 23.

Die zweite Gegenbewegung entstand durch die Ergebnisse der Föderalismuskommission I. Bund und Länder schafften die Rahmengesetzgebung ab und gaben in Zentralbereichen der Länder, vor allem im Bereich Schule und Hochschule, Kompetenzen zurück. Das ist ein beachtlicher Schritt in die richtige Richtung, aber noch lange nicht der föderale Rechtsstaat, den sich der Parlamentarische Rat in einem Aufbau der Bundesrepublik von unten nach oben gemäß dem Subsidiaritätsprinzip vorgestellt hatte.

Die Bundesrepublik ist ein Sozialstaat. Sie bekennt sich

zur sozialen Gerechtigkeit, zur Hilfe für alle, die nicht oder noch nicht oder nicht mehr am Leistungswettbewerb teilnehmen können, weil sie Kinder, Behinderte, Kranke, alte Menschen sind. Sie bekennt sich zum Vorrang von freien Trägern, zur Eigeninitiative und zur Hilfe zur Selbsthilfe und will keine Vollkaskomentalität.

Aus der Verfassung von Württemberg-Hohenzollern übernahm der Parlamentarische Rat das konstruktive Misstrauensvotum. Aus der Erfahrung des Parlaments von Weimar, in der lange Zeit die Abgeordneten von Rechtsaußen und Linksaußen eine negative Mehrheit hatten, ohne dass sie konstruktiv eine neue, regierungsfähige Mehrheit bilden konnten, wurde die Lehre gezogen: Ein Regierungschef kann nur durch die Wahl eines neuen Regierungschefs abgewählt werden. Eine hervorragende Idee zur Stabilität der Regierung und des Gemeinwesens.

Es wurde ein Bundesverfassungsgericht geschaffen, das verbindlich die Verfassung auslegt, die Menschenrechte schützt und dadurch für Kontinuität, Stabilität und den Rechtsfrieden sorgt.

Ich halte den Rechtsstaat für die größte Errungenschaft und Kulturleistung unserer Geschichte. Wir Deutschen haben eine langen Weg hin zu der freiheitlichen Verfassungstradition westlicher Staaten zurückgelegt. Mit Verspätung und nach vielen Opfern und Fehlentwicklungen beschritt das Grundgesetz diesen Weg. Es ist ein Glücksfall, der jedem Menschen in unserem Land die Menschenwürde, das Recht auf Leben, die Menschenrechte und Freiheitsrechte sowie die Gestaltung des eigenen Lebens sichert. Unsere Verfassung stellt jeden Bürger, jeden Abgeordneten, jede Verwaltung und jedes Gericht unter das Recht und keinen darüber. Unsere Kultur ist eine Kultur des Rechts, der Freiheit und der Begrenzung, Teilung und Kontrolle der Macht.

Ich selbst hänge an meiner Heimat, dem alemannischen Süden, an Baden-Württemberg. Ich betrachte es als größten Glücksfall meines Lebens, dass ich nicht in einen Krieg ziehen musste und stets in Freiheit leben durfte und dass ich nie, wie viele meiner Mitbürger, meine Heimat durch Vertreibung verlassen musste. Ich schätze also meine Heimat und unser Land sehr und liebe sie.

Aber noch mehr schätze ich den Rechtsstaat. Seit dem Lateinunterricht in der Schule kenne ich den Satz von Cicero: „Ubi bene, ibi patria." „Wo es mir gut geht, da ist mein Vaterland." Für mich gilt: Wo Freiheit und Recht herrschen, ist mein Vaterland. Das heißt für mich konkret: Wenn die Demokratie und der Rechtsstaat in unserem Land erneut gefährdet wären, würde ich für ihre Erhaltung kämpfen. Im Extremfall aber würde ich mein Land verlassen, um in einem Land Zuflucht zu finden, in dem das Recht und die Freiheit herrschen.

8.

Ab dem 10. Lebensjahr fuhr ich jeden Tag mit dem Fahrrad von Zimmern nach Rottweil ins Gymnasium. Es handelte sich um ein humanistisches Gymnasium, die mathematisch-naturwissenschaftlich und die neusprachlich ausgerichteten Schulen nannte man damals noch Oberschulen. Am Ende meiner Schulzeit erhielten aber auch sie die Bezeichnung „Gymnasium" und meine Schule bekam den Namen „Albertus-Magnus-Gymnasium", weil dieser große Gelehrte, der Wiederentdecker von Aristoteles, ein Dominikanermönch, auch in Rottweil gelehrt hat. Die „Predigerkirche", eine besonders schöne Kirche, ist heute die Stadtkirche der Evangelischen Gemeinde.

Einige Mitschüler höherer Klassen und ich fuhren also bei Wind und Wetter als Gemeinschaft, die sich jeden Tag bei Hin- und Rückfahrt zufällig ergab, mit dem Fahrrad. Bei Glatteis im Winter schoben wir eher das Rad, als dass wir zu Fuß oder mit dem Bus den Schulweg zurücklegten. Im Gymnasium hatten wir als erste Fremdsprache Latein, als zweite Griechisch und als dritte Französisch, weil wir in der Französischen Besatzungszone zur Schule gingen. Im späteren Leben fehlte mir Englisch, aber während meiner Ausbildung war mir im Staatsrecht, im Verwaltungsrecht und im Bürgerlichen Recht Latein und auch Griechisch sehr nützlich. Bei der Übersetzung und Begriffsbildung hatte ich keinerlei Schwierigkeiten.

Schon in der Schule lernte ich eine humanistische Bildung schätzen, vor allem, wenn sie von Lehrern vermittelt wurde, die eine pädagogische Begabung hatten, unser Interesse zu wecken, und die selbst vorlebten, was sie lehrten.

„Alle Menschen streben von Natur aus nach Wissen", ist der erste Satz der „Metaphysik" des Aristoteles, eines der größten Werke des Abendlandes. Dieser Hunger nach Wissen und nach Orientierungswissen trieb mich ein Leben lang an – bis zum heutigen Tag. Im letzten Winkel meiner Freizeit las ich Werke der Theologie, der Philosophie, der Geschichte, der Literatur. „Pour comprendre, il faut aimer". Um zu verstehen, muss man lieben. Um einen Menschen zu verstehen, muss man ihn lieben. Um einen großen Denker zu verstehen, ist es notwendig, ihn zu lieben und sich in sein Werk ganz hineinzudenken und hineinzuversetzen.

Auch als ich über Jahre einen 16- und 18-Stundentag hatte, las ich am Sonntag, im Urlaub und in frühen Morgenstunden Zweckfreies. Ich bereitete mich auch auf jede Rede vor und für Gespräche studierte ich Akten und Aktenvermerke und versuchte, mich in die Situation des Gesprächspartners hineinzuversetzen. Immer wieder aber brauchte ich große Werke der Wissenschaft, wie die Pflanze Wasser braucht. Ich wollte auch am geistigen Ringen unserer Zeit teilnehmen. Deshalb las ich in den großen deutschen Tageszeitungen nicht nur den Politik- und Wirtschaftsteil, sondern auch das Feuilleton.

Als ich die ersten 120 DM verdiente, habe ich fünf Monatszeitschriften abonniert. Ich habe sie jetzt über 50 Jahre und alle sind auf meinem Laptop gespeichert: Eine wahre Fundgrube. Wenn ich spät in der Nacht heimkam und eine neue Monatszeitschrift auf dem Tisch lag, musste ich noch ein oder zwei Beiträge lesen. Die Liebe zum Wort, zum geschriebenen Wort, zum Buch und zur Zeitung ging leider zu Lasten aller anderen Neigungen und Freizeitbeschäftigungen. Ein Wunder, dass ich dennoch gesund blieb.

Carlo Schmid, der große Sozialdemokrat und Mann des Geistes, rühmte den Humanismus und die Bildung als „Ausformung dessen, was im jeweiligen Menschen an geistigen Möglichkeiten angelegt ist". Er verweist auf Sokrates, der „das, was der Mensch wirklich ist, aus ihm herausholen" wollte.

Ich möchte damit nicht das humanistische Gymnasium in seinem Wert über andere Schulen, über andere Gymnasien oder die Berufsschulen stellen. Ich halte viel von der technisch-naturwissenschaftlichen Bildung und Ausbildung und ebenso schätze ich die Industrie, Forschung und Entwicklung sowie das Handwerk als wichtigen Teil unserer Kultur – Industriekultur. Ich möchte nur, dass der Wert einer ganzheitlichen Bildung, die den ganzen Menschen erfasst, nicht aus dem Auge gerät. Es geht heute nicht ohne Spezialisierung in allen Bereichen. Die Arbeitsteilung hat den Erfolg Europas im 19. Jahrhundert möglich gemacht. Aber alle Spezialisierungen umfassen nur Teilwahrheiten. Wir brauchen eine

Synthese von Persönlichkeitsbildung, Menschenbildung und wissenschaftsorientierter Fachausbildung. Hegel hatte Recht: „Die Wahrheit ist das Ganze".

9.

Als ich noch zur Schule ging und 13, 14, 15 Jahre alt war, schenkte mir meine Mutter regelmäßig Bücher. Sie war eine einfache, aber sehr gescheite Frau, Bäuerin und Mutter von neun Kindern. Aus dieser Zeit stammt meine Liebe zu Antoine de Saint-Exupéry. Mit „Wind, Sand und Sterne" beginnend las ich alle Bücher des großen Idealisten, Schriftstellers und Piloten.

Meine Mutter kaufte mir Bücher über Widerstandskämpfer im Dritten Reich: „Du hast mich heimgesucht bei Nacht". Abschiedsbriefe aus Plötzensee vor der Hinrichtung und Aufzeichnungen des Widerstandes, herausgegeben von Helmut Gollwitzer und Reinhold Schneider; Das „Tagebuch der Anne Frank"; „Die Weiße Rose" von Inge Scholl über den Widerstand der Studenten Hans und Sophie Scholl und ihrer Freunde; das erste Standardwerk des Schweizer Historikers Walter Hofer über den Nationalsozialismus und den Widerstand; Lebensbilder über Dietrich Bonhoeffer und Graf Stauffenberg. Die aufrechte Haltung dieser Menschen, ihr Mut, ihre Gesinnung und Überzeugung beeindruckten, bewegten und formten mich außerordentlich. Ich habe in diesen Jahren alles verschlungen, was es an Veröffentlichungen über den Widerstand gab.

Vom Widerstand ausgehend beschäftigte ich mich mit dem Nationalsozialismus, dem Völkermord an den Polen, den Juden, den Sinti und Roma, dann mit der Frage, wie es zum Nationalsozialismus, zur Machtergreifung am 30. Januar

1933, zum Niedergang der Weimarer Republik kommen konnte. Ich gelangte zu der Überzeugung, dass man sich in einer Demokratie engagieren muss, um zu verhindern, dass ein Volk noch einmal in eine solche Situation gerät, um an einer Versöhnung und einer Wiedergutmachung mitzuarbeiten, soweit man überhaupt sagen kann, dass solche Verbrechen wieder gutgemacht werden können. Ich habe mich an einem jüdischen Sprichwort orientiert: „Das Geheimnis der Versöhnung ist Erinnerung". Hätte ich mich nicht so intensiv mit dem Widerstand im Dritten Reich befasst, wäre ich wohl nicht in der Politik gelandet.

In jungen Jahren war ich aktiv in der Katholischen Jugend: als Dekanatsjugendführer im Dekanat Rottweil und als Mitglied und später Vorsitzender des Kreisjugendrings. Von Seiten der Katholischen Jugend führten wir im Kreis flächendeckend Seminare mit herausragenden Referenten durch und erreichten viele Hundert junge Menschen in jeder Veranstaltung. Mit drei Omnibussen fuhren wir einmal nach Bonn, wo uns Konrad Adenauer zum Gespräch empfing.

Im Dezember 1956, mit 16 Jahren, wurde ich Mitglied der CDU und der Jungen Union. Weil es im Kreis Rottweil noch keine Junge Union gab, gründeten Heiner Geißler, der spätere Generalsekretär der CDU, Franz Sauter, der spätere Bundestagsabgeordnete von Rottweil-Tuttlingen, und ich sie. In meiner Heimatgemeinde Zimmern ob Rottweil brachte ich einen Ortsverband der CDU mit 80 Gründungsmitgliedern zustande. Nach mir waren vier meiner Brüder nacheinander Ortsvorsitzende der Jungen Union.

Ab 1958 war ich Mitglied des Landesvorstandes der Jungen Union und ab 1960 Mitglied des Landesvorstandes der CDU von Württemberg-Hohenzollern. Ich hatte dort noch Kontakt zu den Gründungsmitgliedern von 1945/46 und zu den großen Persönlichkeiten, die in der schweren Zeit der französischen Besatzung Verantwortung übernommen und das neue Land Württemberg-Hohenzollern aufgebaut hatten (zu Gebhard Müller, Kurt-Georg Kiesinger, Karl Gengler, Bruno Heck, Bernhard Bauknecht, Albert Sauer, Anton Dichtel, Konrad Hilpert, Josef Schüttler und vielen anderen).

1957 wurde Bruno Heck Bundestagskandidat in Rottweil-Tuttlingen. Zusammen mit Hans Bausch, dem damaligen jungen Landtagsabgeordneten der CDU und späteren Intendanten des Süddeutschen Rundfunks, einem Freund und Studienkollegen Bruno Hecks, organisierte ich mit einigen Freunden den ganzen Bundestagswahlkampf in den Kreisen Rottweil und Tuttlingen. Ich hielt auch selbst Versammlungen und fürchtete mich nur vor einer Frage: „Wie alt sind Sie?" Dann hätte sich nämlich herausgestellt, dass ich noch nicht wahlberechtigt war. Das aktive Wahlrecht erhielt man damals mit 21, ich war aber noch keine 18 Jahre alt.

10.

1966 fuhr ich nach Berlin zur Gründungsversammlung der Deutsch-Israelischen Gesellschaft. Wahrscheinlich war ich das jüngste Gründungsmitglied. Willy Brandt, der damalige Regierende Bürgermeister von Berlin, wurde zum Vorsitzenden gewählt.

Im gleichen Jahr machte ich mit einer Delegation Berliner Politiker – ich war der einzige Nicht-Berliner – unter dem Vorsitz meines Freundes Jürgen Wohlrabe, des späteren Präsidenten des Berliner Abgeordnetenhauses, meine erste Reise nach Israel. Wir lernten Land und Leute kennen, bewegten uns dabei aber mit Zurückhaltung. Beim Besuch eines Unternehmens stand ich in einem Aufzug. Plötzlich entdeckte ich am Arm einer Frau neben mir die sechsstellige Zahl, die in einem Konzentrationslager eintätowiert worden sein musste. Es lief mir heiß-kalt über den Rücken. Später waren wir in der Gastwirtschaft eines deutschstämmigen Wirtes, der als Kind noch rechtzeitig nach Israel fliehen konnte. Als er merkte, dass wir aus Deutschland kamen, bat er uns, deutsche Volkslieder zu singen. Er hing noch sehr an seiner Heimat.

Bei dieser Reise trafen wir in Herzliyya den Staatsgründer David Ben Gurion zu einem über zweistündigen Gespräch. Neben ihm saßen auf der einen Seite Shimon Perez, der heutige Staatspräsident Israels, und auf der anderen Seite Moshe Dayan, der legendäre General und Verteidigungsminister. Später begegnete ich der großen Persönlichkeit David Ben Gurion noch einmal im Kibbuz bei Beer Sheva in der Negev-Wüste, wo er seinen Lebensabend verbrachte.

Aus der ersten Begegnung mit Israel entstand eine große Liebe. Die dortigen Ausgrabungen, die Geschichte des Alten Bundes, alle Stätten der Bibel, die man von Kind an im Religionsunterricht kennt, die große Aufbauleistung Israels vor und nach der Staatsgründung 1948, die Stadt Jerusalem, der See Genezareth, alle diese Denkmäler, Landschaften und Ereignisse machen eine Reise nach Israel zu einem großen Erlebnis.

Schon ein Jahr später habe ich selbst eine Reisegruppe nach Israel geführt. Inzwischen, über die Jahrzehnte, sind es 15–20 Gruppenreisen geworden. Darunter auch eine mit der CDU-Landtagsfraktion Baden-Württemberg, zu der auch die Ehegattinnen und Ehegatten sowie die Mitarbeiterinnen und Mitarbeiter eingeladen waren. Wir füllten drei Busse. Erstmals in Israel dabei war unser damaliger Innenminister und späterer Bundespräsident Roman Herzog mit seiner lieben Frau; ebenso der Vorsitzende des Zentralrats der Juden in Deutschland, Herr Nachmann mit seiner Frau. Wir erlebten eine eindrucksvolle Gedenkstunde in Yad Vashem.

Als ich eine Gruppe von Kommunalpolitikern nach Israel begleitete, hatten wir einen Empfang bei dem legendären Jerusalemer Bürgermeister Teddy Kollek. Er und seine Frau stammten aus Wien. Teddy Kollek gründete die Jerusalem Foundation. Sein Ziel war die Versöhnung zwischen Juden und Palästinensern, die Gemeinschaft in einer ungeteilten Stadt Jerusalem und die Förderung von Einrichtungen, die allen Bürgern dienen. Besonders hat er sich für die Gesundheitszentren und Schulen und Begegnungsstätten in den arabischen Stadtteilen Jerusalems eingesetzt.

Er fand Unterstützung in aller Welt, ganz besonders in den USA, in Großbritannien, in der Schweiz und in Deutschland.

Später begegnete ich Teddy Kollek immer wieder, weil ich von 1993 bis 2006 den Vorsitz der Jerusalem Foundation Deutschland übernommen hatte. Ich war bei Jahrestreffen der Jerusalem Foundation und wurde auch gastfreundlich im Hause Kollek aufgenommen.

Eine hohe Auszeichnung war für mich, dass ich 2005 die Teddy-Kollek-Medaille in der Knesset erhielt. Sie erinnert mich bleibend an diesen großen Mann und engen Mitarbeiter Ben Gurions.

Nach seinem Ausscheiden aus dem Amt des Bundeskanzlers begleiteten meine Frau und ich Helmut Kohl auf einer Israel-Reise. Er wurde wie ein Staatspräsident empfangen. Gemeinsam weihten wir das Konrad-Adenauer-Zentrum in Jerusalem ein, das großzügige deutsche Spender der Jerusalem Foundation und einige deutsche Länder als Begegnungsstätte zwischen Israelis und Arabern und als Konferenzzentrum für Gäste aus aller Welt gestiftet haben.

Es ist ein großes Ereignis, dass ein solches Zentrum in bester Lage den Namen des ersten deutschen Bundeskanzlers trägt, der mit David Ben Gurion im Waldorf Astoria Hotel in New York die erste Begegnung hatte, aus der sich die Wiedergutmachungsverhandlungen und eine vertrauensvolle Zusammenarbeit zwischen Deutschland und Israel ergab.

Helmut Kohl erhielt bei dieser Reise den Ehrendoktor des renommierten Weizmann-Forschungsinstituts in Rehovot, das zu den besten der Welt gehört.

So verbindet mich viel mit Israel, mit Staatspräsidenten, Ministerpräsidenten und Außenministern dieses Landes, und ich bin vielen deutschen Landsleuten aus Politik, Wirtschaft, Wissenschaft und Publizistik verbunden, die sich, wie ich, für enge Beziehungen unseres Landes mit Israel einsetzen. Wir können nicht gutmachen, was in den KZs des Dritten Reiches geschehen ist und wir können auch keinen Widerstand nachholen. Aber wir können uns für das Lebensrecht Israels einsetzen, eines Staates, der ohne das furchtbare Verbrechen der Nationalsozialisten gar nicht entstanden wäre.

Anlässlich meines Abschieds aus dem Amt des Ministerpräsidenten gab der israelische Botschafter Stein in seiner Residenz in Berlin einen Empfang und ein Abendessen für meine Familie und einige Freunde. Ich bleibe ihm persönlich und Israel verbunden und war inzwischen schon wieder zweimal mit Gruppen im Heiligen Land. Es ist gut, wenn sich die Deutschen und unsere Regierung der besonderen Verpflichtung gegenüber Israel stellen. Das heißt nicht, dass man jede einzelne Handlung der jeweiligen israelischen Regierung bejaht, aber der Friedensprozess muss gefördert und Israel das Existenzrecht und die Zukunft gesichert werden. In diesem Rahmen halte ich auch einen eigenen Palästinenserstaat für gerecht und notwendig.

II.

1955 verließ ich das Gymnasium in Rottweil mit der Mittleren Reife, um die sechsjährige Ausbildung für den gehobenen Verwaltungsdienst aufzunehmen. Hauptgrund war, dass es mich in die Praxis zog. Ich wollte mich einmischen, etwas bewirken und gestalten. Irgendwo leuchtete auch schon das Berufsziel „Bürgermeister" auf. Damals konnte man mit der Mittleren Reife auch noch etwas anfangen. Heute braucht man für all diese Bildungsgänge das Abitur. Jeder braucht für seinen Berufsweg ein Leitbild. „Erkenne, wer Du bist", stand über dem Tempel von Delphi. Ich richtete den zweiten Teil meiner Bildung und Ausbildung auf die polis, die Gemeinde und Stadt, den Staat und die politische Gestaltung aus. Carlo Schmid hatte in diesem Sinn den humanistischen Berufsgedanken so formuliert: „Bildung erfolgt auf den Beruf hin und durch den Beruf".

Drei Jahre war ich zur Ausbildung auf dem Rathaus in Bondorf im Landkreis Böblingen. Es gibt keine Aufgabe der Gemeinde, die ich nicht kennen lernte, kein Anliegen von Bürgern, das ich nicht im Gespräch aufnehmen und bearbeiten musste. Ich wurde mit allem vertraut, was die Menschen bewegt. Die Arbeit war spannend. Ich lernte sehr viel durch die Praxis, durch Bürgermeister Bauer und durch einen Kollegen, der in der Ausbildung zwei Jahre weiter war und mir alles sagte, was ich nicht wusste.

Ich lernte Menschen kennen und Menschenkenntnis, ich lernte Zuhören und Argumentieren. Am Schluss konnte ich selbständig einen Haushaltsplan aufstellen und eine Jahresrechnung der Gemeinde zusammenstellen.

Ebenso lernte ich die Heimatvertriebenen und ihre Herkunftsgebiete kennen, die Menschen und ihr Schicksal. Sie sind mir vertraut geblieben, ein Leben lang. Für viele habe ich den Rentenantrag von Anfang bis Ende bearbeitet. Es war deshalb nicht einfach, weil die meisten keinerlei schriftliche Unterlagen besaßen. Die Lebensdaten und Arbeitsnachweise mussten zusammengestellt und über Eidesstattliche Erklärungen von Menschen aus ganz Europa bestätigt und bezeugt werden.

Ich möchte nicht missen, was ich in drei Jahren auf dem Rathaus gelernt habe. Als Abgeordneter von Villingen-Schwenningen habe ich 34 Jahre Sprechstunden in meinem Wahlkreis abgehalten. Es kamen an einem Nachmittag 30 und mehr Bürgerinnen und Bürger. Sie kamen mit den genau gleichen Anliegen, mit denen Bürger auf das Rathaus kommen. Ich wusste in jedem Einzelfall nach kurzer Zeit, worum es ging und was zu tun ist. Ich habe mich oft gefragt, wie ich diese Bürgeranliegen hätte konkret aufgreifen können ohne die Erfahrung der Arbeit auf dem Rathaus während meiner Ausbildung. Später, als Bürgermeister, hatte ich ja nicht mehr mit diesen Einzelheiten zu tun, sondern mit der Führung der Kommunalpolitik und der Leitung der Verwaltung.

Während dieser drei Jahre hatten wir einen Tag in der Woche dienstzeitbegleitenden Unterricht (Vorkurs) beim Landratsamt. Ich war beim Landratsamt Rottweil. Hier unterrichteten Fachbeamte aus allen Verwaltungsbereichen Theorie und praktische Anwendung in der Verwaltung. Es waren durchweg kompetente Fachleute.

Es nahmen etwa 25 Kollegen an diesem Unterricht teil. Wir lernten auch voneinander und es entstanden Freundschaften fürs Leben.

Im vierten Jahr war ich beim Verwaltungsaktuariat Oberndorf. Leiter war ein Fachbeamter für das Finanzwesen, Herr Krämer. Alle Gemeinden mit einem Bürgermeister, der nicht selbst Fachmann für Haushalt, Steuern und Finanzen war, wurden von einem solchen Verwaltungsaktuar betreut. Das Amt in Oberndorf war für zwölf Gemeinden im Norden des Kreises Rottweil zuständig. Wir waren Tag für Tag mit dem Verwaltungsaktuar oder auch allein auf den Rathäusern und dort im Gespräch mit den Bürgermeistern und Gemeindepflegern. Alle ihre Fragen wurden beantwortet, die Rechnungsbelege bearbeitet, Haushaltspläne wurden aufgestellt und Rechnungsabschlüsse (Jahresabschlüsse) erstellt. Hier lernte man zusätzlich alle Gemeindeaufgaben kennen, die Abwägung, welche Projekte gebaut und finanziert werden können, welche Verschuldung vertretbar ist.

Das fünfte Ausbildungsjahr war ein Jahr beim Landratsamt Rottweil. Ich kam in alle Abteilungen und wurde zur Bearbeitung aller Vorgänge eingesetzt. Man lernte Entscheiden und Verantwortung tragen. Ein Monat Praktikum bei der Kreissparkasse und beim Kreissozialamt folgte.

Schließlich schloss sich im sechsten Jahr der einjährige Besuch der Verwaltungsschule an. Das hieß: neun Monate Vollzeitunterricht und dann drei Monate Prüfungsvorbereitungszeit zur Staatsprüfung.

Für Südwürttemberg gab es die Verwaltungsschule Haigerloch, für Nordwürttemberg die Verwaltungsschule Stuttgart. Ich wollte nicht nach Haigerloch, weil ich nicht in ein Internat wollte. Deshalb besuchte ich als einziger Südwürttemberger die Stuttgarter Verwaltungsschule und wurde bei der Eröffnung vom Stuttgarter Regierungspräsidenten persönlich begrüßt. Aber ich war nur einen Monat in der Landeshauptstadt. In Stuttgart bekam ich Kreislaufprobleme, die der Arzt auf die Kessellage der Stadt zurückführte. Deshalb ging ich reumütig nach Haigerloch. Später habe ich es in Stuttgart 34 Jahre ausgehalten und ich habe Stuttgart liebgewonnen.

Nun also war ich doch in Haigerloch und wurde freundlich aufgenommen. Ich habe es keine Minute bereut.

Die dortige Staatliche Verwaltungsschule wurde schon

bald nach dem Krieg in der Frühphase des Landes Württemberg-Hohenzollern errichtet. Der Lehrsaal war im Schloss. Dort war auch ein Internat für über 80 % der Teilnehmer. Nur die Damen waren in der Stadt untergebracht. Die Lage ist hervorragend auf der Höhe mit Blick auf die kleine, aber liebenswerte Stadt. Der Schlossberg wurde im Zweiten Weltkrieg teilweise ausgehöhlt und beherbergte hochrangige Wissenschaftler, die in der Erforschung und Nutzung der Kernkraft beschäftigt waren.

Der Unterricht in Haigerloch wurde durch befähigte Beamte des höheren und gehobenen Dienstes, durch Verwaltungsjuristen und Richter erteilt. Er war bis auf ganz wenige Ausnahmen hervorragend. Die Stofffülle war groß. Sie konnte nur durch Verschulung der Lehre und durch konzentrierte Nacharbeit des Stoffes aufgenommen und bewältigt werden.

Meinen verspäteten Einstand in Haigerloch glich ich aus durch die Vermittlung einer Einladung in das NATO-Hauptquartier SHAPE, das sich damals noch bei Paris befand. Wir konnten den interessanten Besuch dort verbinden mit einigen Tagen Paris und einer eingehenden Besichtigung der französischen Hauptstadt.

Auf Wunsch des Kursobmanns und der Kurskolleginnen und -kollegen hielt ich während der ganzen Haigerlocher Zeit ein Seminar über Staatsrecht und ein Seminar über Rhetorik ab. Obwohl die Termine in der Freizeit lagen und der Besuch freiwillig war, haben die 70 Kurskollegen fast vollzählig daran teilgenommen.

Die Ausbildung schlossen wir im Frühjahr 1961 ab mit der Staatsprüfung für den gehobenen Verwaltungsdienst. Er ermöglichte die Einstellung auf jedem Rathaus und Landratsamt, auf jedem Regierungspräsidium und Ministerium und auf vielen Sonderbehörden. Absolventen aus Haigerloch hatten einen guten Ruf. Sie übernahmen von heute auf morgen jeden Sachbereich ohne Trainee oder Einarbeitung.

Aus Haigerloch kamen viele, die später Amtsleiter, Bürgermeister, Landräte, Abteilungsleiter in Ministerien, Ministerpräsidenten, Vorstandsvorsitzende, Präsidenten des Deutschen Sparkassenverbandes wurden.

Die Kursgemeinschaft trifft sich noch jedes Jahr mit guter Teilnahme, dank der vorzüglichen Betreuung durch den Kursobmann.

Meine Kolleginnen und Kollegen haben nicht nur wie alle Vorgänger über Unzulänglichkeiten geschimpft, ohne dass sie etwas unternommen hätten.

Vielmehr haben wir uns zusammengesetzt und analysiert – mit dem Ergebnis, dass die Ausbildung insgesamt sehr gut sei, aber die Zeit für die Bewältigung des Prüfungsstoffs am Ende zu kurz.

Deshalb schlugen wir die Verkürzung der praktischen Ausbildung von fünf auf vier Jahre und die Verlängerung der theoretischen Ausbildung an der Verwaltungsschule von ein auf zwei Jahre vor.

Wenige Jahre später konnte ich an der Verwirklichung dieser Absicht mitarbeiten, weil ich mit der Wahl in den Landtag 1972 Staatssekretär im Innenministerium geworden war. Während dieser Zeit haben Innenministerium, Landesregierung und Landtag in enger Zusammenarbeit mit dem Verband der Verwaltungsbeamten und mit den kommunalen Landesverbänden externe Fachhochschulen in Stuttgart (jetzt Ludwigsburg) und Kehl eingerichtet. Die theoretische Ausbildung wurde auf vier Semester festgelegt. Das war ein Fortschritt. Die praktische Ausbildung wurde auf Drängen des Bundes auf drei Jahre verkürzt. Das war ein Rückschritt, der gerade noch verkraftet werden konnte. Zwischenzeitlich sind wir bei zwei Jahren praktischer Ausbildung gelandet, die noch einmal verkürzt werden soll. Begründung dafür ist, dass in ganz Deutschland der gehobene Dienst in drei Jahren auszubilden sei.

Baden-Württemberg aber hatte einen großen Vorsprung an Qualität durch 5 + 1 Jahr und durch 4 + 2 Jahre. Die Verlängerung der theoretischen Ausbildung an der Fachhochschule ist eine Verbesserung, die ständige Reduzierung der praktischen Ausbildung ist nicht nur schlecht, sie ist eine Katastrophe. Wir werden eine völlige Veränderung des gehobenen Dienstes bekommen. Absolventen werden nicht mehr auf jeder Stelle sofort und ohne Einarbeitung eingesetzt werden können. Die Stärke des gehobenen Dienstes ist dahin. Selbstverständlich werden es Einzelne dennoch weiter schaffen, weil sie qualifiziert und schon reife Persönlichkeiten sind. Für alle anderen ist es ein Rückschritt.

12.

Gleich nach der Staatsprüfung für den gehobenen Verwaltungsdienst, der später durch Nachdiplomierung die Urkunde „Diplom Verwaltungswirt (FH)“ folgte, habe ich am 1. April 1961 meinen Dienst als Regierungsinspektor beim Landratsamt Rottweil angetreten. Ich wurde direkt dem Landrat zugeordnet und übernahm das Baurechtsamt für den Kreis Rottweil, das Referat Wasserrecht, die Wohnungsbauförderung und das Kreisjagdamt.

Nachdem ich einen ordentlichen Beruf hatte, verlobte ich mich an Pfingsten 1961 mit Edeltraud Schuchter aus meiner Heimatgemeinde Zimmern ob Rottweil. Sie stammte aus einer Mühle und war Sparkassenangestellte bei der Kreissparkasse Rottweil. Da wir dem gleichen Jahrgang angehören, waren wir im gleichen Kindergarten und in der gleichen Grundschule.

Im Sommer 1962 wurde ich vom Gemeinderat der Stadt Trossingen zum Stadtoberinspektor gewählt. Ich übernahm das Bauamt und das Sozialamt.

Am 16. September 1962 heirateten wir und bezogen in Trossingen eine städtische Dienstwohnung. Wir haben uns in Trossingen gut eingelebt und wohl gefühlt. Der Kontakt mit unseren Herkunftsfamilien und mit dem Kreis Rottweil, in dem ich noch Kreisvorsitzender der Jungen Union war, blieb lebendig.

In Trossingen nahm ich als Amtsleiter auch an allen Gemeinderatssitzungen teil. Ich habe von der Verhandlungsführung des Bürgermeisters und vom Debattenstil der Stadträte einiges gelernt.

In Trossingen kam am 1. Januar 1964 auch unser erstes Kind, Christa Maria, zur Welt. Wir waren glücklich. Da ich bei der Geburt dabei war, habe ich auch eine große Hochachtung vor meiner Frau und vor allen Müttern gewonnen.

Die Trossinger Zeit war auch die einzige in unserem Leben, in der wir unbegrenzt füreinander Zeit hatten und nach der Arbeit den Feierabend genießen konnten. In öffentlichen Wahlämtern zahlt man einen hohen Preis, weil man Arbeit und Feierabend, Werktag und Wochenende kaum unterscheiden kann. Ohne das große Verständnis der Ehefrauen ist kein öffentliches Amt zu bewältigen.

Inzwischen sind meine Frau und ich also 47 Jahre glücklich verheiratet. Wir haben vier erwachsene Kinder und sieben Enkelkinder. Da zwei Töchter in Spaichingen verheiratet sind und je drei Kinder haben, haben wir auch einen engen Kontakt mit ihren Familien und mit unseren Enkelkindern. So Gott will, werden wir auch noch die Goldene Hochzeit feiern und einige Jahre gemeinsam verbringen können.

13.

Im Juli 1964 las ich an einem Samstag in der Trossinger Ausgabe der Schwäbischen Zeitung, dass der Spaichinger Bürgermeister Wahr plötzlich an einem Herzinfarkt verstorben sei. Ich kannte ihn nicht persönlich. Spaichingen kannte ich von einigen Ausflügen auf den Dreifaltigkeitsberg und von einigen Versammlungen in der Stadthalle. Persönlich war mir nur eine Handvoll Spaichinger Bürger bekannt.

Die Stadt interessierte mich. Aber ich war erst am 4. September 1964 wählbar, denn das passive Wahlrecht setzte das 25. Lebensjahr voraus.

Weil der Spaichinger Gemeinderat zuerst dem verstorbenen Bürgermeister die letzte Ehre erweisen wollte, wurde die Stelle im Juli nicht mehr ausgeschrieben.

Da Ferienzeit war, legte der Gemeinderat den Wahltag für die Bürgermeisterwahl auf den 20. September und, bei einer notwendigen Neuwahl, auf den 27. September fest. Damit eröffnete sich mir die Chance zur Bewerbung.

Am 20. Juli 1964 gab ich beim Bürgermeisterstellvertreter meine Bewerbungsunterlagen ab. Am Tag danach verreisten wir mit meinen Eltern und Schwiegereltern für eine Woche nach Südtirol. Solche gemeinsamen Reisen behielt ich jedes Jahr bis zum Tod meiner Eltern bei. Sie waren vorher nie in den Urlaub gekommen und ich wollte ihnen die großartigen Länder, Landschaften und Kulturdenkmäler Europas zeigen.

Die Sommerpause verbrachten wir in Trossingen. Man kann im August keinen Wahlkampf führen, aber ich habe die Zeit gut genutzt. Vom Kölner „Institut für Soziologie und Sozialpsychologie“ hatte ich schon vor längerem eine wissenschaftliche Analyse über die Meinungsführer einer Gemeinde gelesen. Dort wurde vorgeschlagen, man solle drei Personen, die sich in ihrer Stadt auskennen und aus unterschiedlichen Milieus kommen, bitten, je für sich die Meinungsführer aufzulisten. Die dreifach Genannten sind die für die Meinungsbildung einer Stadt wichtigen Persönlichkeiten. Sie alle habe ich im Ferienmonat am späten Nachmittag und frühen Abend besucht. Ich habe mir dabei für jeden eineinhalb Stunden Zeit genommen und nur zwei Besuche am Tag gemacht. Die Wirkung war groß. In den letzten zwei Wochen vor der Wahl besuchte jeder Kandidat jeden Stadtrat und alle Vorsitzenden der wichtigen Vereine. Das hatte ich alles bereits hinter mir, lernte aber noch einige weitere Persönlichkeiten kennen. Ich habe Bürger besucht, die gar nicht mit einem Besuch rechneten und zu denen auch keiner der übrigen Kandidaten kam.

In den letzten zwei Wochen brauchte ich also keine Hausbesuche mehr zu machen und konnte mich auf den eigentlichen Wahlkampf konzentrieren. Sechs Kandidaten wollten in Spaichingen Bürgermeister werden, darunter ein sehr qualifizierter und erfahrener Bürgermeister einer Mittelpunktgemeinde im Kreis Tuttlingen. Er war Favorit und er wäre auch ein guter Bürgermeister in Spaichingen geworden. Daneben kandidierten auch ein Amtsleiter des Spaichinger Rathauses und ein qualifizierter Verwaltungsfachmann, der aus Spaichingen stammte.

Der Wahlkampf begann mit der offiziellen Vorstellung aller 6 Kandidaten am 9. September 1964. Weil ein großes Interesse zu erwarten war, hat sich der Gemeinderat für zwei parallele Vorstellungen im Kreuz-Saal und in der Stadthalle entschieden. Wir hielten also unsere Vorstellungsrede zweimal.

Ich zielte in meiner Rede darauf ab, deutlich zu machen, dass den Bürgermeister der Stadt Spaichingen eine schwierige, aber auch eine großartige Aufgabe erwarte.

Für die folgende Woche hatte ich für jeden Abend zu einer Wahlversammlung in verschiedenen Stadtteilen eingeladen.

Die erste Versammlung fand am Montagabend für die Oberstadt im „Ochsen" statt. Als ich ankam, war bereits jeder Stuhl besetzt und mir blieb für den ganzen Abend nur ein Stehplatz. Aus den Nachbarhäusern holte man dann Stühle und Kisten, auf denen in der Wirtschaft, im Nebenzimmer und in allen Gängen des Hauses Menschen saßen. Als auch das nicht reichte, wurden die Fenster der Gastwirtschaft ausgehängt und außen an den Fenstern bildeten sich Trauben von Zuhörern. Ich trug mein Programm vor, versprach nichts, was ich nicht halten konnte, und stellte mich dann einer mehrstündigen Diskussion. Später habe ich von Bürgermeistern erfahren, dass sie in dieser Versammlung waren und jedes Wort für ihren späteren und erfolgreichen Wahlkampf mitgeschrieben hätten. Die Versammlung lief gut. Die völlig überfüllte Wirtschaft war natürlich am nächsten Tag in den Betrieben und in der Stadt das Tagesgespräch. Jeder wollte in den nächsten Tagen einmal dabei sein und der Besuch aller weiteren Versammlungen war somit gesichert. Nichts ist erfolgreicher als der Erfolg.

Für den Mittwochabend hatte ich zu einer reinen Frauenversammlung in das Katholische Gemeindehaus eingeladen. Es war die wohl erste Frauenversammlung bei einer Bürgermeisterwahl weit und breit. Meine Erfahrung aus politischen Versammlungen war, dass höchstens 15 % ihrer Teilnehmer Frauen waren. Deshalb dachte ich, dass bei einer eigenen Frauenversammlung mehr kämen. Es waren über 300. Ich begann in der Begrüßung damit, dass ich meiner Frau versprochen hätte, an jedem Hochzeitstag zu Hause zu sein. Heute sei der zweite Hochzeitstag und ich hätte mein Versprechen zugunsten der Zuhörerinnen gebrochen, aber dafür meine Frau mitgebracht. Ich hatte schon einen Vorschuss an Vertrauen. Wichtig ist, dass wir in Versammlungen die Köpfe und die Herzen der Menschen erreichen. Dann habe ich natürlich mit den Frauen über alle kommunalen Probleme gesprochen, aber auch besonders über Kindergärten, Schulen und Zukunftschancen für ihre Kinder. Auch diese Versammlung war ein Erfolg.

Nach wie vor war das einzige Problem mein Alter. Konnte man einem 25-Jährigen, in schwieriger Situation, die Führung der Stadt anvertrauen? Aber ich spürte, dass ich es packen konnte, wenn ich keinen Fehler machte. Ein einziger Fehler hätte alle Skepsis bestätigt und jede sich langsam aufbauende Bereitschaft, ein Risiko einzugehen, mit einem Schlag wieder zerstört.

Der Wahltag, 20. September, kam. Beim Besuch des Gottesdienstes am Sonntagmorgen in Trossingen hörte ich die Lesung des Tages, die natürlich auch in jedem Gottesdienst in Spaichingen verlesen wurde: „Gebt dem Teufel nicht Raum“. Ich sagte mir sarkastisch: Das kann ja heiter werden. Trotzdem war das Wahlergebnis gut. Ich lag mit großem Abstand an der Spitze, aber es war nicht die absolute Mehrheit.

In den Folgetagen gab es interne Bemühungen, dass die Nummer 3 zugunsten der Nummer 2 zurücktritt oder umgekehrt. Es kam nicht dazu. Aber ein wichtiger Kandidat trat nicht mehr an.

Es folgte also nach einer Woche, am 27. September, ein weiterer Wahlgang. Diese Woche war die schwerste im ganzen Wahlkampf. Man hatte ja kein Pulver trocken gehalten für den zweiten Wahlgang, sondern alles vor der ersten Wahl bereits verschossen. In weiteren Versammlungen konnte ich nur Aufgewärmtes bringen, wenn auch in neuer Reihenfolge. Aber jeder hatte es schon gehört. Auch den Zuhörern fielen keine neuen Fragen ein. Gleichwohl blieb der Besuch der Versammlungen gut und gleichermaßen die Wahlbeteiligung.

Jetzt hieß es in der Stadt nicht mehr: Er ist zu jung, sondern: Der bleibt nicht lange. Fast jeder hat nun mit meiner

Wahl gerechnet und am 27. September stand es auch fest: Ich war mit 51,25 % gewählt und damit der jüngste Bürgermeister in Deutschland. Das wurde auch überregional beachtet. Die „Schwäbische Zeitung" schrieb in ihrem Landesteil am 29. September 1964: „Eine Erklärung für das Phänomen, dass sich in Spaichingen bei einer Wahlbeteiligung von rund 84 Prozent nicht weniger als 51,25 Prozent der Wähler für den 25-Jährigen entschieden haben, ist allein in der Persönlichkeit des neuen Bürgermeisters zu finden. Er sieht älter aus, als er ‚jung' ist. Sein Auftreten entspricht den Vorstellungen vom gewandten, selbstsicheren reifen Mann. Er ist nebenbei bemerkt verheiratet und Vater einer acht Monate alten Tochter. Dazu kommen bei Erwin Teufel noch weitere bemerkenswerte Eigenschaften. Er besitzt ausgesprochenes rhetorisches Talent. Seine Wahlversammlungen waren, das mussten selbst die Gegner zugeben, Glanzstücke gekonnten Diskutierens. Seine fachliche Bildung hält jeder Kritik stand."

Am Wahlabend bereiteten die Spaichinger und ihre Stadtkapelle und Vereine meiner Frau und mir und unseren beiden Familien einen überwältigenden Empfang. Er bereitete Freude, war Rückhalt und Motivation für meine Arbeit. Die Erwartungen waren groß.

Am 9. November 1964 wurde ich in einer öffentlichen Gemeinderatssitzung mit vielen Gästen ins Amt eingeführt und vereidigt.

Am 11. November 1964 machte ich dem Tuttlinger Landrat meinen Antrittsbesuch. Es war ein freundliches Gespräch. Nach einer halben Stunde zog er seinen Kreiskämmerer und Krankenhausverwalter hinzu. Dieser erläuterte mir, dass mit meinem Amtsvorgänger vor der Sommerpause ein Vertragsentwurf zwischen der Stadt Spaichingen und dem Landkreis Tuttlingen über den Bau eines neuen Kreiskrankenhauses in Spaichingen und die Übernahme von Kostenanteilen für das

Baugrundstück und die Zufahrt in allen Einzelheiten ausgehandelt worden sei. Dann sei der Bürgermeister verstorben. Ich sagte darauf, dass ich den ganzen Vorgang nicht kenne. Ich müsse die Akten lesen, mich einarbeiten und dann den Vertrag mit dem Gemeinderat der Stadt Spaichingen besprechen. Trotzdem mich beide bedrängten, blieb ich bei meiner Meinung. Ich habe bis heute nicht verstanden, wie man am zweiten Tag der Amtszeit eines Bürgermeisters, bei seinem Antrittsbesuch, ein so weitgehendes Ansinnen an ihn stellen konnte.

In einer der folgenden Kreistagssitzungen hat der Tuttlinger Oberbürgermeister dem Landrat und seiner Verwaltung vorgeworfen, dass sie den Bau des Kreiskrankenhauses begonnen hätten, ohne dass der Vertrag mit der Stadt Spaichingen unterzeichnet sei. Nach dem Pressebericht sprach Oberbürgermeister Balz von den „zornigen jungen Männern in Spaichingen".

Eine bessere Wahlhilfe für die folgende Kreistagswahl hätte er mir nicht leisten können. Die Spaichinger waren aufgebracht und wählten mich mit einem Spitzenergebnis in den Kreistag, obwohl ich auf dem letzten Platz der Liste kandidiert hatte.

So kam ich in den Kreistag und es ergab sich ein gutes Verhältnis im Gremium und zum Landrat und später auch ein fast freundschaftliches Verhältnis zum Tuttlinger Oberbürgermeister. Ich habe im Kreistag vor allem auch die Probleme des Gesundheitswesens, die wirtschaftliche Führung eines Krankenhauses, die Bedeutung guter Chefärzte und guter Pflege kennen gelernt. Mit allen übrigen kommunalen Problemen war ich vertraut und ich lernte den ganzen Kreis Tuttlingen kennen.

14.

Es begann mit einem Paukenschlag! Wenige Tage nach meinem Amtsantritt als Bürgermeister, in der allerersten Gemeinderatssitzung fielen drei Grundentscheidungen, die für die Stadtentwicklung und für die Zukunftsfähigkeit der Stadt Spaichingen von entscheidender Bedeutung waren.

Die erste: Bisher war die Ortsumfahrung Spaichingen im Zuge der Bundesstraße 14 im Osten der Stadt, zwischen dem Ortsrand der Bebauung und dem Dreifaltigkeitsberg in Halbhöhenlage geplant. So hatten es Stadt und Straßenbauverwaltung einvernehmlich beschlossen.

Ich stellte die Frage, ob man bedacht habe, dass dies ein Landschaftsschutzgebiet sei, das die schönste Aussicht auf die Stadt biete. Und ob man ferner bedacht habe, dass Wälle und Aufschüttungen aus topographischen Gründen nötig seien und die Lärmbelastung von der Bundesstraße, aus der Höhenlage, auf die Stadt besonders groß sei.

Das leuchtete in einer ausführlichen Diskussion und Abwägung jedem ein. So beschlossen wir einstimmig eine Westumfahrung der Stadt. Dies war eine wichtige Kurskorrektur für eine gute Entwicklung der Stadt und ihrer Flächennutzungsplanung.

Die zweite Entscheidung: Spaichingen war in der einmaligen Situation, dass mitten in der Stadt eine große Wiesenfläche noch unbebaut war. Ich kannte im ganzen Land keine so günstige Ausgangslage. Aber genau diese Fläche sollte nach einem vom Gemeinderat beschlossenen und rechtsverbindlich genehmigten Bebauungsplan mit Zweifamilienhäusern komplett zugebaut werden. Vier Häuser waren nach diesem Bebauungsplan schon genehmigt, für sieben lagen Baugesuche auf dem Rathaus.

Ich sagte dem Gemeinderat, dass derzeit die Schillerschule, eine große Grund- und Hauptschule, im Bau sei. Sie liege am jetzigen Ortsrand. Wenn wir jetzt die Stadtmitte mit Zweifamilienhäusern zupflastern würden, so müssten die nächsten Schulen und öffentlichen Einrichtungen wieder am jeweiligen Stadtrand gebaut werden. Nur liege der Stadtrand mit jeder Bauentscheidung für ein öffentliches Gebäude dann noch weiter draußen und weiter von der zentralen Lage der Innenstadt entfernt.

Die große Chance der unbebauten Stadtmitte sollte nach meiner Meinung für öffentliche Gebäude reserviert bleiben, für solche, die wir schon kennen und für solche, deren Bedarf sich erst in der nächsten Generation ergibt. Das hat nach einer langen Diskussion eigentlich jedem eingeleuchtet. Wir haben den Bebauungsplan aufgehoben und einen neuen bei einem renommierten Stuttgarter Städteplaner in Auftrag gegeben.

Heute stehen auf dem Zentralgelände der Stadt: unser neues Gymnasium, eine Grund- und Hauptschule, eine Turnhalle, der zentrale Omnibusbahnhof, die Stadthalle, ein zentrales Einkaufszentrum, ein Alters- und Pflegeheim, ein großer Parkplatz. Und sogar noch Reservegelände ist vorhanden für weitere öffentliche Einrichtungen. Es stehen dort auch vier Hochhäuser mit Mietwohnungen und Eigentumswohnungen. Das ist vernünftig, weil man zur Mitte hin verdichten soll und nicht an den Rändern. Wie schade wäre es, wenn diese wichtigen öffentlichen Einrichtungen nicht in zentraler Lage, sondern am Ortsrand stehen würden und dafür Zweifamilienhäuser in der Stadtmitte.

Es gab für mich noch einen weiteren, ganz wichtigen Punkt für diese radikale Veränderung der Stadtplanung.

In jeder größeren oder mittleren Gemeinde und Stadt in Baden-Württemberg gab es ab 1950 die Notwendigkeit, Neubaugebiete für Flüchtlingsfamilien auszuweisen. Fast überall entstanden einfache Siedlungen. In den meisten Fällen wurden sie etwas außerhalb der Stadt, jenseits des Bahngeländes, jenseits der bisherigen Kernbebauung, mit größeren Abständen angelegt. Sie hießen in vielen Fällen „Klein-Korea" oder auch „Klein-Moskau", was Abstand und Abwertung zum Ausdruck brachte. Mich hat das schon in jungen Jahren beschäftigt und gestört, denn ich hatte ein besonderes Verhältnis zu den Heimatvertriebenen.

Auch in Spaichingen gab es westlich der Bahnlinie eine solche größere Siedlung mit so genannten Nebenerwerbssiedlerstellen. Sie brauchten acht Ar Land und es musste ein kleiner „Stall" gebaut werden. Dafür gab es „Siedlungsmittel", kleinere Zuschüsse und größere Darlehen. Diese Finanzierung erlaubte vielen, vielen Heimatvertriebenen, die ohne jedes Startkapital waren, zu einem eigenen Haus zu kommen. Es waren fleißige Leute, die nachher arbeiteten, sparten und ihre Darlehen abzahlten. Sie haben die Gärten genutzt und aus den kleinen „Ställen" Jahre später Garagen gemacht.

In Spaichingen hat die Stadt für diesen Zweck „Allmendgelände" im Außenbereich zuerst für 50 Pfennig je Quadratmeter und später für 1 DM je Quadratmeter zur Verfügung gestellt. Das war eine großzügige und weitsichtige Hilfe des früheren Bürgermeisters und Gemeinderats.

Aber die Siedlung war „draußen" und etwas von der Stadt abgeschnitten. Dazwischen lag ein Bahndamm, und die einzige Zufahrtsstraße war durch einen Bahnübergang mit Schranken behindert. Die Integration dieser Menschen war von beiden Seiten her etwas schwierig. Ich habe das schon in den ersten Gesprächen vor der Wahl in Spaichingen gemerkt.

Deshalb habe ich in den Auftrag zur städtebaulichen Neugestaltung eine neue Hauptverbindungsstraße mit Beseitigung des beschrankten Bahnübergangs durch eine Unterführung von diesem Stadtteil „Grund" über das ganze Baugebiet

„Stadtmitte“ zur Bundesstraße 14 ins Zentrum beschließen lassen. Mit dieser neuen Verbindung haben wir den Stadtteil „Grund“ und seine Menschen hereingeholt in die Stadtmitte und in die Gemeinschaft der Stadt. Das war nicht nur eine nennenswerte Verkehrsverbesserung, sondern auch eine ganz wichtige Maßnahme für das Zusammenwachsen der ganzen Stadt.

Neben dem Baugebiet „Grund“ war westlich der Bahnlinie Stuttgart – Zürich ein großes neues Baugebiet „Längelen“ geplant. Die Planung war fertig, als ich kam. Es waren ausschließlich Zweifamilienhäuser vorgesehen, was vernünftig war. Eines war bereits im Bau, und der Kindergarten der Katholischen Kirchengemeinde war fertig. Das einzige und große Problem: Das ganze neue Baugebiet mit Zufahrt zum neuen Kreiskrankenhaus war nur durch eine Bahnunterführung erreichbar, die Fuhrwerksbreite hatte. Das war für landwirtschaftliche Fahrzeuge auf dem Weg ins Feld zureichend, aber für das neue Baugebiet und für Krankentransporte eine Katastrophe.

Wir haben eine ordentliche Unterführung geplant und die Zufahrt zu diesem Stadtteil mit einer großen Erschließungsstraße zum neuen zentralen Baugebiet, der heutigen „Europastraße“ verbunden.

Weil ich auf Bundesebene in einer 3-köpfigen Kommission der CDU am Gedanken und der Realisierung eines „Gemeindeanteils an der Mineralölsteuer“ für kommunale Haupterschließungsstraßen mitgewirkt hatte, war ich mit dieser wichtigen politischen Entwicklung von der ersten Minute an vertraut. Sie wurde mit 3 Pfennig Mineralölsteuererhöhung eingeleitet und der Anteil wurde später verdoppelt.

Nach der Einführung hatten die großen Städte mit ihren Millionenvorhaben noch keine baureifen Planungen. Sie kamen deshalb fast alle erst im zweiten Jahr zum Zug. Wir hatten dagegen die oben genannte Planung fertig und erhielten sowohl für die beiden Haupterschließungsstraßen „Sallancher Straße“ und „Europastraße“ wie für die Bahnunterführung „Längelen/Robert-Koch-Straße“ einen Zuschuss des Bundes und Landes von über 80 %. Daher waren beide Maßnahmen für die finanzschwache Stadt Spaichingen finanzierbar und die neue Stadtplanung blieb nicht lange auf dem Papier, sondern wurde bald realisiert. Später finanzierten wir auf gleichem Wege die „Westtangente“ zur Entlastung der Innenstadt entlang der Bahnlinie von der Robert-Koch-Straße bis zum Industriegebiet „Max-Planck-Straße“.

Der dritte große Coup in der ersten Gemeinderatssitzung war die Eröffnung der Stadtsanierung im Innenstadtbereich der Hauptstraße. Damals kannte ich im ganzen Land nur eine einzige Innenstadtsanierung, die in der Realisierungsphase war, nämlich in Bietigheim, initiiert von Oberbürgermeister Mai und seinem Beigeordneten Lothar Späth und der beispielhaften „Bietigheimer Wohnbau“. Wo es überhaupt schon Sanierungsüberlegungen gab, waren diese noch im Planungsstadium.

Ich sagte dem Gemeinderat, dass Spaichingen mit seinem Stadtteil „Hofen“ eine einzige kilometerlange Bundesstraße 14 ohne jeden Mittelpunkt sei. Wer durchfahre, fahre und fahre und sei dann wieder aus der Stadt draußen, ohne dass von Spaichingen etwas haften geblieben sei. Man müsse nach meiner Meinung an der Hauptstraße/B 14 etwas aufreißen, einen Mittelpunkt schaffen und mit dem großen, neuen Planungsgebiet „Stadtmitte“ verbinden.

Man könne den „Kreuz-Platz“, den alten Marktplatz, erhalten. Nach der zum damaligen Zeitpunkt vorliegenden Planung wäre er zerstört worden, weil über ihn die einzige Zufahrtsstraße zum Baugebiet „Bulzen“, der neuen Mitte, verlaufen wäre.

Man solle später die Hauptstraße ausbauen, die große Chance nutzen, die darin liege, dass sie nicht nur eine Verkehrsstraße sei, sondern wegen der verdolten Prim ein sehr breites Gestaltungspotential für eine lebendige Innenstadt ermögliche.

Schließlich müssten wenigstens fünf Gebäude entlang der Hauptstraße, dann im rückwärtigen Teil das Feuerwehrmagazin und der alte Farrenstall abgerissen werden. Später solle der alte Marktplatz einbezogen werden. Unmittelbar hinter diesen Gebäuden war der Sportplatz, den man aber einbeziehen könne, wenn im Westen der Stadt ein neues Stadion entstehe.

Das war ein völlig neues Konzept, über das sich noch niemand Gedanken gemacht hatte. Deshalb dauerte hier die Abwägung des Für und Wider am längsten. Einem Stadtrat war es zu viel auf einmal. Er stimmte dagegen. Wenn ich mich recht erinnere, gab es auch noch eine Enthaltung. Allen anderen leuchtete dieses Zukunftskonzept ein. Es wurde mit ganz großer Mehrheit beschlossen.

Das geschah natürlich in öffentlicher Sitzung und es wurde breit über diese Sitzung berichtet. Aber dennoch musste ich in den nächsten Wochen die Bürgerinnen und Bürger gewinnen. Vor allem aber die Grundstückseigentümer an der Hauptstraße, die von ihrem „Glück" nichts ahnten, die wir aber dringend brauchten.

Wenn ich zwanzig, dreißig Jahre später oder auch heute auf diese erste Gemeinderatssitzung zurückblicke, dann wird mir immer noch fast schwindlig und ich weiß nicht, ob ich diesen Mut, der ja fast schon an Tollkühnheit grenzte, noch einmal hätte.

Ich bewundere im Nachhinein weniger meine Initiative, als das große Vertrauen des Gemeinderats und seinen Wagemut. Alle waren erfahrene Stadträte und erfolgreiche Bürger in den verschiedensten Berufen. Der jüngste war 40 Jahre, alle anderen 50 Jahre und älter. Dass sie mir, dem 25-Jährigen bereits in der ersten gemeinsamen Sitzung ein solches Vertrauen entgegengebracht haben, erfüllt mich noch heute mit größtem Dank und mit Bewunderung.

Das hat mich verpflichtet und auf diesem Fundament konnte man gemeinsam erfolgreich arbeiten. Wir haben in acht Jahren mit Zustimmung der Bürgerschaft außerordentlich viel erreicht.

Wir haben das ganze Konzept der Stadtplanung der neuen Mitte realisiert. Einige Bauten entstanden in meiner Amtszeit, sehr viele in der Amtszeit meines Bruders und Nachfolgers Albert Teufel.

Das Wichtigste war mir das Gemeinschaftsleben in der Stadt, die ehrenamtliche Tätigkeit der Bürgerinnen und Bürger, die Förderung der Vereine, das Wiederaufleben der Fasnacht, lebendige Kirchen- und Pfarrgemeinden. Spaichingen war und ist eine lebendige Bürgergemeinschaft, ist stark gewachsen und hat die neuen Mitbürgerinnen und Mitbürger gut integriert.

Gegen Ende meiner Amtszeit hat sich die Stadt Spaichingen am Landes- und Bundeswettbewerb „Bürger Deine Stadt" beteiligt. Von einer auswärtigen Expertenkommission wurden in beiden Wettbewerben die Stadtplanung, ihre Realisierung und die bürgerschaftliche Beteiligung bewertet. Wir haben aus der Hand von Innenminister Krause in Stuttgart die Ehrenplakette und Urkunde des Landessiegers entgegengenommen. Später wurden wir Bundessieger. In Bonn überreichte Bundesbauminister Lauritz Lauritzen einer Delegation des Gemeinderats die Urkunde und Plakette.

Beides war die Auszeichnung für die ganze Stadt, für einen weitsichtigen Gemeinderat, für unseren Städteplaner Kilpper und einen guten Stadtbaumeister sowie eine gute Führungsmannschaft auf dem Rathaus. Die Stadt hat sich in einem Empfang auch bei mir bedankt.

Es war eine fruchtbare Phase in meinem Leben, die ich noch gerne fortgesetzt hätte. Es war „die erste Liebe“. Als ich 1971 die Landtagskandidatur der CDU im Landkreis Villingen annahm, bin ich selbstverständlich davon ausgegangen, dass ich weiter Bürgermeister in Spaichingen bleibe („Standbein und Spielbein“). Damit waren auch die Villinger einverstanden. Aus Gründen, auf die ich noch eingehe, wurde ich 1972 nicht nur Abgeordneter, sondern auch Staatssekretär in der Landesregierung. Damit war leider von heute auf morgen der Abschied vom Spaichinger Rathaus verbunden.

Ich habe in der großartigen Gestaltungsaufgabe eines Bürgermeisters viel gelernt: Sehr viel, wenn nicht alles hängt von einem guten Verhältnis zu den Mitmenschen ab. Das gilt für die Bürger und für den Gemeinderat. Man muss sich in Gesprächen und Verhandlungen in den anderen hineinversetzen und seine Situation bedenken, wenn man erfolgreich Gespräche führen will. Man muss auch andere etwas gelten lassen und zuhören können.

Selbstverständlich braucht man gute Ideen, aber genauso wichtig ist Überzeugungskraft, wenn man Zustimmung und Mehrheiten finden will.

Ob eine Gemeinde vorankommt, liegt entscheidend am Bürgermeister. Er ist der einzige, der sich hauptberuflich mit Kommunalpolitik beschäftigt. Er muss also mehr wissen als Ehrenamtliche, die den Großteil ihrer Zeit und Kraft in ihrem Beruf einsetzen. Er muss vorangehen und führen. Man braucht gute Leute um sich herum zur Unterstützung und Beratung. Ich habe mich stets um die besten Mitarbeiter bemüht, auch wenn ich solche Leute dann immer nur für ein paar Jahre halten konnte, weil sie in größeren Städten neue Chancen hatten. Ich habe mich bei neuen, leitenden Mitarbeitern immer sehr gefreut, wenn schon nach zwei, drei Gemeinderatssitzungen Lob von Stadträten für den neuen Mann kam.

Viele meiner Mitarbeiter wurden später Bürgermeister, Landräte, Verbandsdirektoren, sogar Abgeordnete und Staatssekretär.

Für mich war es eine Freude, dass die Spaichinger Bürgerinnen und Bürger mit großer Mehrheit meinen Bruder Albert zu meinem Nachfolger beriefen, durch Wahl, nicht durch Erbfolge. Er war bereits vier Jahre Bürgermeister der Stadt Möhringen,und weil diese nach Tuttlingen eingemeindet wurde, war er frei zur Kandidatur. Er erhielt 1972 mit 95,7 % der Stimmen ein herausragendes Ergebnis und war dann bis zu seiner Pensionierung 32 Jahre Bürgermeister der Stadt Spaichingen. Bei seiner letzten Wiederwahl nach 24 Jahren Amtszeit hat er ein Kunststück fertig gebracht, für das ich landesweit keinen Vorläufer kenne. Sämtliche Stadträte aller vier Fraktionen haben ohne eine Ausnahme eine Anzeige aufgegeben und bezahlt, in der sie sich für die Wiederwahl meines Bruders ausgesprochen haben. Er hat also gute Arbeit geleistet. Es hat mich natürlich sehr gefreut, dass es in Spaichingen gut weiterging. Ich bin ja Spaichinger Bürger geblieben, habe mich aber seit meinem Wechsel in die Landespolitik nicht ein einziges Mal mehr in die Spaichinger Kommunalpolitik eingemischt, auch nicht mit einem internen Rat. Erstens hätte ich mich gegenüber jedem Nachfolger so verhalten, zweitens hatte mein Bruder keinen Rat nötig und drittens hatte mich die neue Aufgabe der Landespolitik so in Anspruch genommen, dass ich keine Zeit mehr für die Spaichinger Kommunalpolitik hatte.

15.

Konrad Adenauer hat uns Jüngeren drei Ziele für die Versöhnung genannt: Israel, Frankreich und Polen. Aus Überzeugung habe ich mich deshalb als Bürgermeister um eine Partnerschaft mit einer französischen Stadt bemüht.

Das erste Angebot bekam ich von einer Stadt in der Normandie. Aber der Ort war 1100 Kilometer von Spaichingen entfernt. Meine Vorstellung von einer Partnerschaft war, dass sich nicht nur die Gemeinderäte begegnen, sondern auch die Breite der Bürgerschaft, die Vereine und die Schülerinnen und Schüler. Dafür waren Entfernung, Zeitaufwand und Kosten zu groß.

Das zweite Angebot kam von einer Stadt in der Banlieue von Paris. Das wollte ich nicht annehmen, weil ich befürchtete, dass unsere Spaichinger bei Besuchen dann nicht lange bei den Gastgebern bleiben, sondern die französische Hauptstadt besichtigen.

Schließlich entdeckte ich Sallanches, eine Stadt in Hochsavoyen, an der Route Blanche von Genf nach Chamonix und nahe dem Mont Blanc. Sie ist nur 430 Kilometer von Spaichingen entfernt. Alle Voraussetzungen für Begegnungen waren gegeben. Es entwickelte sich eine lebendige Partnerschaft, getragen von den Bürgermeistern und Gemeinderäten und von einem guten „Partnerschaftskomitee“ in Sallanches, das für Kontinuität sorgte.

Mein französischer Bürgermeister-Kollege Marcel Gouttry war 72 Jahre alt und stand in zwei Weltkriegen gegen Deutschland. Bei der ersten Begegnung im Vorfeld der Beratungen über eine Partnerschaft sagte er mir: „Wir müssen diese Partnerschaft machen, damit sich die junge Generation unserer beiden Städte und Länder kennen lernt. Denn wer sich kennt, schießt nicht aufeinander.“

Trotz des großen Altersunterschieds – ich war gerade 29 Jahre alt –, entwickelte sich eine persönliche Freundschaft zwischen uns. Ich hatte Hochachtung davor, dass er trotz seiner Erfahrung den Deutschen mit Offenheit begegnete. Er hat im Lauf der Jahre viele Franzosen nach Spaichingen gebracht, die sich vorher geschworen hatten, Deutschland nicht mehr zu betreten. Die Begegnungen mit diesen Persönlichkeiten und mit vielen aktiven Bürgerinnen und Bürgern von Sallanches, die Gastfreundschaft und Feste werden mir immer in Erinnerung bleiben.

An der Festigung der deutsch-französischen Zusammenarbeit habe ich ein Leben lang gearbeitet: als Bezirksvorsitzender der CDU Südbaden in der regelmäßigen und engen Zusammenarbeit mit den Gewählten aus dem Elsass, in der Förderung des deutsch-französischen Jugendaustauschs; als Ministerpräsident in einer engen Zusammenarbeit mit dem Präsidenten des Elsass, Adrien Zeller, und mit allen Senatoren, Abgeordneten und Bürgermeistern des Elsass. Die von meinem Vorgänger Lothar Späth begründete Zusammenarbeit mit der Region Rhône-Alpes in Lyon führte ich weiter.

Als Ministerpräsident war ich für vier Jahre der „Bevollmächtigte der Bundesrepublik Deutschland für die kulturellen Beziehungen zu Frankreich." Ich nahm an allen halbjährigen Gipfeltreffen des Präsidenten der Französischen Republik mit dem deutschen Bundeskanzler in Frankreich und Deutschland teil und führte dabei auch Vieraugengespräche mit je drei französischen Ministern für Schulen, für Hochschulen und für Wissenschaft und Forschung. Die Förderung des Deutschunterrichts in Frankreich und die erfolgreiche Gründung einer Deutsch-Französischen Universität waren Schwerpunkte meiner Arbeit.

Im Deutschen Bundesrat habe ich die Deutsch-Französische Freundschaftsgruppe geleitet und in dieser Eigenschaft eng mit meinem Kollegen und Freund Senator Daniel Hoeffel, dem Vorsitzenden der Französisch-Deutschen Freundschaftsgruppe des Französischen Senats, zusammengearbeitet. In dieser Eigenschaft hatte ich die Ehre, aus Anlass der Feier des 40-jährigen Jubiläums des Deutsch-Französischen Freundschaftsvertrags zwischen Bundeskanzler Konrad Adenauer und Präsident Charles de Gaulle eine Rede vor dem Französischen Senat zu halten.

Nach der Unterzeichnung des Deutsch-Französischen Freundschaftsvertrags am 22. Januar 1963 machte der französische Staatspräsident einen offiziellen mehrtägigen Besuch in der Bundesrepublik Deutschland. Ich war dabei, als de Gaulle in Anwesenheit von Konrad Adenauer im Schlosshof von Ludwigsburg vor 4 000 Jugendlichen eine Rede an die deutsche Jugend hielt. Er sagte auf Deutsch: „Sie sind Söhne und Töchter eines großen Volkes, ja eines großen Volkes." Es war ein großes Erlebnis.

25 Jahre später, hielt der französische Ministerpräsident Chirac in Erinnerung an den Auftritt von de Gaulle und Adenauer eine Rede im Schlosshof von Ludwigsburg, bei der ich als Fraktionsvorsitzender der CDU-Landtagsfraktion anwesend war.

Zweimal wurde ich im Élysée-Palast vom Präsidenten der Französischen Republik, François Mitterand, zu längeren Vieraugengesprächen empfangen. Ich habe seine breite Bildung und seine Freundschaft zu Deutschland und zu Bundeskanzler Kohl als bemerkenswert empfunden.

In Präsident Mitterands Leben gab es übrigens eine Verbindung zu der Stadt Spaichingen. Er ist als deutscher Kriegsgefangener desertiert und kam auf der Flucht bis zum Heuberg bei Spaichingen. Dann saß er monatelang im Spaichinger Gefängnis. Vor seiner Wahl zum Staatspräsidenten hat er mit Willy Brandt die Stadt Spaichingen besucht. Er wurde von meinem Bruder auf dem Rathaus empfangen.

In meinem Gespräch mit ihm im Élysée erinnerte er sich lebhaft an den unliebsamen Aufenthalt im Spaichinger Gefängnis während des Zweiten Weltkriegs, aber auch an die menschliche Behandlung durch den Gefängnisleiter und seine Familie.

Sein Nachfolger, Staatspräsident Jacques Chirac, hat mich als Zeichen des Dankes für mein Engagement für die deutsch-französischen Beziehungen am 2. April 1998 im Élysée-Palast in Paris zum „Commandeur de la Légion d'Honneur" der Französischen Republik ernannt.

Es war mir eine besondere Freude, dass ich diese hohe Auszeichnung gleichzeitig mit Joseph Rovan erhielt. Ich schätze den früheren Professor für Geschichte an der Sorbonne in Paris, der im Dritten Reich das Konzentrationslager Dachau überlebte, als großen Freund Deutschlands außerordentlich. Der deutsche Botschafter in Frankreich hat anschließend für unsere beiden Familien in seiner Residenz ein Essen gegeben.

Über Generationen hinweg hat man die Kinder in beiden Ländern zu Hass gegen das je andere Land erzogen und ein deutsch-französischer Krieg folgte dem anderen. Jede Nachkriegszeit wurde zur Vorkriegszeit. Heute ist ein Krieg zwischen Frankreich und Deutschland unmöglich geworden.

Vor zwei Jahren antwortete in Frankreich auf die Frage nach dem liebsten Land und dem liebsten Volk eine Mehrheit der Franzosen mit Deutschland. Gleichzeitig nannte auf die gleiche Frage in Deutschland eine Mehrheit der Deutschen an erster Stelle: Frankreich.

Ist das, eineinhalb Generationen nach dem Zweiten Weltkrieg und angesichts unserer Geschichte, nicht ein Wunder?

Es ist natürlich das Verdienst von Robert Schumann und Konrad Adenauer, und später das von Charles de Gaulle. Es ist ein Ergebnis des Deutsch-Französischen Freundschaftsvertrags, aber eben nicht nur die Folge von offiziellen Begegnungen und Verträgen.

Es ist das Verdienst von Hunderten Städtepartnerschaften zwischen deutschen und französischen Gemeinden. Allein 400 gibt es von baden-württembergischen Städten und Gemeinden mit französischen Städten und Gemeinden.

Es ist aber auch das Ergebnis des deutsch-französischen Jugendaustauschs, der Begegnung von Schülern, Auszubildenden und Studenten sowie die Folge der jahrelangen Arbeit von Germanisten an französischen Schulen und Romanisten an deutschen Schulen, von Sprachförderung und von gegenseitigen Besuchen der Menschen. 11 Millionen Deutsche besuchen jährlich Frankreich.

Deutschland ist heute der größte Handelspartner Frankreichs und umgekehrt. Es gibt keine Grenze mehr zwischen den beiden Ländern. Der Rhein trennt nicht mehr, er verbindet.

In den letzten Jahren ist Vertrauen gewachsen, gute Nachbarschaft und gegenseitiges Verständnis entstanden; das beiderseitige Verhältnis ist geprägt vom Wahrnehmen der unterschiedlichen Mentalitäten, von der Freude über die positiven Eigenschaften und dem Lächeln über die kleinen Schwächen des je anderen Partners. Die deutsch-französische Zusammenarbeit beflügelt die Europäische Union und gibt ihrer Entwicklung Schubkraft. So sieht die zweite Hälfte des 20. Jahrhunderts anders aus als die erste Hälfte des früheren Jahrhunderts. Die Menschen haben aus der Geschichte gelernt, spät genug, aber rechtzeitig, um das 21. Jahrhundert in Frieden und Freiheit und gemeinsam gestalten zu können.

Es ist mir eine Freude, dass ich an diesem Werk ein wenig mitarbeiten konnte und noch immer mitarbeiten kann.

16.

Karl Brachat war in der Stadt und im Landkreis Villingen eine hoch angesehene Persönlichkeit. Er war Rektor und Schulamtsdirektor. Von der Verfassunggebenden Landesversammlung 1952 und dem ersten Landtag an bis zu seinem Tod am 24.5.1971 vertrat er über fünf Wahlperioden hinweg als direkt gewählter Abgeordnete den Wahlkreis Villingen-Wolfach. Eine Villinger Schule trägt seinen Namen. In Stuttgart galt er als einer der angesehensten Abgeordneten. Er war Vorsitzender des Kulturpolitischen Ausschusses im Landtag. Vom Mai 1971 bis Ende Mai 1972 war der angesehene Studienprofessor Alfons Stadler aus Hornberg als Zweitkandidat sein Nachfolger.

Karl Brachat ließ mich noch an sein Krankenbett kommen und sagte mir, ich müsse sein Nachfolger werden. Das hat mich gewundert, denn ich war bisher vor allem in Südwürttemberg-Hohenzollern politisch tätig. Den Kreis Villingen kannte ich nur aus der Nachbarschaft und als Mitglied der Regionalen Planungsgemeinschaft Schwarzwald-Baar-Heuberg. In Villingen kannten mich nur ganz wenige Bürger.

Umso mehr war ich überrascht darüber, dass in den folgenden Wochen unabhängig voneinander vier Bürger und CDU-Mitglieder auf mich zukamen und mich zur Kandidatur ermunterten: der Kreisvorsitzende Walter Späth, der Bad Dürrheimer Bürgermeister und Kurdirektor Otto Weißenberger, Vorsitzender der CDU-Kreistagsfraktion, Dr. Hannsheinrich Walz und Ewald Merkle.

Ich sah mich in einer schwierigen Situation, die ich auch mit meiner Frau besprach. Ich war schon 15 Jahre in der CDU und über 10 Jahre im Landesvorstand. Meine Kinder waren noch klein. Es wäre mir viel lieber gewesen, wenn ein solches Angebot ein oder zwei Legislaturperioden später auf mich zugekommen wäre.

Hinzu kam, dass mich im Kreis Rottweil jeder kannte und auch im Kreis Tuttlingen. In beiden Kreisen wäre eine Kandidatur viel natürlicher gewesen. Aber beide Kreise hatten gute Abgeordnete und ich wäre niemals gegen einen amtierenden Abgeordneten angetreten. Ich konnte ja auch noch warten. Aber auf der anderen Seite kommt ein solches Angebot nicht jeden Tag. Meistens muss man um eine erste Kandidatur hart kämpfen.

Ich bin dann zum Abgeordneten Alfons Stadler gefahren und habe ihn gefragt, ob er für die Landtagswahl 1972 kandidiere. Herr Stadler verneinte dies. Er schaffe gesundheitlich nicht das Pensum als Lehrer und ein Mandat in einem so großen Wahlkreis. Er verwies darauf, dass er Schwerkriegsbeschädigter sei. Ich wäre nie gegen Herrn Stadler angetreten, sagte dann aber dem CDU-Kreisvorsitzenden zu, in die nächste Kreisvorstandssitzung der CDU Villingen zu kommen. Nach einer eingehenden Befragung und Diskussion hat der Kreisvorstand, vermutlich einstimmig, beschlossen, mich der Mitgliederversammlung der Kreise Villingen und Wolfach als Landtagskandidat vorzuschlagen.

Daraufhin waren die Wolfacher CDU-Freunde stocksauer darüber, dass die Villinger keinen eigenen Kandidaten hätten und stattdessen ohne Rücksprache mit Wolfach einen Auswärtigen vorschlagen würden, obwohl es drei Wolfacher Interessenten gebe. Ich wurde in den Kreisvorstand Wolfach in eine Sitzung nach Hausach zitiert und konnte mich dort neben den drei einheimischen Kandidaten vorstellen. Ich habe mich nur auf eine einzige Frage vorbereitet, nämlich: Wie wollen Sie als Schwabe die Wahl im Badischen gewinnen?

Nachdem ich mich vorgestellt hatte, kam diese Frage exakt und als erste. Ich sagte darauf, es stimme zwar, dass mein Elternhaus sechs Kilometer Luftlinie von der badischen Grenze stehe. Meine Heimat sei aber erst durch Napoleon von Vorderösterreich zum Königreich Württemberg gekommen, so wie auch eine ganze Reihe von Gemeinden im Kreis Wolfach von Vorderösterreich zu Baden gekommen sei. Ich nannte sie alle der Reihe nach. Im Kreis Wolfach gebe es allerdings auch echte württembergische Gemeinden wie Hornberg, Gutach, Schiltach und weitere Nachbargemeinden. Ich verwies auf die fürstenbergischen Gemeinden und auf das einzige Freie Reichstal im ganzen Heiligen Römischen Reich Deutscher Nation, nämlich das Harmersbachtal mit Zell-Oberharmersbach und Unterharmersbach. Ich verwies auf das Kloster Wittichen, auf die Herkunft von Hausach, Haslach, Wolfach. Ur-Badisches blieb da wenig übrig, vielmehr ein Flickenteppich von Herkünften, wie überall in Baden-Württemberg. Vom Schwaben Erwin Teufel blieb nicht mehr viel übrig, zumal er Alemanne ist, wie alle im Süden Baden-Württembergs und bis nach Franken und zur Kurpfalz. Im Übrigen weiß jeder, der sich ein bisschen mit unserer Geschichte beschäftigt, dass „Schwaben“ und „Alemannen“ identische Begriffe sind und wir allenfalls in der Sprache zwischen Hochalemannisch und Niederalemannisch unterscheiden können.

Natürlich wurden mit mir auch noch andere Fragen diskutiert, aber die Herkunft spielte keine Rolle mehr. Am Ende gab es im Kreisvorstand von Wolfach eine geheime Abstimmung unter den vier Kandidaten. Dabei erhielt ich 18 von 21 Stimmen. Ich war jetzt der Wolfacher CDU-Kandidat zur Landtagswahl 1972.

Die Nominierung war aber erst an einem heißen Juliabend kurz vor den Schulferien in einer Mitgliederversammlung der beiden Kreisverbände Villingen und Wolfach in Hornberg. Ich wurde fast einstimmig nominiert.

Kurz darauf brachen meine Frau und ich als Begleiter zweier Chöre, des „Liederkranz Spaichingen“ und des Männergesangvereins Rottweil, zu einer Konzertreise in das rumänische Banat auf.

17.

Mit drei Omnibussen ging es über Bayern, Salzburg, Oberösterreich, die Steiermark nach Marburg/Maribor, im heutigen Slowenien und damaligen Jugoslawien. Nach einer Übernachtung fuhren wir über Zagreb mehrere Hundert Kilometer durch endlose, große Maisfelder und wunderschöne Sonnenblumenfelder an Belgrad und der Batschka vorbei und über die jugoslawisch-rumänische Grenze in das Banat, präziser in das rumänische Banat. Das Banat wurde nach dem Ersten Weltkrieg, in dem auch sonst unglückseligen Vertrag von Trianon auf drei Länder, Rumänien, Ungarn und Jugoslawien, aufgeteilt. Die deutschstämmigen Banater Schwaben, die bei uns meist unter der Generalüberschrift „Donauschwaben“ subsumiert werden, wurden in ihren Dörfern und Siedlungsgebieten damit auch auseinandergerissen. Wir fuhren durch rein deutsche Gemeinden über die Hauptstadt Temesvar/Timisoara nach Lugosch/Lugoj, eine Stadt mit 40 000 Einwohnern. Dort waren wir in Privatquartieren untergebracht.

Meine Frau und ich wohnten in der Familie eines Rechtsanwalts. Er war Rumäne, seine Frau war Deutsche, „Musik-Professorin“, Lehrerin an einem Gymnasium. Der Sohn und die Tochter, die beide im Studium waren, waren zweisprachig und beherrschten Deutsch als Muttersprache.

Der Besuch war noch tief in der kommunistischen Zeit Rumäniens, unter der Herrschaft Ceauşescus. Er war offiziell genehmigt. Ceauşescu war derjenige Diktator des Ostblocks, der außenpolitische Lockerungsübungen mit einem umso härteren innenpolitischen Druck kombinierte.

Unsere überaus freundlichen Gastgeber mussten jeden Tag frühmorgens auf den Markt gehen, um für ihre Gäste etwas für das Frühstück zu finden. Aus diesem Besuch ist eine langjährige Freundschaft entstanden. Der Sohn der Familie lebt nun seit Jahren in unserer Nähe. Er arbeitet in der Motorenentwicklung der Daimler AG in Sindelfingen und seine Frau als Diplomingenieurin bei ebm-Papst in St. Georgen.

Wie kamen wir zu dieser Reise ins Banat? In Spaichingen, wie in vielen Städten und Gemeinden unseres Landes, leben viele „Donauschwaben". Es sind in unserer Stadt bestimmt zwischen zweitausend und dreitausend. Genau lässt sich das nicht mehr sagen, weil sie natürlich heute fest integriert und mit ehemals Einheimischen durch Heirat und Verwandtschaft verbunden sind. Die Heimatvertriebenen aus diesen Gebieten, des Banat und der Batschka und den Nachbargebieten, haben ein schweres Schicksal. Sie wurden nach dem Krieg verfolgt und vertrieben, nur weil sie Deutsche waren. Viele Männer wurden erschossen. Vor den Augen der Angehörigen wurden andere mit der Axt erschlagen. Frauen und heranwachsende Mädchen wurden in Bergwerke und in die Baragansteppe verschleppt. Sie haben lange Zeit unter freiem Himmel gelebt. Viele sind verstorben, andere haben gesundheitliche Schäden für ihr ganzes Leben davongetragen. Ganze Dörfer wurden vertrieben. Im ungarischen Teil des Banats gibt es keine deutsche Gemeinde mehr. Tausende landeten nach Wochen der Flucht in Lagern in Österreich. Der französische Außenminister Robert Schuman hat dann ein Kontingent von 2000 Flüchtlingen in das Elsass übernommen und die Quote nach Frankreich später noch gesteigert. Das war zu einer Zeit, als Deutschland noch keine dieser Vertriebenen aufnehmen konnte. Einige Spaichinger Familien sind später über das Elsass in unsere Stadt gekommen. Die Banater Schwaben, die in großer Zahl hier, in der Nachbarschaft und im ganzen Land leben, sind fleißige Leute. Sie haben sich sehr schnell integriert, haben gespart und gebaut. Sie und ihre Kinder sind aktiv in den Vereinen. Alle sind angesehene Mitbürgerinnen und Mitbürger.

Ihre Vorfahren kamen aus dem heutigen Baden-Württemberg, aus der Pfalz, aus dem Elsass, aus Westdeutschland in diese menschenleeren Siedlungsgebiete nach der Türkenzeit. Ab 1718 und später folgten unter der Kaiserin Maria Theresia große Einwanderungswellen in das Banat. Viele kamen mit den „Ulmer Schachteln" auf der Donau von hier in die neue Heimat. Heimat wurde sie erst durch ihre Arbeit. Es waren Steppen, die nie bebaut waren oder wieder verwildert waren. Die Siedler mussten mit ihrer Hände Arbeit das Land erst einmal urbar machen.

Nikolaus Lenau und Adam Müller-Guttenbrunn und viele Chronisten haben diese Zeit beschrieben: „In der ersten Generation Tod, in der zweiten Generation Not, in der dritten Generation Brot". In der Generationenfolge sind dann blühende Dörfer und Landschaften entstanden.

Auf dem Rathaus einer zuvor rein deutschen Gemeinde in Ungarn habe ich einmal die Einwanderungsbücher einsehen können, die dort auf dem Speicher verwahrt waren. Sie haben sich gelesen wie ein Gemeindeverzeichnis von Baden-Württemberg. Die Siedler kamen aus kinderreichen Familien. Für viele gab es in unserem Land keine Arbeit und kein Auskommen. Bis weit in das 19. Jahrhundert hinein hatten wir im Schwarzwald und in den ländlichen Gebieten große Hungersnöte. Deshalb sind halbe Jahrgänge ausgewandert, nach Ost- und Südosteuropa, später nach Amerika, nach Kanada, nach Lateinamerika. Nicht Abenteuerlust hat sie hinausgetrieben, sondern die pure Not.

Ich war und bin diesen Menschen immer verbunden und bin es bis heute. Zum einen, weil es purer Zufall war, dass meine Vorfahren hier in ihrer Heimat bleiben konnten, zum anderen, weil diese Vertriebenen ein schweres Schicksal hatten, bis sie in der Heimat ihrer Vorfahren ein neues Zuhause fanden.

Einige der Spaichinger „Donauschwaben" waren aktive Mitglieder und Sänger des „Liederkranzes". Weil der „Liederkranz Spaichingen" und der Männergesangverein Rottweil einen gemeinsamen Dirigenten und herausragenden Musikpädagogen hatten, initiierten sie diese gemeinsame Konzertreise ins Banat. Meine Frau und ich wurden eingeladen, sie zu begleiten. Die Chöre gastierten in sechs Städten und Großgemeinden des Banats, zuerst in der Hauptstadt Temesvar/Timisoara. Die Stadt hat über 300 000 Einwohner. Der Ortskern ist barock geprägt und einer alten österreichischen Stadt sehr ähnlich. Die Neubaugebiete bestanden aus den im ganzen Ostblock verbreiteten Plattenbauten, in die Menschen in wabenähnliche kleine Wohnungen eingepfercht wurden.

Temesvar hatte einen deutschstämmigen Bischof, dessen Vorfahren aus der Pfalz kamen. Sein Nachfolger wurde ein Banater Pfarrer aus der Diözese Rottenburg-Stuttgart. Es gab dort damals noch ein deutschsprachiges Theater und vor allem das große deutsche Lenau-Gymnasium, aus dem Generationen von Lehrern und Führungskräften des Banats hervorgingen. Im Banat lebten ja einst über 450 000 Deutsche. Sie wurden seit je her „Schwaben" genannt. 1971 hatte das Lenau-Gymnasium nur deutsche Schüler. Als ich als Bundesratspräsident 30 Jahre später dort war und mit Oberstufenschülerinnen und -schülern diskutierte, waren 86 % Rumänen. Aber sie sprachen gut deutsch und interessierten sich nur für ein Thema: Können wir nach dem Abitur in

Deutschland studieren? Können wir anschließend in Deutschland arbeiten? Ich habe den Eindruck gewonnen, dass viele Eltern ihre Kinder deshalb in das deutschsprachige Gymnasium schickten, weil sie ihnen eine Zukunftschance in Deutschland ermöglichen wollten.

An jedem Abend, an dem unser Chor in einem anderen Ort gastierte, wurden wir mit großer Begeisterung aufgenommen. Seit dem Zweiten Weltkrieg war dies der erste Besuch eines Chores und das erste Konzert. Für die deutschen Landsleute war es nicht nur ein Fest, sondern ein Großereignis bleibender kultureller Verbundenheit mit dem Land ihrer Väter, dem „Reich", wie die Älteren immer noch sagten, wenn sie von Österreich oder Deutschland sprachen. Viele traten in großartigen Trachten auf, wie sie wohl immer nur an der „Kerwe", am Kirchweihfest, getragen wurde. Sie führten schöne, alte Volkstänze auf. Der Chor kam sehr gut an und wurde begeistert aufgenommen. Ich durfte zu Beginn des Konzerts immer ein Wort des Grußes und der Verbundenheit sagen.

Tagsüber haben wir Ausflüge durchs Land und an die Donau unternommen. Wir waren beeindruckt von der dicht besiedelten Kulturlandschaft, von den großen Mais- und Weizenfeldern, von den Barockkirchen, von den breiten Straßen der deutschen Dörfer mit ihren Giebelhäusern zur Straße hin und den Höfen nach innen. Wir sprachen mit Bauern. Sie waren alle, Mann und Frau, tagsüber in der Landwirtschaftlichen Produktionsgenossenschaft beschäftigt. Diese Riesenbetriebe hatten mäßigen wirtschaftlichen Erfolg, einzelne Ställe waren leer, die Maschinen standen im Freien und verrotteten dort.

Am Abend bewirtschafteten die Bauern 14 Ar eigenes Land, das jedem von seinem Besitz privat verblieb. Auf diesen wenigen Ar waren sie Selbstversorger. Sie hatten dort etwas

Weizen und Kartoffeln, etwas Gemüse, sogar einige Rebstöcke für 5–10 Flaschen Wein. Sie hatten ein Schwein. Mit all dem kamen sie durchs Jahr und mussten nicht hungern wie die Bevölkerung in den Städten.

Wir sind mit reichen Eindrücken und etwas zufriedener mit unserer eigenen Lebenssituation in Deutschland nach Hause gefahren.

Es gab ein Jahr später den Gegenbesuch des hoch angesehenen deutschen Chors aus Temesvar bei uns in Spaichingen und Rottweil und im Land. Weil alle Gäste in Familien bei uns aufgenommen wurden, konnten Freundschaften vertieft werden. Probleme gab es, weil einige Sänger hierblieben und nicht nach Rumänien zurückfuhren, obwohl ihre Familien dort zurückgeblieben waren. Sie konnten erst viel später ausreisen.

Der Besuch ist auch für meine Frau und mich nicht ohne Folgen geblieben. Er war der Beginn breiter persönlicher Beziehungen in das Banat. Ich fuhr wenige Jahre später mit allen Kindern in den Osterferien nach Temesvar und Lugosch/Lugoj. Wir waren privat wieder in einigen Gemeinden, in denen der Chor gastiert hatte, so auch in Darowa. Darowa hatte 1971 bei unserem ersten Besuch etwa 2000 deutsche Einwohner und sechs rumänische Bürger. Von diesen 2000 Einwohnern sind heute etwa 1 300 oder 1 400 in Spaichingen und in unserer Nachbargemeinde Aldingen. Jedes Jahr findet das Treffen der Darowaer, die jetzt alle in Deutschland sind, in Spaichingen statt.

In der Folgezeit, noch unter dem Regime von Ceauşescu, hat die Regierung Kohl/Genscher vielen Deutschstämmigen, die keine Chance mehr in Rumänien sahen, zu einem neuen Leben in Deutschland verholfen. Ungezählten, die sich an mich wandten, habe ich geholfen. Später sind aus Baden-Württemberg viele Partnerschaften von Städten und Gemeinden, von Kirchengemeinden und von Heimatvertriebenen mit dem Banat, mit Siebenbürgen, mit Rumänien entstanden. Was hier durch Einzelpersönlichkeiten initiiert wurde, wie sie freiwillige Helfer fanden, ist beispielhaft. Viele Mitbürgerinnen und Mitbürger aus Baden-Württemberg habe ich kennen gelernt, die seit 30 und 40 Jahren feste Hilfswerke und Strukturen aufgebaut haben. Durch Eigeninitiative und Spenden bringen sie ganze Hilfstransporte zustande. Kinderheime und Altersheime, viele Arme und Behinderte leben und überleben nur durch diese Hilfe. Die Not ist nach wie vor groß und mit wenig Geld kann man sehr viel bewirken. Selbst Hochschulen und Universitäten sind auf diese privaten Initiativen und Hilfen angewiesen.

Als Ministerpräsident habe ich eine kleine Anlaufstelle in Stuttgart geschaffen, wo durch bescheidene Landesförderung Transporte unterstützt werden. Vor allem ist unter der ausgezeichneten ehrenamtlichen Arbeit des früheren Ministerialdirektors Dr. König eine Clearingstelle für Angebot und Nachfrage entstanden. Krankenbetten, Computer, Feuerwehrfahrzeuge und vieles andere mehr, die bei uns ausgemustert wurden, finden reißenden Absatz und guten Einsatz in Rumänien und in Südosteuropa.

Ich war immer stolz auf die Hilfsbereitschaft der Baden-Württemberger. Jedes Jahr lagen bei der Sammlung „Brot für die Welt" die beiden Landeskirchen Baden und Württemberg an der Spitze in Deutschland und genauso die beiden Diözesen Freiburg und Rottenburg-Stuttgart bei Sammlungen für „Misereor", „Adveniat" und bei den „Sternsingern". Für alle diese Helfer gilt der Satz von Erich Kästner: „Es gibt nichts Gutes, außer man tut es."

Später kam ich auch nach Hermannstadt und in die Heimat der „Siebenbürger Sachsen". Sie haben hier eine über achthundertjährige Tradition und Kultur. Es ist beeindruckend und bewegend, was hier in Jahrhunderten gewachsen ist und geleistet wurde. Die Wehrburgen und Wehrkirchen gehören zum Schönsten, was ich je gesehen habe. Nach der Reformation entstand in Siebenbürgen eine selbständige Evangelische Landeskirche. Die Begegnung mit dem heutigen Bischof und seinem Stellvertreter, der auch Stadtrat in Hermannstadt ist, werde ich nicht vergessen. Viele junge Pfarrer habe ich getroffen. Sie sagten mir, dass ihr Haupttätigkeitsfeld der Friedhof sei. Viele, viele Jahre nach dem Zweiten Weltkrieg haben die Siebenbürger gezwungenermaßen oder freiwillig ausgehalten und auf bessere Zeiten gehofft. Sie wurden in vorbildlicher Weise von der dortigen Evangelischen Landeskirche zusammengehalten und von der deutschen Evangelischen Kirche unterstützt. Deutsche evangelische Professoren haben freiwillig in Hermannstadt unterrichtet und Pfarrer ausgebildet. Das alles hat ein langes Bleiben ermöglicht, bis es in der Zeit nach Ceauşescu offene Grenzen gab und dann für viele kein Halten mehr. So geht eine große Siedlungs- und Kulturleistung von Generationen ihrem Ende entgegen. Großartige Plastiken aus Kirchen, die keine Gemeinde mehr haben, wandern nach Hermannstadt ins Museum. Wie hoch das Ansehen der Deutschen heute noch ist, sieht man daran, dass bei nur noch 4 % deutschen Einwohnern von Hermannstadt von der Gesamtbevölkerung ein Deutscher zum Bürgermeister gewählt und jetzt mit großem Vertrauen wiedergewählt wurde. Ich bin ihm in Hermannstadt und in Deutschland begegnet und habe einen sehr guten Eindruck von seiner Arbeit und von der großen Leistung der Evangelischen Kirche.

18.

Ab Herbst 1971 bereitete ich in meiner Freizeit den Landtagswahlkampf für die Wahl am 25. April 1972 in meinem Wahlkreis Villingen-Wolfach vor. Der Wahlkampf selbst begann nach Dreikönig 1972 und die heiße Phase erst nach der Fasnacht. Ich hatte sowohl in Villingen wie in Wolfach erfahrene, sach- und ortskundige Kreisgeschäftsführer. Im Kreisvorstand und in den Ortsverbänden waren viele zu aktiver Mitarbeit und zur Einführung ihres neuen Landtagskandidaten bereit. Auch aus meinem persönlichen Bekannten- und Freundeskreis hatte ich viele Helfer.

In der Vorphase des Wahlkampfes besuchten wir jeden Krämermarkt in den Kreisen Villingen und Wolfach. Ich stellte mich den Fragen der Bürger, wir verschenkten Luftballons für die Kinder und verteilten Informationsmaterial. Mir war klar: Zuerst muss man einmal bekannt werden, bevor man Zustimmung finden kann.

Wir hatten für jede Gemeinde eine Versammlung geplant. Viele auswärtige Redner von außen und Kommunalpolitiker aus den Landkreisen hatten zugesagt. Hundert Versammlungen, das schaffte keine andere Partei. Zu jeder Versammlung haben wir persönlich eingeladen und jedes Haus besucht. Freunde von mir gingen durch die nassen Wiesen auf jeden Schwarzwaldhof und in jedes Haus. Sie stellten sich als Freund von mir vor, sagten ein paar Sätze zu meiner Person und luden zur Versammlung mit mir in der jeweiligen Gemeinde ein. Es waren 15 und mehr Bürgermeister im Einsatz, viele bekannte Kommunalpolitiker und aktive Bürger und CDU-Mitglieder. Der Versammlungsbesuch war doppelt so stark wie bisher.

In Haslach hatten wir eine zentrale Versammlung mit dem damaligen Bundesvorsitzenden der CDU, Dr. Rainer Barzel.

Ich fragte ihn, ob ich 10 oder 15 Minuten sprechen dürfte. Er sagte: „So lange Sie wollen. Ich bin zu Ihrer Unterstützung da."

In der Woche vor der Wahl waren wir nicht nur auf Marktplätzen und zu Hausbesuchen, sondern es fuhren auch Autokorsos mit Wahlplakaten und Musik durch jede Gemeinde.

Am Ende des Wahlkampfs sagte mir Landtagsabgeordneter Alfons Stadler, ich sei am Ende des Wahlkampfes im Kreis Wolfach bekannter als der frühere Wahlkreisabgeordnete nach 18 Jahren. Das war nicht meine Leistung, sondern die Arbeit von vielen, vielen, die mich unterstützt und ihren guten Namen für mich hergegeben haben. Das erste Mal ist man auf einen Vertrauensvorschuss angewiesen. Der große Aufwand hat sich gelohnt. Ich erhielt 59,61 % der Stimmen.

Zwei Geschichten muss ich noch erwähnen. Als mein SPD-Gegenkandidat, ein Gewerkschaftssekretär in Villingen, zu dem ich später ein herzliches Verhältnis hatte, im Wahlkampf darauf anspielte, dass er echter Villinger sei und ich von auswärts komme, erwiderte ich in der Zeitung: Nach meiner Meinung käme es nicht darauf an, im Wahlkreis zu schlafen, sondern im Wahlkreis zu arbeiten. Dann tauchte das Argument nie mehr auf. Und die zweite: Am Morgen nach der Wahl habe ich natürlich die Wahlkreisergebnisse jeder einzelnen Gemeinde angeschaut. Das höchste Ergebnis erhielt ich in der Gemeinde Unterentersbach bei Zell am Harmersbach, einer Gemeinde mit 200 Einwohnern. Hier steigerte sich der CDU-Anteil von 89 % auf 92 %. Ich rief unseren Kreisgeschäftsführer in Haslach an und frage kritisch, warum ich nicht in dieser Gemeinde zu einer Versammlung gewesen sei. Er entgegnete, in dieser Gemeinde habe seit 1946 noch nie eine Wahlversammlung der CDU stattgefunden. Mein spontaner Kommentar: „Da hat noch nie jemand etwas kaputt gemacht."

19.

Auf Landesebene erzielte die CDU bei dieser Landtagswahl mit 52,9 % erstmals in ihrer Geschichte eine absolute Mehrheit. Das war ein großer Erfolg für den Spitzenkandidaten, Ministerpräsident Hans Filbinger, auch wenn er sein Freiburger Direktmandat verlor.

Die Ursache für den Erfolg war gewiss eine gute Landespolitik. Sie lag aber auch in Besonderheiten des Jahres 1969 und bei der Bundespolitik. Nach der Bundestagswahl 1969 war die FDP auf Bundesebene mit der SPD gegangen. Dass sie Willy Brandt zum Bundeskanzler wählte, haben ihr viele FDP-Wähler nicht verziehen. Gerade in Baden-Württemberg, einem Stammland der FDP, die hier im liberalen Bürgertum eine starke Stütze hatte, verziehen es viele FDP-Wähler ihrer Partei nicht, dass sie den „Sozialisten" zur Regierungsmehrheit verhalfen. Sie wählten bei der nächsten Gelegenheit die CDU. Die Landtagswahl 1972 bot diese Gelegenheit. Wir haben dadurch erstmals in unserer Geschichte die absolute Mehrheit erreicht und konnten eine Alleinregierung bilden.

Zuvor hatte die CDU einen Wahlkampf geführt, der stark auf Hans Filbinger abgestellt war und auch um liberale Stimmen warb. Dem Spitzenkandidaten war erstmals eine kleine Führungsmannschaft beigegeben worden, die auch plakatiert war. Ihr gehörten neben Hans Filbinger die drei Minister an, die auch für den neuen Landtag kandidierten: Kultusminister Wilhelm Hahn, Finanzminister Robert Gleichauf und Landwirtschaftsminister Fritz Brünner. Daneben sollte eine Frau und ein Mitglied der Jungen Union in der Führungsmannschaft vertreten sein. Die Landes-CDU entschied sich für Annemarie Griesinger, die damals als direkt gewählte Abgeordnete dem Deutschen Bundestag angehörte. Die Junge Union setzte sich in allen vier Bezirksverbänden und im Landesvorstand für mich ein. Deshalb wurde ich auch in die Führungsmannschaft der CDU berufen und hielt auch Wahlversammlungen über meinen Wahlkreis hinaus im Land ab. Ich hatte das Angebot angenommen, weil ich in den Kreisen Villingen und Wolfach zu Beginn des Wahlkampfs überhaupt noch nicht bekannt war und dachte, dort meine Bekanntheit dadurch steigern zu können, wenn ich in der Führungsmannschaft der CDU landesweit herausgestellt würde.

Die Regierungsbildung gestaltete sich sehr schwierig, obwohl der Regierungschef in einer Alleinregierung mehr Ämter zu vergeben hatte. Die Junge Union hat sich mit ihrem Landesvorsitzenden, dem Landesvorstand und den Bezirksvorsitzenden nachdrücklich für ein Ministerium für mich eingesetzt. Der Ministerpräsident bot mir das Amt eines Politischen Staatssekretärs im Innenministerium an, eine Position, die durch Gesetz erst noch geschaffen werden musste. Ich selbst sah die Entwicklung sehr gelassen, weil ich viel lieber Bürgermeister bleiben wollte.

Die Führung der Jungen Union konnte sich trotz starkem Druck und Gesprächen mit dem Ministerpräsidenten nicht durchsetzen oder erreichte gar das Gegenteil, weil der Ministerpräsident nicht nur mehr Bewerbungen hatte als Ämter, sondern wohl auch mehr zugesagt hatte, als ihm zur Verfügung stand.

In dieser Situation baten mich der Landesvorsitzende und die vier Bezirksvorsitzenden der Jungen Union an Christi Himmelfahrt zu einem Gespräch in das Flughafenhotel Stuttgart. Einen halben Tag haben wir die Situation erörtert. Meine Freunde aus der Jungen Union bedauerten, dass sie nicht mehr erreichen konnten, rieten mir aber mit Nachdruck zur Annahme des Amtes eines Staatssekretärs im Innenministerium, weil sie damit erstmals einen Vertreter am

Kabinettstisch hätten. Sie fügten hinzu, es sei ja noch nicht aller Tage Abend. Ich könne auch in Zukunft mit der Unterstützung der Jungen Union rechnen.

Ich hatte bis dahin weder dem Ministerpräsidenten noch der Jungen Union zugesagt und war hin- und hergerissen. Ich führte dann noch ein Gespräch auf dem Überlinger Landratsamt mit Landrat Schiess, dem designierten Innenminister. In diesem Gespräch hat er mir eine vertrauensvolle Zusammenarbeit angeboten und Spielraum für eigene Gestaltung. Darauf vertraute ich, und er hat sich dann auch daran gehalten. Aus unserer Zusammenarbeit ist eine Freundschaft entstanden, die weit über die Amtszeit von Karl Schiess hinaus und bis zu seinem Tod andauerte, eine Freundschaft, die auch seine Frau mit einschloss.

Jetzt stellte sich heraus, dass es vielleicht doch ein Fehler gewesen war, für die Führungsmannschaft der CDU im Wahlkampf zuzusagen. Die Junge Union hatte mich dafür durchgesetzt. Ich hatte A gesagt und musste nun auch B sagen. Die Junge Union wäre sonst ohne Vertreter in der neuen Regierung dagestanden.

Das Innenministerium reizte mich, weil es das Kommunalministerium war. Der Nachteil dagegen: Weil es die oberste Aufsichtsbehörde der Kommunen war, musste ich mit dem Amtsantritt das Amt des Bürgermeisters der Stadt Spaichingen aufgeben. Das lag auf der anderen Waagschale. Hinzu kam, dass das Amt des Staatssekretärs, wie es mir angeboten wurde und noch dazu nach der ersten Wahl in den Landtag, aus der Sicht der Fraktion etwas Besonderes war. Viele Fraktionskollegen, die schon lange im Landtag waren, hätten gerne ein solches Angebot angenommen. Hätte ich abgesagt, wäre ich mit einem Image in die Fraktion gekommen, das ich erst nach Jahren hätte korrigieren können. So sagte ich also zu. Die zwei Jahre im Innenministerium waren gute Jahre.

20.

Schwieriger war der Start in der Fraktion. Das Problem lag nicht im menschlichen Bereich, sondern in einer Sachfrage. Es ging um die inhaltliche Gestaltung der Gemeindereform, die als erstes großes Reformprojekt in der neuen Legislaturperiode anstand. In dieser Frage war ich durchaus kompetent. Ich war in der vergangenen Legislaturperiode, in der ich noch nicht Abgeordneter war, in einer kleinen, dreiköpfigen Verwaltungsreformkommission der CDU zur Kreisreform. Die beiden anderen Mitglieder waren Manfred Rommel, Abteilungsleiter im Staatsministerium, und Peter Kistner, damals Erster Landesbeamter in Waldshut. Wir haben uns inhaltlich mit der CDU-Position zu den Landkreisen, vor allem aber auch mit dem Problem der Zusammenlegung bzw. Abgrenzung der neuen Landkreise befasst.

Für diese Landtagswahl haben wir ein Wahlprogramm verabschiedet, in dem die Zielvorstellungen zur Gemeindereform festgelegt waren. Daran habe ich als Landesvorsitzender der KPV und Mitglied des Landesvorstandes der CDU aktiv mitgewirkt. Ich war mit jedem Detail vertraut. Ministerpräsident Filbinger hatte mich auch gebeten, mit ihm in die Landesgruppe der CDU-Bundestagsabgeordneten von Baden-Württemberg nach Bonn zu fahren, um unsere Vorstellungen darzulegen. Im Wahlkampf habe ich in jeder Versammlung über unsere Pläne zur Verwaltungsreform gesprochen. Ich war ein überzeugter Anhänger einer Verwaltungsreform, auch auf Kreis- und Gemeindeebene. Die Kreisreform war verabschiedet, die Gemeindereform stand zur Entscheidung in Regierung und Parlament.

Warum war ich für eine Gemeindereform? Die Lebensverhältnisse in den Gemeinden hatten sich in den letzten Jahren und Jahrzehnten stark verändert. Die Menschen lebten nicht, wie früher, nur in ihrer Gemeinde. Sie wohnten in A, arbeiteten in B, gingen zum Arzt in C, ihre Kinder gingen in D und E zur Schule. Es handelte sich in der Fachsprache um einen sozio-ökonomischen Verflechtungsraum, in meinen Worten um einen Lebensraum, in dem die Bürger zu Hause waren. Sie waren nicht nur darauf angewiesen, dass in ihrer Wohngemeinde eine gute Kommunalpolitik betrieben wurde, sondern auch im Zentralort und im ganzen Nahbereich. Sie brauchten für eine zukunftsfähige Kommunalpolitik zuallererst eine leistungsfähige Gemeindeverwaltung.

Deshalb kam es in vielen Ländern zu einer Gemeindereform. Während in Nordrhein-Westfalen nur Eingemeindungen vorgenommen und Mindestgrößen von 40 000 Einwohner angestrebt wurden, zielten wir auf eine Reform des Maßes und der Mitte.

Wir markierten die Lebensräume und Wirtschaftsräume um einen Zentralort und legten dann eine Mindestgröße von etwa 8 000 Einwohnern fest, die im Ausnahmefall im dünn besiedelten ländlichen Raum auch darunter liegen durfte. Schließlich, und das war das Entscheidende: Wir ließen den Gemeinden die Wahl zwischen einer Eingemeindung und der Bildung einer Verwaltungsgemeinschaft mit einem Zentralort. Die Verwaltungsgemeinschaft legte wichtige Verwaltungsbereiche zusammen. Sie ermöglichte ein Bauamt für Hochbau und Tiefbau und führte so zu einer gemeinsamen Bauleitplanung in einem Flächennutzungsplan für alle Gemeinden der Verwaltungsgemeinschaft. Auch brachte sie einen Kämmerer für Haushalt und Steuern. Im Übrigen aber wurde das örtliche Rathaus erhalten. Die einzelne Gemeinde blieb selbständig, mit eigenem Haushalt, eigenem Gemeinderat und eigenem Bürgermeister. Jede Gemeinde sollte also eine Wahlmöglichkeit zwischen Einheitsgemeinde/Eingliederung und Verwaltungsgemeinschaft haben. So stand es in unserem Wahlprogramm.

Und so hatte ich auch schon als Bürgermeister, in Kenntnis dieser CDU-Position gehandelt. Die Stadt Spaichingen hat mit sieben Nachbargemeinden eine Verwaltungsgemeinschaft gegründet und keine einzige eingemeindet. Sie haben bis heute ihre Selbständigkeit, auch wenn sie nur 500 Meter von Spaichingen entfernt liegen und weniger als 1000 Einwohner haben. Es gibt einen gemeinsamen Flächennutzungsplan, ein gemeinsames Bauamt und eine gemeinsame Kämmereiverwaltung. Die Verwaltungsgemeinschaft, die über 20 000 Einwohner hat, übt deshalb auch die Aufgabe einer Großen Kreisstadt für ihre Mitgliedsgemeinden aus. Das alles war so angedacht und in Aussicht gestellt und es hat sich, wo diese Lösung eingeführt wurde, in jetzt über 35 Jahren bewährt.

Plötzlich strebte nun, wenige Wochen nach der Landtagswahl, die CDU-Führung eine Kurskorrektur in einem wichtigen Teilbereich an: Es sollte keine Wahlmöglichkeit zwischen Einheitsgemeinde und Verwaltungsgemeinschaft mehr geben. Die Mindestgröße einer Gemeinde in einer neu konstruierten Verwaltungsgemeinschaft sollte bei 2000 Einwohnern liegen. Damit hätten Tausende von lebensfähigen Gemeinden unter 2000 Einwohnern ihre Selbständigkeit verloren. Sie wären im Wahlkampf getäuscht worden und hätten sich zu Unrecht auf die Aussage der CDU verlassen. Es gab auch einen Aufstand in vielen kleinen Gemeinden, es gab Bürgerinitiativen, die sich auch zusammenschlossen, und eine große Enttäuschung bei vielen Bürgern und CDU-Anhängern.

Ich kämpfte nun im Kabinett, in dritter oder vierter Sitzung, an der ich teilnahm, mit allem Nachdruck für die Einhaltung unserer Wahlkampfaussage: „Wahlmöglichkeit für die kleinere Gemeinde zwischen Einheitsgemeinde und Verwaltungsgemeinschaft“. Der Ministerpräsident aber war inzwischen Ratgebern im Staatsministerium und bei einzelnen Kabinettsmitgliedern gefolgt und hatte seine Meinung geändert. Es kam zu keiner Abstimmung. Die Frage wurde in die Fraktion verwiesen.

Jedem war klar, dass ich auch in der Fraktion kämpfen würde. Ich war davon überzeugt, dass die vernünftige Mindestgröße des Verwaltungsraumes bei ca. 8000 Einwohnern liegt. Aber ich hielt an der Wahlmöglichkeit fest. Nach meiner Meinung durfte man eine Gemeinde nicht schematisch nach ihrer Einwohnerzahl beurteilen. Das war ein völlig geschichtsloses Denken. Eine Gemeinde hat eine Geschichte von 800 Jahren, 1000 Jahren und mehr. Sie ist eine gewachsene Einheit, keine Siedlung. Sie hat ihr Gesicht, ihr unverwechselbares Eigenes, das sie von jeder anderen Gemeinde unterscheidet. Die Bürger identifizieren sich mit ihrer Gemeinde.

Zu meiner großen Überraschung widersprach mir nicht der Ministerpräsident, nicht der Fraktionsvorsitzende, nicht die Kabinettsmitglieder, sondern nacheinander zwei Abgeordnete, die in den letzten Jahren mit mir aufs engste im Landesvorstand der Jungen Union gearbeitet hatten und vier Jahre früher in den Landtag gekommen waren. Sie griffen mich frontal an. Ihr Argument: Ich sei Mitglied der Regierung und könne nicht in der Fraktion eine von der Regierung abweichende Meinung vertreten. Es war keine Auseinandersetzung in der Sache, sondern ich wurde aus ihrer Sicht über meine Loyalitätspflicht belehrt.

Die Sache war mit dieser ersten Diskussion natürlich noch nicht durchgestanden. Aber ich hatte einiges gelernt.

Erstens: Manche Politiker interessiert nach einer Wahl überhaupt nicht, was sie vor der Wahl gesagt haben. Offenbar gibt es da inzwischen auch noch Steigerungen. Hochrangige Abgeordnete werfen einzelnen Führungspersönlichkeiten vor, sie würden sich am Nachmittag nicht mehr daran erinnern, was sie am Vormittag gesagt und versprochen hätten.

Zweitens: Den Landesvorstand der Jungen Union hatte ich bis dahin als eine Gemeinschaft von Gleichgesinnten und Freunden gesehen. Offenbar aber war man zur Differenzierung gezwungen.

Drittens: Die Führung einer Regierung oder Fraktion argumentiert nicht selbst, sondern lässt attackieren. Auch das war eine neue Erfahrung für mich.

Ich habe mir das zwar gemerkt, aber in allen später mir übertragenen Ämtern bewusst nicht nach diesen drei Erfahrungen gehandelt. Und ich bin gut dabei gefahren.

In der Folgezeit gab es viele Diskussionen in Arbeitskreisen der Fraktion und in Gremien der CDU und der Kommunalpolitischen Vereinigung über das neue Konzept in diesem Teilbereich. Ich konnte es nach Wochen der Diskussion und der gemeinsamen Suche als Kompromiss akzeptieren, weil folgende Zusagen gemacht wurden:

Erstens: Es bleiben alle in der Freiwilligkeitsphase gebildeten Verwaltungsgemeinschaften. Sie bekommen eine gesetzliche Garantie und Förderung aus dem Finanzausgleich. Damit war die Selbständigkeit vieler kleiner Gemeinden gesichert.

Zweitens: Die Zielgröße 8000 Einwohner für einen Verwaltungsraum wird flexibel gehandhabt.

Drittens: Die Mindestgröße einer Gemeinde, die Mitglied einer neuen Verwaltungsgemeinschaft werden will, wird zwar auf 2000 Einwohner festgelegt, aber auch hier sind Ausnahmen möglich.

Das war kein Formelkompromiss, sondern danach wurde gehandelt und das war auch Grundlage für meine Arbeit mit der Gemeindereform als Staatssekretär des Innenministeriums.

Im Innenministerium war dies, neben der Betreuung der neuen zwölf Regionalverbände, meine Hauptaufgabe für die ersten eineinhalb Jahre. Unter der Verantwortung meines Ministers Karl Schiess habe ich mit großer Freiheit an der Bildung der Verwaltungsräume, der Eingemeindungen und der Verwaltungsgemeinschaften gearbeitet. Ich hatte im Innenministerium hervorragende Mitarbeiter. Selbstverständlich musste jede Entscheidung, die wir vorbereitet hatten, mit dem zuständigen Wahlkreisabgeordneten besprochen und vom Kabinett, der Fraktion und dem Parlament beschlossen werden. Ich führte jeden Tag von morgens bis abends im Ministerium und im Landtagsgebäude Gespräche mit Abgeordneten, Oberbürgermeistern und Bürgermeistern, Gemeinderäten und Fraktionsvorsitzenden der Gemeinderäte. Das Land in all seinen Strukturen habe ich dabei so gut kennen gelernt, dass ich heute in Baden-Württemberg kein Navigationsgerät brauche. Ich habe mich auch vor Ort informiert, Anhörungen gemacht und mich in Versammlungen der Diskussion gestellt. Viele, viele Gemeinden sind bis zum heutigen Tag noch selbständig, weil ich dies für eine genauso gute Lösung gehalten habe wie eine Eingemeindung. In meinem Wahlkreis Villingen-Wolfach hat es seit der Zeit, in der ich Abgeordneter wurde, keine einzige Eingemeindung gegeben.

Da der Zeitgeist sich verändert hat und weg von der rein quantitativen Betrachtung wieder hin auf die Qualität bürgerschaftlicher Arbeit in der Gemeinde ausgerichtet ist, denkt auch niemand mehr an eine neue Gemeindereform oder Kreisreform. Die beiden Reformen haben sich bewährt. Nichts wird zurückgedreht und nichts neu aufgestellt. Die Gemeinden sind die „Grundlage und das Glied des demokratischen Staates" (Theodor Heuss). Sie sind den Bürgern am nächsten, und so auch ihren Problemen. Die Gemeinde hat ein Selbstverwaltungsrecht. Sie ist allzuständig. Von einer guten Kommunalpolitik hängt die Zufriedenheit der Menschen mindestens genauso ab, wie von einer guten Landes- und Bundespolitik. Was Tausende ehrenamtliche Stadträte und Gemeinderäte, Kreisräte und Ortschaftsräte an Lebenserfahrung und Berufserfahrung in die Zukunftsgestaltung ihres Gemeinwesens einbringen, kann gar nicht hoch genug eingeschätzt werden.

21.

Natürlich habe ich mich im Innenministerium nicht nur mit der Gemeindereform befasst, sondern ich war in den gesamten Geschäftsgang einbezogen. Ich habe an allen Sitzungen der Abteilungsleiter mit dem Minister teilgenommen. Den Bereich der inneren Sicherheit und der Polizei habe ich im engen Einvernehmen mit dem ausgezeichneten Polizeipräsidenten Dr. Alfred Stümper kennen gelernt und vor Ort auch Versammlungen zu diesem Thema abgehalten.

Der Bereich der Landesplanung und der Aufbau und die Beratung der Regionalverbände waren mir ein wichtiges Anliegen. Ich habe an fast allen konstituierenden Sitzungen der Regionalverbände teilgenommen.

In diese Zeit fiel auch die Entscheidung über die Ausbildung des gehobenen Dienstes der Polizei in einer Fachhochschule und die Standortentscheidung für diese Fachhochschule. 14 Städte hatten sich darum beworben. Die Konkurrenz war hart, insbesondere mit den traditionell großen Polizeiausbildungsstandorten Göppingen und Freiburg. Schließlich hat im Kabinett und später im Landtag Villingen-Schwenningen das Rennen gemacht.

Natürlich habe ich mich mit guten Argumenten für meine Kreisstadt eingesetzt. Villingen-Schwenningen wurde in der Landesplanung als auszubauendes Oberzentrum ausgewiesen, weil es zwischen Ulm und Freiburg, Konstanz und Stuttgart kein Oberzentrum gab. Zu einem Oberzentrum gehörten nach der vorgelegten Landesplanung Hochschuleinrichtungen. Aber die großen Hochschulneugründungen in Baden-Württemberg waren vorbei. Unerwartet gab es doch noch eine Chance: die Polizeifachhochschule. Das Land konnte keinen anderen Standort wählen, wenn es die eigene Landesplanung ernst nehmen wollte. Für Villingen-Schwenningen war es in einer Zeit der beginnenden großen Strukturkrise der Wirtschaft der erste Lichtblick für eine Kehrtwende und für neue Entwicklungschancen der Stadt.

Über Jahre hinweg bemühte ich mich um weitere Hochschulgründungen in Villingen-Schwenningen. Die Stadt hatte durch den Strukturwandel inzwischen die zweithöchste Arbeitslosigkeit im Land. Es gelang die Neugründung einer Berufsakademie, die dritte nach Stuttgart und Mannheim. Und dann auch die Errichtung einer Außenstelle der Fachhochschule Furtwangen.

Alle Ausbauten und Neubauten für diese Hochschule sind nicht auf der grünen Wiese, sondern mitten in der Stadt anstelle der stillgelegten Fabriken. 3000 Studenten bringen Leben und Zukunftschancen in die Stadt.

Als ich als Staatssekretär ins Innenministerium kam, meinte ich, die Ministerien schon zu kennen, weil ich als Bürgermeister immer wieder zu Gesprächen mit Ministern und Beamten in den Ministerien des Landes war. Aber ich habe dazugelernt. Positiv vor allem dies: In den Ministerien war ein ungeheuer großer Sachverstand, der jedoch noch stärker genutzt werden könnte. Mein negativer Eindruck war: Es herrscht in einem Ministerium eine starke Spezialisierung, ein Denken des Referats im Referat, der Abteilung in der Abteilung, des Ministeriums im Ministerium. Ich kam zur Überzeugung: Es wäre eine Stärkung für die ganze Landespolitik, wenn es ein vernetztes Denken gäbe und nicht eine Pflege des eigenen Gartens.

22.

Ein großes Ereignis kam völlig unerwartet in Südbaden auf mich zu. Ministerpräsident Hans Filbinger schaffte es, über 30 Jahre nach Gründung des Landes Baden-Württemberg, einen

Landesverband der CDU Baden-Württemberg zu gründen. Bisher hatte es in Südbaden, Nordbaden, Nordwürttemberg und Württemberg-Hohenzollern vier selbständige Landesverbände gegeben. Zuvor musste er einige Zugeständnisse machen, insbesondere bei Aufstellungen von Landeslisten und bei Quoren zu Satzungsänderungen. Aber der neue Landesverband stand und Hans Filbinger wurde auf dem ersten gemeinsamen Landesparteitag zum Landesvorsitzenden, Lothar Späth, der Fraktionsvorsitzende, zu seinem Stellvertreter gewählt.

Hans Filbinger war seit sieben Jahren Vorsitzender der CDU Südbaden. Er gab jetzt dieses Amt auf und es begann die Nachfolgediskussion.

Ich hatte mir nie eine Chance ausgerechnet, denn meine beiden Heimatkreise Rottweil und Tuttlingen waren erst gerade nach Freiburg gekommen. Meine beiden Kreisverbände, die ich gerade ein Jahr im Landtag vertrat, waren zwar zu Südbaden gehörig, aber ich konnte dort, nach so kurzer Zeit, noch nicht von einer Hausmacht sprechen.

Doch es kam anders: Wiederum war es die Junge Union, diesmal aus Südbaden, deren Vorsitzender Hans-Peter Repnik mich zu einem Gespräch mit einigen Mitgliedern des Landesvorstands nach Denzlingen einlud. Ich fuhr also quer durch den Schwarzwald, mit geringen Erwartungen, nach Denzlingen.

Die Freunde der Jungen Union meinten, ich solle für den Bezirksvorsitz kandidieren und ich hätte auch Chancen. Es seien zwar nur Außenseiterchancen, weil manche Kreisverbände nicht zu überblicken seien, aber ich solle es auf jeden Fall probieren und ich bekäme auch in jedem Kreis die Unterstützung der Jungen Union. Ich verwies darauf, dass der große Favorit der Lörracher Bundestagsabgeordnete Heinz Eyrich sei, der in Freiburg wohne. Er sei früher Landesvorsitzender der Jungen Union gewesen. Würde in Südwürttemberg der Vorsitzende frei, hätte ich mir jede Chance ausgerechnet. Aber in Südbaden würden mich nach einem Jahr doch viel zu wenig Leute kennen. Gegen Heinz Eyrich wollte ich auch nicht gerne kandidieren, denn ich kannte ihn aus der Jungen Union und wir haben bis zum heutigen Tag ein sehr gutes Verhältnis. Aber es war ja keine Gegenkandidatur gegen einen Amtsinhaber, sondern eine Neuwahl.

Manchmal muss man springen, auch wenn man keine Erfolgsgarantie hat. Natürlich hatte ich die Kreisverbände Villingen, Wolfach, Rottweil und Tuttlingen hinter mir. Da der Raum Wolfach jetzt zum Ortenaukreis gehörte und weil ich mit dem dortigen Kreisvorsitzenden befreundet war, hatte ich auch Chancen im größten Kreisverband. Die Junge Union war ebenfalls überall vertreten. Ich wusste nicht, wie's geht, aber ich bin angetreten und habe beim Bezirksparteitag in Schwenningen, auf dem Hans Filbinger zurücktrat, die Wahl mit 151: 65 Stimmen gegen Heinz Eyrich gewonnen. Das war für die Öffentlichkeit eine große Überraschung. Viele sahen nun, dass sie mit mir rechnen mussten. Es war für mich, den Alemannen, aber Nicht-Badener, eine große Anerkennung, dass ich Nachfolger von Persönlichkeiten wie Leo Wohleb, Alfons Dichtel und Hans Filbinger wurde.

Fast 19 Jahre CDU-Vorsitz in Südbaden sind es geworden. Diese Jahre gehören zu den fruchtbarsten meiner ganzen politischen Arbeit.

Die CDU Südbaden war auch deshalb stark, weil sie als einziger Bezirksverband in jedem Kreis einen hauptamtlichen Kreisgeschäftsführer hatte. Die anderen Verbände konnten sich dies finanziell nicht leisten.

Wir hatten einen hervorragenden Bezirksvorstand und über all die Jahre starke Persönlichkeiten mit großer Kompetenz und den Willen zu einer guten Zusammenarbeit. Es herrschte ein vorbildliches menschliches Klima, auch unter Einbeziehung unserer Ehefrauen. So konnte sich die Arbeit auch sehen lassen.

Südbaden stellte als erster Bezirksverband in Deutschland einen hauptamtlichen Bildungsreferenten ein. Ich wollte, dass wir Basisarbeit fördern und junge Mitglieder qualifizieren.

Südbaden war im Übrigen der erste und über viele Jahre der einzige CDU-Bezirksverband in Deutschland, in dem eine selbständige Außenstelle der Konrad-Adenauer-Stiftung eingerichtet wurde. Helmut Rau, unser heutiger Kultusminister, war der erste und langjährige Geschäftsführer. Die Bildungs- und Seminararbeit über alle politischen Themen war vorbildlich und wurde 15 Jahre später auch zum Modell für die Konrad-Adenauer-Stiftung und die CDU Deutschlands.

Wir haben noch rechtzeitig, solange Zeitzeugen noch lebten, eine Geschichte der Badisch Christlich-Sozialen Volkspartei und späteren CDU von 1945 bis in die Siebzigerjahre in Auftrag gegeben. Professor Paul-Ludwig Weinacht aus Würzburg, ein Freiburger, hat zusammen mit Dr. Tilman Mayer, dem heutigen Ordinarius für Politikwissenschaften der Universität Bonn, diese Chronik geschrieben, für die es auch noch kein Vorbild gab.

Bereits 1984 haben wir in breiter Diskussion an der Basis eine „Grüne Charta" der CDU Südbaden erarbeitet. Sie hat Maßstäbe gesetzt, Jahre bevor „Grüne" in einem Parlament waren.

Später haben wir eine „Kulturcharta Südbaden" beraten und verabschiedet, die deshalb in der ganzen Partei aufgenommen wurde, weil sie wiederum von unten nach oben breit diskutiert wurde. Und auch mit der Frage Energieversorgung – Nachhaltigkeit – und Umweltschutz haben wir uns damals schon beschäftigt. Natürlich waren diese Themen im Umfeld des geplanten Kernkraftwerks Wyhl eine Herausforderung für eine Politik, der es darum ging, die Anliegen der Bürger aufzunehmen.

Die Universitäten Freiburg und Konstanz, die Fachhochschulen und Berufsakademien von Konstanz, Lörrach, Freiburg, Villingen-Schwenningen, Offenburg waren uns ebenso ein Anliegen wie die Pädagogische Hochschule in Freiburg.

Wichtig war die grenzüberschreitende Zusammenarbeit mit der Schweiz, dem Elsass und der Pfalz. Sie wurde vorangebracht im ständigen Kontakt, durch die Landesgesetzgebung, durch neue Institutionen, und nicht zuletzt durch ein Grenzlandreferat im Regierungspräsidium Freiburg.

Der Straßenbau und die Verkehrserschließung in Südbaden, der Ausbau der B 31 von Freiburg über Donaueschingen nach Ulm waren uns ebenso ein Anliegen wie die Rheintalautobahn von Offenburg nach Basel und die Verknüpfung der Hochrheinautobahn von Lörrach und Waldshut mit der Autobahn von Stuttgart nach Singen, Lindau und Konstanz.

Mit der Wirtschaft, dem Mittelstand, dem Handwerk, dem Einzelhandel, den Kammern waren wir in ständigem Gespräch.

Die Bürgerinnen und Bürger in ganz Südbaden haben uns diese Arbeit mit guten Wahlergebnissen in allen Wahlen belohnt. Dass bei unserer politischen Arbeit das menschliche Miteinander nicht zu kurz kam, war sicher mit ein Geheimnis des Erfolges.

23.

1974, die Gemeindereform war gerade verabschiedet und es kehrten im Innenministerium und in meinen Arbeitsalltag wieder normale Arbeitsverhältnisse ein, lud mich Dr. Eberhard Benz, Abteilungsleiter im Staatsministerium, zu einem Mittagessen in die Brauereigaststätte Dinkelacker ein. Ich kannte ihn gut, weil er vorher Zentralstellenleiter im Innenministerium gewesen war. Ich hatte mit dem hoch qualifizierten Juristen und späteren Vorstandsvorsitzenden des Badenwerks täglich zu tun und gut mit ihm zusammengearbeitet. Nun gehörte er mit Gerhard Mayer-Vorfelder und Benno Bueble zu den drei engen Beratern von Ministerpräsident Hans Filbinger im Staatsministerium.

Diese drei Spitzenbeamten waren, so erklärte er mir, zum Ergebnis gekommen, der Umweltschutz werde immer wichtiger und müsse stärker in der Landesregierung institutionalisiert werden. Ihre Vorstellung sei, dass er im Landwirtschaftsministerium breiter verankert werden müsse und dass sich die größere Bedeutung auch personell in der Landesregierung darstellen müsse. Alles lief auf die Frage hinaus, ob ich bereit sei, als Politischer Staatssekretär für Umweltschutz in das Landwirtschaftsministerium zu gehen.

Ich war von der Anfrage völlig überrascht. Meine Spontanreaktion war, dass ich im Innenministerium bleiben wolle. Das Innenministerium hielt ich nach wie vor für wichtig, obwohl es bei der Regierungsbildung 1972 halbiert wurde. Mit den Themen und Aufgaben des Innenministeriums war ich von meiner Berufsausbildung her und als Kommunalpolitiker vertraut. Ich hatte mich auch darauf gefreut, nach der Überlast der Gemeindereform mich nun stärker anderen Aufgaben zuwenden zu können. Ich bin also nicht auf den Vorschlag von Dr. Benz eingegangen. Es folgten sechs bis acht Wochen Sendepause.

Dann kam das Staatsministerium erneut auf mich zu. Diesmal mit weit stärkerem Nachdruck und auch auf ausdrücklichen Wunsch des Ministerpräsidenten, der mir dies auch selbst sagte. Ich erbat Bedenkzeit, musste mich aber nun intensiv mit dem Thema befassen.

Das Landwirtschaftsministerium hatte seit 1972 neben den klassischen Landwirtschaftsabteilungen auch die Abteilung

Wasserwirtschaft vom Innenministerium und den Naturschutz in einer eigenen Umweltabteilung übernommen. Gleichzeitig wurde in Karlsruhe eine Landesanstalt für Umweltschutz aufgebaut, die aus vier bisherigen Fachbehörden gebildet und ausgeweitet wurde. Ich sollte für diese beiden Fachabteilungen in einem Ministerium für Landwirtschaft und Umwelt zuständig sein, selbstverständlich unter der Gesamtverantwortung des Ministers.

Ich führte Gespräche mit Minister Dr. Fritz Brünner, den ich gut kannte und schätzte. Ein Politischer Staatssekretär ist auf das gute Einvernehmen mit dem Minister angewiesen. Nie wäre ich gegen seinen Willen in sein Ministerium gegangen. Er ermunterte mich. Ich habe mit seinem Ministerialdirektor gesprochen. Mit dem Staatsministerium und dem Finanzministerium habe ich über die Gründung einer „Zentralstelle Umweltschutz" mit drei qualifizierten Fachleuten und einem Pressesprecher verhandelt. Dafür konnte ich sehr gute Beamte aus dem Innenministerium gewinnen.

Nachdem alle notwendigen Voraussetzungen gegeben waren, zog ich ins neue Umweltministerium, obwohl ich nur ganz ungern aus dem Innenministerium wegging. Ich konnte mich aber dem Wunsch des Ministerpräsidenten nicht entziehen. Dass er auf meine Vorstellungen einging, zeigte mir, dass ihm diese neue Aufgabe wichtig war. Bayern hatte im Übrigen zur gleichen Zeit das erste Umweltministerium in Deutschland geschaffen und mit Max Streibl besetzt.

Der Umweltschutz, als Begriff noch neu, war einem ehemaligen Bürgermeister in den Inhalten und Aufgaben durchaus vertraut. Schon früher hatte ich mich mit Rachel Carsons Buch „Der stumme Frühling" und schließlich auch mit dem ein Jahr zuvor erschienenen ersten Bericht des Club of Rome eingehend beschäftigt. Eine ganze Reihe von Büchern zum Umweltschutz von zwei Professoren für Volkswirtschaft der

Hochschule St. Gallen waren mir besonders wichtig geworden, weil sie nicht von der Ökologie her kamen, sondern von der Ökonomie und eine Synthese zwischen wirtschaftlichem Handeln und dem Umweltschutz , zwischen Naturwissenschaft und Umwelttechnik suchten. Der eine, Hans Binswanger, gab den NAWU-Report „Wege aus der Wohlstandsfalle – Strategie gegen Arbeitslosigkeit und Umweltkrise“ heraus. Der andere, Emil Küng, schrieb über „Wohlstand und Wohlfahrt – von der Konsumgesellschaft zur Kulturgesellschaft“. Ferner über „Steuerung und Bremsung des technischen Fortschritts“, „Weltwirtschaftspolitik“ und er entwarf einen „Marshallplan“ für die Dritte Welt.

Geistig hatte ich mich also schon länger mit dem Umweltschutz und einer ökologisch orientierten Marktwirtschaft beschäftigt. Die Bewahrung der Schöpfung war mir von meinem christlichen Glauben her ein zentrales Anliegen. Ich hatte auch bei einem der führenden Alttestamentler, Norbert Lohfink, gelernt, dass der biblische Schöpfungsauftrag an den Menschen nicht in der bisherigen Form „Macht euch die Erde untertan“ zu übersetzen ist. Er laute vielmehr: „Bebauen und bewahren“. Mit all dem konnte ich mich innerlich identifizieren, so dass ich im Umweltschutz nicht nur eine Verwaltungsaufgabe, sondern vielmehr auch eine wichtige Gestaltungsaufgabe, eine Zukunftsaufgabe sah. Deshalb hatte ich auch bereits als neuer Bezirksvorsitzender der CDU Südbaden eine hochrangig besetzte Arbeitsgruppe mit dem Ziel eingesetzt, eine „Grüne Charta“ zu erarbeiten.

Ich machte mich also mit innerer Überzeugung an die neue Aufgabe. Im neuen Ministerium fand ich sehr qualifizierte Fachleute, Abteilungsleiter und Referatsleiter vor. Mit ihnen zusammen und mit Zustimmung und Unterstützung des Ministers erreichten wir in wichtigen Teilbereichen beachtliche Erfolge.

In einer Legislaturperiode wurden aus 4000 gemeindlichen Mülldeponien 50 geordnete Deponien. Die Abfallwirtschaft wurde den Landkreisen als neue Aufgabe übertragen. Ein neues Naturschutzgesetz und ein neues Waldgesetz wurde gegen heftigen Widerstand von Interessenverbänden verabschiedet. Ein Begehungsrecht in den Wäldern und am Ufer des Bodensees wurde geschaffen. Der Gewässerschutz am Bodensee wurde in der neuen Internationalen Bodenseekonferenz in allen Anliegerländern in wenigen Jahren vorangebracht. Überall wurden dreistufige Kläranlagen, mechanische, biologische und chemische gebaut. Die Sanierung des Bodensees gilt heute weltweit als Musterfall für die Reinhaltung eines Binnensees.

In allen Gemeinden und Städten wurden mit Auflagen und hohen Zuschüssen des Landes Kläranlagen gebaut. Wir haben aber auch Maß und Einsicht gezeigt, wenn es um Einzelgehöfte und Kleinstsiedlungen im Allgäu, auf der Alb oder im Schwarzwald ging. Große Flächengemeinden wurden besonders unterstützt. Der Naturschutz und die Natur- und Landschaftsschutzgebiete wurden ausgebaut und von den Landkreisen ebenfalls mit großem Einsatz unterstützt.

Alle diese Aufgaben wurden vom Land, von den Kreisen und Gemeinden, von den Fachbehörden und von ehrenamtlich tätigen Bürgern angegangen und gelöst, bevor es „Grüne" im Landtag und in den kommunalen Parlamenten gab. Die Mehrheitsfähigkeit der CDU in Baden-Württemberg und der CSU in Bayern in der jungen Generation hing ganz sicher auch damit zusammen, dass wir in diesen wichtigen Zukunftsfragen auf der Höhe der Zeit waren und im Vergleich vielleicht sogar der Zeit voraus.

Natürlich habe ich mich auch für andere Bereiche im Landwirtschaftsministerium interessiert. Ich habe bei Bauerntagen gesprochen und mich mit der Zukunft des ländlichen Raumes beschäftigt. Das fiel mir nicht sehr schwer, weil ich durch meine Herkunft aus einer Bauernfamilie die Probleme der Landwirtschaft kannte und die Sprache der Menschen in unseren Dörfern verstand.

Ich habe die Abteilung Markt und Absatzförderung bei Messen unterstützt. Vor allem aber war mir das Thema Dorfsanierung und Dorfentwicklung ein wichtiges Anliegen. Die Dorfentwicklung ist im baden-württembergischen Landwirtschaftsministerium erfunden worden, vor allem durch zwei weitsichtige Persönlichkeiten: Minister Dr. Brünner und durch seinen Referats- und Abteilungsleiter Dr. Zillenbiller.

Vorher gab es den Begriff „Sanierung“ nur im Zusammenhang mit dem Begriff „Stadt“: „Stadtsanierung“, „Städtebau“, „Stadtsanierungsgesetz“. Im Auftrag des Landwirtschaftsministeriums Baden-Württemberg wurde in einer Untersuchung nachgewiesen, dass in Städten 17 % der Gebäude vor 1870 erstellt wurden, in den Dörfern aber 43 %. Damit war nachgewiesen, dass Sanierung eine wichtige Gegenwarts- und Zukunftsaufgabe auch für den ländlichen Raum ist.

Das erste Dorfentwicklungsprogramm wurde gestartet und in den ersten zwei Jahren noch mit je eineinhalb Millionen DM ausgestattet. Es wurde also bescheiden begonnen, aber es erwies sich als Renner. Weitsichtige Bürgermeister und Gemeinderäte haben das Thema aufgenommen und es zur eigenen Aufgabe gemacht. Unsere Dörfer waren durch lange Kriegszeiten und Notzeiten in einem beklagenswerten baulichen Zustand. Sie sind heute herausgeputzt, weil sich die Dorfentwicklung als Initialzündung für öffentliche und private Investitionen erwiesen hat. Die Gemeinden identifizieren sich mit ihrem Ortskern, mit dem unverwechselbar Eigenen, was eine Gemeinde von jeder anderen Gemeinde unterscheidet. Sie haben ein Verhältnis zur eigenen Ortsgeschichte und Baukultur und schaffen so ein Wir-Gefühl und eine Identität der Bürger mit ihrer Gemeinde.

24.

„Eine ganz unglaubliche Geschichte!" Bernhard Vogel, der damalige Ministerpräsident von Rheinland-Pfalz, hat sie mir immer wieder erzählt. In der Landesvertretung Baden-Württemberg in Bonn saßen die Ministerpräsidenten der Länder zusammen. Der baden-württembergische Ministerpräsident Hans Filbinger habe alle paar Minuten von neuem einen Zettel aus seiner Tasche im Anzug herausgezogen, den Kopf geschüttelt und laut gesagt: „Eine ganz unglaubliche Geschichte".

Die unglaubliche Geschichte, die ihm von der Fraktionssitzung der CDU-Landtagsfraktion am 16. Februar 1978 in Sindelfingen übermittelt wurde, war das Wahlergebnis zur Wahl des neuen Fraktionsvorsitzenden:

1. Wahlgang: Roland Gerstner 20 Stimmen, Erwin Teufel 23 Stimmen, Eugen Volz 18 Stimmen.

2. Wahlgang: Roland Gerstner 21 Stimmen, Erwin Teufel 23 Stimmen, Eugen Volz 17 Stimmen.

Eugen Volz zog daraufhin seine Kandidatur zurück.

3. Wahlgang: Roland Gerstner 27 Stimmen, Erwin Teufel 35 Stimmen.

Ich war zum neuen Vorsitzenden der CDU-Landtagsfraktion gewählt.

Der große Favorit Roland Gerstner, den ich als Person und als einen der fähigsten Abgeordneten schätzte, war nicht zum Zug gekommen. Das war deshalb sensationell, weil es ein offenes Geheimnis war, dass er vom Ministerpräsidenten, seiner Umgebung und auch vom bisherigen Fraktionsvorsitzenden und seiner Umgebung aus alter Verbundenheit unterstützt wurde.

Die Neuwahl des Fraktionsvorsitzenden, mitten in der Legislaturperiode, war notwendig geworden, weil Lothar Späth das Angebot des Regierungschefs annahm, in das Amt des Innenministers zu wechseln. Er hinterließ in der Fraktion eine auf ihn zugeschnittene Mannschaft, der ich gleichwohl, und in vielen Einzelgesprächen darin bestärkt, Vertrauen entgegenbrachte. Ich wurde nicht enttäuscht.

Die Arbeit als Fraktionsvorsitzender während 13 Jahren wurde alles in allem, trotz vieler Tagesprobleme, eine der erfülltesten Phasen meiner Tätigkeit in öffentlicher Verantwortung. Ich denke sehr gerne an diese Jahre und vor allem an die vielen persönlichen Freundschaften, die mit Fraktionskollegen und -kolleginnen und deren Ehegatten entstanden sind. Die Fraktion war eine große Familie. Die persönlichen Beziehungen dauern bis heute fort und ich freue mich über jede Begegnung mit den ehemaligen Kolleginnen und Kollegen.

Wir hatten auch ausgezeichnete Parlamentarische Geschäftsführer gewonnen: Gerhard Goll, später Vorstandsmitglied der Landeskreditbank, Dr. Manfred Erhardt, später Ministerialdirektor im Wissenschaftsministerium Baden-Württemberg und dann Senator für Wissenschaft und Kunst des Landes Berlin. Dr. Thomas Rösslein, später Landtagsdirektor, Roland Eckert, später Ministerialdirektor im Innenministerium.

Hochqualifizierte junge Beamte wirkten als Parlamentarische Berater. Alle haben später ihren Weg gemacht.

Hans Filbinger stellte sich als erster auf die neue Situation ein. Er lud mich jeden Montagmorgen zum Frühstück auf die Solitude ein und wir besprachen alle anstehenden Fragen der Landespolitik, bevor er in die Kabinettssitzung und bevor ich in die Fraktionssitzung ging. Die Zusammenarbeit war beiderseits von zunehmendem Vertrauen getragen. Aus meiner Sicht hätte sich ein langes und vertrauensvolles politisches

Zusammenwirken ergeben können. Weder er noch ich konnten auch nur ahnen, dass wir nur wenige Monate später die wohl schwierigste Phase in unserem politischen Leben würden bewältigen müssen.

25.

Ich kann nicht an dieser Stelle, 30 Jahre nach dem Streit um Hans Filbinger und seinen Rücktritt und über 65 Jahre nach den zugrunde liegenden Vorgängen seiner Tätigkeit als Marinerichter, in eine detaillierte Schilderung der Monate März bis August 1978 eintreten. Sie würde allein ein Buch füllen. Es ist keine Feigheit oder unangemessene Zurückhaltung, denn ich habe in dieser Zeit in vielen Äußerungen, Interviews, Fraktionssitzungen und Plenarsitzungen des Landtags dazu Stellung genommen. Auch zu runden Geburtstagen Hans Filbingers habe ich mich später als Bezirksvorsitzender und Landesvorsitzender der CDU, als Fraktionsvorsitzender und Ministerpräsident öffentlich geäußert.

In der kritischen Phase habe ich fast täglich und oft stundenlang unter vier Augen mit Hans Filbinger gesprochen. Es ist bei aller Offenheit kein lautes Wort zwischen uns gefallen. Wir haben nach einer Lösung gesucht, die unserem Land und seinen Menschen und ihm gerecht werden sollte. Heute wissen wir, dass auch in diesem Fall die Stasi ihre Hand im Spiel hatte.

Monatelang war die Landespolitik überlagert von den Angriffen auf Ministerpräsident Hans Filbinger. Die CDU-Landtagsfraktion ist zu ihm gestanden, bis es nicht mehr ging. Wir haben uns von Fall zu Fall ein eigenes Urteil gebildet und sind solidarisch und offen mit dem erfolgreichen Ministerpräsidenten umgegangen, dem die CDU große Wahlsiege und absolute Mehrheiten zu verdanken hatte.

In den monatelangen Debatten, in denen die CDU-Landtagsfraktion mehrere Erklärungen einstimmig und nach eingehenden Diskussionen für Hans Filbinger abgegeben hat, habe ich mir zwei Leitlinien erarbeitet, die ich auch öffentlich vorgetragen habe.

Die *eine*: Wenn man alle Deutschen während der Zeit des Nationalsozialismus auf einer Skala gleich Hundert nimmt, dann haben auf der einen Seite der Skala 5 % offenen Widerstand geleistet. Sie taten es aus sittlicher Überzeugung und ohne Rücksicht auf ihre eigene Person und ihre Angehörigen. Das nötigt größte Hochachtung ab.

Auf der anderen Seite waren 5 % Verbrecher. Dazwischen liegen 90 %, die sich recht und schlecht durchgeschlagen haben. Bei diesen 90 % sind viele, die nahe am Widerstand und viele, die nahe am Verbrechen waren.

Man kann nun im Nachhinein von keinem Menschen erwarten, dass er ohne Rücksicht auf die Folgen hätte Widerstand leisten müssen. Aber man muss von jedem Menschen erwarten, dass er keine Verbrechen gegen seine Mitmenschen begeht.

Hans Filbinger war nach meiner Meinung, die ich mir nach eingehender Befassung mit den Fakten gebildet habe, weder Verbrecher noch Widerstandskämpfer. Und wer ihm gerecht werden will, sollte auch seine Leistung über Jahrzehnte für den Aufbau eines demokratischen Rechtsstaats nach dem Krieg in Deutschland und seine Aufbauleistung für Baden-Württemberg würdigen.

Ich bin auch dankbar dafür, dass ich nicht die Gewissensentscheidungen durchstehen musste, die jedem Bürger in der nationalsozialistischen Diktatur zugemutet wurden. Es waren mehr Gewissensentscheidungen, als sie heute einem Menschen in Führungsverantwortung zugemutet werden.

Wer den ersten Stein auf die Generation unserer Eltern wirft, möge sich zuerst fragen, ob er selbst jeder Herausforderung in einer Diktatur und in einem Krieg standgehalten und sich mitmenschlich verhalten hätte.

Die *zweite* Erkenntnis in der Auseinandersetzung war meine Prioritätenliste:

Zuerst das Land, für das wir gewählt sind. Dann die Partei, von der wir getragen werden und dann erst persönliche Interessen. Wenn dies in Übereinstimmung zu bringen ist, dann ist es gut. Wenn das im Widerspruch steht, dann gilt: Staatsräson vor Parteiräson. Und Staatsräson und Parteiräson vor persönlichen Interessen.

Danach habe ich versucht zu handeln, im Fall Filbinger ebenso wie in anderen kritischen Situationen. Und ich habe diesen Maßstab auch gegen mich selbst gelten lassen.

26.

Am Montagnachmittag, 7. August 1978, erklärte Ministerpräsident Hans Filbinger seinen Rücktritt. In den folgenden Tagen kristallisierten sich Oberbürgermeister Manfred Rommel und Innenminister Lothar Späth als Nachfolgekandidaten heraus. Beide Kandidaten waren für das hohe Amt in jeder Hinsicht geeignet.

Manfred Rommel war im Innenministerium Persönlicher Referent von Hans Filbinger und später im Staatsministerium sein engster Mitarbeiter. Er war Staatssekretär im Finanzministerium und angesehener und beliebter Oberbürgermeister von Stuttgart. Mit allen Fragen der Landespolitik war er vertraut, weil er sie jahrelang mitgestaltet hat.

Lothar Späth, bewährt als Kommunalpolitiker und als Geschäftsführer der Neuen Heimat, aktiver und in der Bevölkerung anerkannter Fraktionsvorsitzender der CDU-Landtagsfraktion von 1972 bis 1978 und seit Februar 1978 Innenminister. Er war mit der ganzen Bandbreite der Landespolitik und als stellvertretender Landesvorsitzender der CDU mit der Partei vertraut.

Beide konnten von einem Tag auf den anderen aus ihrem Amt in das Amt des Ministerpräsidenten wechseln und sie konnten auch Wahlen gewinnen.

Aus meinen Handnotizen für die Fraktion und den Landesvorstand der CDU am 16.8.1978 entnehme ich meine Vorgabe:

Der Parteivorstand solle beteiligt werden, aber die Entscheidung liege bei der Fraktion.

Ich wolle ein faires Verfahren für jeden Kandidaten. Dieses faire Verfahren wolle ich nicht durch eine unbedachte Äußerung meinerseits gefährden. Deshalb hätte ich mich selbst zurückgehalten und dort die Wogen geglättet, wo es in den letzten Tagen nötig war.

Ich wolle mich selbst aus den gleichen Gründen nicht für einen Kandidaten aussprechen. Jeder Abgeordnete und jedes Vorstandsmitglied habe sich eine eigene Meinung gebildet. Es bedürfe nicht meiner Geburtshilfe. Es gebe Situationen, in denen ein Fraktionsvorsitzender führen und eine Richtung vorgeben müsse, und es gebe Situationen, in denen er integrieren müsse. Letzteres sei jetzt meine Aufgabe. Ich müsse nach dem heutigen Tag die beiden Gruppen in der Fraktion zusammenführen, damit derjenige Kandidat, der heute in der Fraktion eine Mehrheit finde, am 30. August alle Stimmen der CDU-Abgeordneten bekomme. Ich warb jetzt schon für eine geschlossene Wahl des CDU-Kandidaten im Landtag: „Machen Sie Ernst mit der Aussage, dass beide Kandidaten qualifiziert sind und wählen Sie geschlossen den Mann, der heute die Mehrheit bekommt."

In der Sitzung des Landesvorstandes der CDU, welche der Fraktionssitzung unmittelbar voranging, erhielt von 27 abgegebenen Stimmen Lothar Späth 14 Stimmen und Manfred Rommel 13 Stimmen. In der nachfolgenden Sitzung der CDU-Landtagsfraktion, in der alle Abgeordneten anwesend waren, erhielt in geheimer Wahl Lothar Späth 42 Stimmen und Manfred Rommel 27 Stimmen. Damit war Lothar Späth, der langjährige Fraktionsvorsitzende und jetzige Innenminister, der CDU-Kandidat für die Wahl des Ministerpräsidenten im Landtag am 30. August. In dieser Sitzung wurde Lothar Späth mit 69 Stimmen der CDU-Fraktion gegen die Stimmen der Opposition von SPD und FDP zum neuen Ministerpräsidenten von Baden-Württemberg gewählt.

Für die CDU-Fraktion, die gerade noch in der Kandidatenfrage unterschiedlich votiert hatte, war entscheidend, dass sie bei der Wahl des Ministerpräsidenten alle Stimmen für Lothar Späth in geheimer Wahl einbrachte. Das war für mich eine große Befriedigung.

27.

Die Führung einer Regierungsfraktion ist nicht einfach. Eine ihrer wesentlichen Aufgaben besteht darin, ihre Regierung zu unterstützen und ihr eine Mehrheit im Parlament zu sichern.

Wenn die Wähler eine Partei stark machen und ihr durch Wahl zur Regierungsfähigkeit und Mehrheit verhelfen und die Partei hat diese Mehrheit im Parlament nicht zur Verfügung, wenn politische Ziele verwirklicht und Gesetze verabschiedet werden sollen, so erhält sie von den Bürgern auch keine Mehrheit mehr.

Wenn die gleiche Partei hingegen alles durchpaukt, was die Regierung vorlegt, koste es was es wolle, wenn sie die Kritik der Öffentlichkeit, die Fragen der Bürger, die Argumente der Betroffenen, die Vorwürfe der Opposition nicht ernst nimmt, verliert sie die Wähler ebenfalls.

Die wichtigste Aufgabe des Parlaments ist die Kontrolle der Regierung und der Verwaltung. Die Mehrheitsfraktion kann diese Aufgabe nicht einfach der Opposition überlassen, denn die Opposition hat keine Mehrheit, um sich durchzusetzen. Deshalb würde die Mehrheitsfraktion als Teil des Parlaments versagen, wenn sie ihre Kontrollfunktion der Regierung nicht wahrnähme.

Es ist also eine ständige Gratwanderung zwischen der Unterstützung der Regierung und ihrer Kontrolle. Beiden Anforderungen musste die CDU-Fraktion gerecht werden: der Pflicht zur Kontrolle und der Kür des Rückhalts für die eigene Regierung.

Die Aufgabe erfordert engen Kontakt zum Ministerpräsidenten und den einzelnen Regierungsmitgliedern, Offenheit und gegenseitige Information, Austausch von Argumenten und gegenseitige Übernahme der besseren Lösungsansätze.

Die Fraktion ist umso erfolgreicher in der Umsetzung ihrer Ziele, je weniger sie sich öffentlich gegen die Regierung profiliert und je mehr sie im engen Schulterschluss mit der Regierung diskutiert und sich mit Argumenten durchsetzt.

In einer Mediengesellschaft ist dies eine undankbare Aufgabe, weil sie Zurückhaltung und Arbeit im Hintergrund verlangt. Wichtig in der Sache aber ist, dass gute Politik für die Bürger gemacht wird und dass ein Land vorankommt.

Der neue Ministerpräsident Lothar Späth, hinter dem die ganze Fraktion genauso wie ich stand, war dynamisch und ideenreich. Es konnte also nicht die Aufgabe der Fraktion sein, ihn mit Ideen zu übertrumpfen. Wir mussten auf Durchsetzung der Ideen und auf Kontinuität und Berechenbarkeit der Politik setzen.

Das Gespräch, das ich jede Woche mit Lothar Späth unter

vier Augen über die wichtigsten anstehenden Aufgaben führte, war effizient und zielführend. Der Ministerpräsident war zugänglich für Argumente und für die berechtigten Interessen der Fraktion. In aller Regel erzielten wir schnelle Übereinstimmung. Immer wieder gab es auch Themen, die für die Fraktion wichtig waren und für die wir von der Regierung Unterstützung erwarteten. Nur in ganz wenigen Fällen gab es Streit in der Sache, der dann auch in Sitzungen der Fraktion ausgetragen und zu einer gemeinsamen Lösung gebracht werden musste. Ich achtete den Zuständigkeitsbereich der Regierung und erwartete die gleiche Haltung für die Zuständigkeit des Parlaments.

Im Juni 1979 trat Hans Filbinger als Landesvorsitzender der CDU Baden-Württemberg zurück. Und Lothar Späth wurde nun auch zum Landesvorsitzenden gewählt. Für die Wahl des stellvertretenden Landesvorsitzenden gab es zwei Kandidaten: Dr. Manfred Wörner, den Vorsitzenden der CDU-Landesgruppe im Deutschen Bundestag, und mich, den Vorsitzenden der CDU-Landtagsfraktion. Ich wurde auf dem Landesparteitag am 7. Juli 1979 in Reutlingen mit 219 Stimmen zum stellvertretenden Landesvorsitzenden gewählt. Manfred Wörner erhielt 188 Stimmen.

Lothar Späth und ich bildeten über viele Jahre ein gutes Gespann in der CDU Baden-Württemberg. Wir hatten unterschiedliche Mentalitäten, die sich aber gut ergänzten. Wir hatten gemeinsame Ziele, und er konnte sich stets auf die Unterstützung der Fraktion und der Partei verlassen. Mit dem Spitzenkandidaten Lothar Späth haben wir auch die Landtagswahlen 1980, 1984 und 1988 gewonnen. Die CDU Baden-Württemberg war in guter Verfassung und unser Land kam voran.

28.

Die Parlamentsreform und die Verbesserung der Arbeitsbedingungen für den einzelnen Abgeordneten im Parlament und im Wahlkreis war der CDU-Fraktion ebenfalls ein wichtiges Anliegen. Deshalb wurde an der Konrad-Adenauer-Straße ein „Haus der Abgeordneten" gebaut, das jedem Abgeordneten einen Arbeitsraum sicherte. Und aus dem gleichen Grund haben wir den Abgeordneten auch eine Mitarbeiterin oder einen Mitarbeiter gesichert, zuerst eine Drittelstelle und später eine Vollzeitstelle.

Neben dem Feierabendparlament der Hamburger Bürgerschaft haben wir als einziges Land ganz bewusst am Teilzeitparlamentarier festgehalten. Wir waren der Meinung, dass es ein großer Vorteil für die politische Arbeit im Parlament ist, wenn die Abgeordneten ständig auch neue Erfahrungen aus ihrem Beruf in die politische Meinungsbildung einbringen.

Natürlich musste dann auch der Sitzungsplan und die Gestaltung der Parlamentsarbeit die Berufstätigkeit eines Abgeordneten ermöglichen. Deshalb haben wir nach drei Sitzungswochen eine sitzungsfreie Woche eingeführt und die Parlamentsferien den Schulferien angenähert. Außerdem haben wir auch in Sitzungswochen jedem Abgeordneten zwei sitzungsfreie Tage ermöglicht. Dafür haben wir die Zahl der Ausschüsse und Unterausschüsse radikal reduziert und sie in der Zuständigkeit auf die einzelnen Ministerien bezogen.

Jeder Abgeordnete war in zwei Ausschüssen. Am Vormittag war die auf den jeweiligen Ausschuss bezogene Arbeitskreissitzung und am Nachmittag die Ausschusssitzung.

Dieses System hat sich über viele Legislaturperioden hinweg bewährt. Es sichert dem Parlament und der Fraktion ständigen Informationsaustausch der Abgeordneten mit ihrer Berufswelt. Und es ermöglicht uns auch den Erfahrungsaustausch mit Abgeordneten aus der Kommunalpolitik, mit Kreisräten und Stadträten, mit Landräten und Bürgermeistern. Bei der engen Verflochtenheit von Landespolitik und Kommunalpolitik ist das ein großer Vorteil. Ebenso ist es ein großer Vorteil, dass die Abgeordneten nicht abhängig werden von der Politik, sondern in ihren Beruf zurückkehren können.

Ich hielte es für keine gute Entwicklung, wenn wir zum Vollzeitmandat im Landtag kämen.

Der Landtag hat leider seit 1949 immer mehr echte Gesetzgebungszuständigkeit an den Bund verloren. Die großen Landesgesetze, Landesverfassung, Gemeindeordnung, Landkreisordnung, Landesverwaltungsgesetz, Landesplanungsgesetz, die Schulgesetze und Hochschulgesetze, das Naturschutzgesetz und das Waldgesetz, das Polizeigesetz, die Kreisreform und die Gemeindereform und viele andere sind in den ersten Legislaturperioden verabschiedet worden und werden allenfalls noch geändert oder ergänzt.

Die Abgeordneten sind nicht weniger fleißig als früher. Die Zahl der Landtagsdrucksachen verdoppelt sich von Legislaturperiode zu Legislaturperiode. Aber sie verlagert sich von der Gesetzgebung zur Kontrolle der Verwaltung. Sie verliert sich in Kleinen Anfragen und Einzelanträgen. Weniger wäre mehr. Nicht Ausweitung, sondern Konzentration auf das Wesentliche und Wichtige würde dem Parlament gut tun und nicht die Verdoppelung der Sitzungen durch Berufspolitiker. Wir brauchen nicht Abgeordnete, die ständig in Stuttgart sitzen, sondern Abgeordnete, die im permanenten Kontakt mit den Bürgerinnen und Bürgern in ihrem Wahlkreis sind. Das ist meine Erfahrung aus 13 Jahren Fraktionsvorsitz und aus 34 Abgeordnetenjahren.

Ich hatte auch immer eine eigene Meinung zu unserem Plenarsaal im Landtag. Manche wollten den Neubau eines

Plenarsaals, weil sie dringend Tageslicht bräuchten. Und das wegen wenigen Stunden der Präsenz an ganzen zwei Plenartagen im Monat. Ich finde, dass der Neubau des Landtags zu Recht den Paul Bonatz-Preis für seine Architektur bekommen hat. Er fügt sich nicht nur gut und zurückhaltend in den Schlosspark ein, sondern er hat auch eine der schönsten und übersichtlichsten Plenarsäle, die ich kenne, und er verfügt über das schönste Foyer.

Das Wichtigste im Parlament sind nicht Organisationsfragen. Das Wichtigste sind gute Abgeordnete. Gute Abgeordnete sind Frauen und Männer mit Berufs- und Lebenserfahrung. Sie sollten aus allen Berufen und Volksschichten kommen. Entscheidend ist, dass sie nicht abgehoben haben, sondern ihre Erfahrung und ihre Nähe zu den Menschen in die politische Arbeit einbringen können. Der sarkastische Satz: „Kreißsaal – Hörsaal – Plenarsaal" bringt die zunehmende Rekrutierung von jungen Abgeordneten direkt aus Studium oder Ausbildung, allenfalls mit einigen Monaten Praktikum bei einigen Abgeordneten, zum Ausdruck. Eloquenz und Taktik ersetzen aber nicht Erfahrung und Charakter. Der Aufbau von Seilschaften und Beziehungen ersetzt nicht die Nähe zu den Menschen und das Verständnis ihrer jeweiligen Lebenssituation. Die gekonnt formulierte Pressemitteilung ist kein Ersatz für die Abgeordnetensprechstunde im Wahlkreis. Das Überblättern des täglichen Pressespiegels kann nicht das Zuhören im Gespräch mit den einfachen Leuten ersetzen. Die veröffentlichte Meinung ist nur selten identisch mit der öffentlichen Meinung. Wie will denn ein Abgeordneter die Menschen erreichen, wenn er gar nicht weiß, was sie denken, was sie bedrückt, worüber sie sich ärgern und was sie erhoffen?

29.

Mein Ehrgeiz für die Fraktionsarbeit war, dass wir in allen Fragen der Landespolitik die Meinungsführerschaft erwerben oder behalten und dass wir das Vertrauen der Bürgerinnen und Bürger gewinnen durch eine geradlinige und berechenbare Politik.

Die Hauptarbeit der Fraktion wird von kompetenten Abgeordneten in den Arbeitskreisen und Ausschüssen geleistet. Die Gesamtfraktion muss zusammenfassen und unterschiedliche Standpunkte klären. Die Fraktionsführung muss integrieren, Gemeinschaft stiften, eine Sensibilität für die Zeichen der Zeit und für neue Herausforderungen entwickeln, Ziele vorgeben und eine durchgehende Linie sichtbar machen. Wir haben solche Ziele gesetzt und dafür gearbeitet:

Die Wirtschaftskraft des Landes stärken,
den strukturellen Wandel erkennen und bewältigen,
die mittelständische Struktur erhalten,
Existenzgründungen fördern,
die Schaffung und Erhaltung von Arbeitsplätzen und Ausbildungsplätzen durch günstige Rahmenbedingungen ermöglichen,
die Bildungspolitik als Kernkompetenz des Landes begreifen.

Unsere Sorge galt der Grundschule und dem dreigliedrigen Schulsystem von Hauptschule, Realschule und Gymnasium. Wir haben die Beruflichen Schulen zu einem gleichwertigen Schulsystem ausgebaut, durch Vollzeitschulen, die zu einem berufsqualifizierenden Abschluss und zu einer Studienberechtigung führen. Keine Schule trägt so stark zur Chancengerechtigkeit bei wie die Berufsschule.

Es ging uns um die Zukunftschancen für die junge Generation. Durch Bildung, Ausbildung und Weiterbildung sollte jeder junge Mensch mehr aus seinem Leben machen können, er sollte seine Berufs- und Lebensziele verwirklichen können.

Wir haben uns für die Bewahrung der Schöpfung und unserer wunderbaren Landschaft in Baden-Württemberg durch einen konsequenten Naturschutz und Umweltschutz eingesetzt.

Familien wurden gezielt gefördert durch Familiendarlehen, durch das Landesfamiliengeld, durch das Modell „Mutter und Kind“, durch Kindergärten und Kinderbetreuung. Die Eltern wurden zur Erziehung ihrer Kinder ermutigt.

Wir haben uns um die Lehrerbildung gekümmert, um die zweite Phase der Lehrerausbildung, in der es über das Fachwissen hinaus um die Fähigkeit zur Erziehung und Bildung der Kinder geht.

Uns war die Ausbildung von Altenpflegerinnen und die Förderung von Altenheimen, Altenwohnungen und Altenpflegeheimen ein wichtiges Anliegen.

Solidarität und Hilfe zur Selbsthilfe sahen wir als wichtige Aufgabe der freien Träger, der Städte, Gemeinden und Kreise. Wir haben sie vom Land aus gefördert.

Deutschland hat im internationalen Vergleich überlange Ausbildungs- und Studienzeiten. Wir haben uns für eine Verkürzung eingesetzt, damit junge Leute in der kreativsten Phase ihres Lebens ihre Fähigkeiten zur Stärkung unserer Wettbewerbsfähigkeit einsetzen können.

Wir haben uns die uralte ethische und philosophische Frage gestellt, ob der Mensch alles darf, was er kann. Die wissenschaftlichen und technischen Fähigkeiten des Menschen erfordern nicht nur ein Nachdenken, sondern auch ein Vorausdenken. Wenn der Schaden eingetreten ist, ist das Kind bereits in den Brunnen gefallen. Wir müssen in Freiheit verantwortlich handeln. Wir sind für die Folgen unseres Tuns und unseres Unterlassens verantwortlich, und auch für die

Spätfolgen für die kommenden Generationen. Unser Ziel war und ist: eine Gesellschaft mit einem menschlichen Gesicht. Das Maß der Wirtschaft, das Maß der Wissenschaft ist der Mensch.

Wir wollen Wettbewerb und Leistung, aber wir wollen solidarische Hilfe für alle, die im Leistungswettbewerb nicht oder noch nicht oder nicht mehr mithalten können: Kinder, Behinderte, Kranke, Alte.

Wir haben uns für eine Stärkung der Städte und Zentralorte eingesetzt, gleichermaßen aber auch für die Gemeinden des ländlichen Raumes und für die Landwirtschaft, das Handwerk, den Einzelhandel und die freien Berufe.

Die Innere Sicherheit war uns ein wichtiges Anliegen und auch die Integration aller ausländischen Mitbürger, die auf Dauer hier leben.

Die Förderung der Jugendarbeit, der Kultur, des Sports und der Vereine war für uns, ergänzend zur Förderung durch die Gemeinde, eine große Aufgabe.

Unsere Arbeit war dem Gemeinwohl verpflichtet. Das Gemeinwohl muss Vorrang haben vor Einzelinteressen. Wir wollten, dass möglichst viele Bürger sich ehrenamtlich engagieren, ihre Berufserfahrung und Lebenserfahrung in den Dienst der Gemeinschaft stellen.

Wir wollten, dass der Wirtschaftsstandort Baden-Württemberg erstklassig bleibt.

Wir haben schon damals Antworten versucht auf die sich abzeichnende, völlig veränderte Bevölkerungsentwicklung.

Unsere Stärke war, dass wir über alle Fragen im ständigen Gespräch mit den Menschen unseres Landes blieben. Zuerst über unsere Wahlkreisabgeordneten. Dann durch Anhörungen und Gespräche mit allen Verbänden unseres Landes. Vor allem aber auch über regelmäßige Vor-Ort-Aktionen in allen Teilen des Landes. Sie wurden zu einem Markenzeichen der

CDU-Landtagsfraktion. Alle sechs bis acht Wochen war jeder Arbeitskreis der Fraktion und die Gesamtfraktion einen ganzen Tag vor Ort in den Kreisen und Regionen unseres Landes. Wir waren in den Schulen und Betrieben, in den sozialen Einrichtungen und auf den Rathäusern. Wir haben zugehört, Fragen beantwortet, Anregungen aufgenommen und unsere Politik erklärt. Danach gab es eine Gesamtauswertung in der Fraktionsgeschäftsstelle und in der Fraktion.

30.

Die CDU-Landtagsfraktion hat auch ganz eigenständige Ziele gesetzt, etwa durch die Initiative und Gründung einer Stiftung für die Entwicklungshilfe. Der Gedanke dieser Stiftung wurde in einem Arbeitskreis „Entwicklungshilfe" der Fraktion geboren. Wir haben die Stiftung mit Landesmitteln ausgestattet. Sie ist heute im Land verankert und erhält auch vielfältige Geld- und Sachspenden von Privatleuten und Firmen. Damit ist sie in der Lage, Projekte vor Ort zu unterstützen und einen fairen Handel sowie eine nachhaltige Entwicklung zu fördern. Sie wirbt in vielen Veranstaltungen und Ausstellungen für ein persönliches und finanzielles Engagement für die Menschen in der Dritten Welt, für die Bekämpfung der Armut und des Hungers. Sie fördert Information und Begegnung. Sie geht in Schulen und fördert Partnerschaften. Dr. Karl-Hans Schmid führt diese Stiftung sehr gut.

Die Entwicklungshilfe ist, neben der Friedenssicherung, die wohl größte Herausforderung und Aufgabe für die heute lebende Generation. Beides hängt auf das engste miteinander zusammen. Papst Paul VI. hat es 1967 in der Enzyklika „Populorum progressio" auf den Punkt gebracht: „Entwicklung ist der neue Name für Frieden". Die größte Herausforderung ist zugleich das größte Versagen der Menschheit, denn es ist uns bis heute nicht gelungen, den Hunger in der Welt zu besiegen. Nach einer Statistik der Weltbank leben über 1,3 Milliarden Menschen von weniger als einem Euro pro Tag. Das bedeutet: Ein Euro für alle Grundbedürfnisse, für Nahrung, Kleidung, Wohnung, Gesundheit, Bildung!

Vor über drei Jahrzehnten haben sich die Industrieländer verpflichtet, jährlich 0,7 % ihres Bruttosozialprodukts für die Entwicklungshilfe auszugeben. Wenige Länder haben dies erreicht. Wir liegen in Deutschland erst bei etwa der Hälfte, und dies seit Jahren.

Als die Sowjetunion am 5.10.1957 mit dem „Sputnik" den ersten künstlichen Erdsatelliten ins All schoss, erfasste der „Sputnikschock" die Vereinigten Staaten und die ganze westliche Welt. Es begann die Ära der Weltraumflüge. Die USA befürchteten durch ihren Rückstand eine mögliche Bedrohung ihres Landes aus dem Weltall. In dieser Situation hielt der amerikanische Präsident John F. Kennedy eine Rede, in der er ankündigte, dass die Vereinigten Staaten alle ihre Ressourcen, ihre Forschungskraft, ihre Entwicklung, ihren Willen, ihre Zusammenarbeit einsetzen werden, um den Rückstand aufzuholen und das Ziel zu erreichen: „In zehn Jahren sind wir auf dem Mond". Zehn Jahre später waren die Amerikaner auf dem Mond, 1966 mit einer unbemannten Landung und 1969 mit bemannten Landungen. Wenn heute ein amerikanischer Präsident zusammen mit den Regierungschefs der Industrieländer erklären würde: „Wir werden alle Anstrengungen unternehmen, alle unsere wissenschaftlichen, wirtschaftlichen und politischen Ressourcen einsetzen, damit es in zehn Jahren auf der Erde keinen Hunger mehr gibt", dann würden wir auch dieses Ziel erreichen. Warum haben wir nicht die Kraft, warum nicht den Weitblick, warum nicht diese Einstellung, warum nicht die Führungskraft, dieses Ziel wirklich ernsthaft anzustreben?

Diese Welt ist zu einer Welt geworden. Jeder ist für sie verantwortlich, wenn der Mensch als Gattung überleben will. Diese Erde gehört allen Menschen und nicht einem Teil der Privilegierten. Habgier, Geldgier und das Streben nach Wettbewerbsvorteilen können keine tragenden Prinzipien sein. Sie bewirken Zerstörung. Mensch-sein heute bedeutet Mitmensch-sein. Solidarität von Mensch zu Mensch, und zwar weltweite Solidarität ist das Gebot der Stunde. Wer nicht aus christlicher Nächstenliebe handelt, der sollte wenigstens aus Eigeninteresse dazu bereit sein. Denn die Menschen in den Entwicklungsländern bleiben nicht auf Dauer in der Armutszone und hungern. Sie machen sich auf den Weg. Sie haben nichts zu verlieren. Sie machen sich auf den Weg von Mexiko in die USA. Ein Polizeioffizier an der mexikanisch-amerikanischen Grenze sagte mir vor Jahren: „Wir greifen einen an der Grenze 16-mal auf und schicken ihn zurück. Aber beim 17. Mal kommt er durch." Die Hispanics in den USA nehmen, ob legal oder illegal, stark zu.

Spanien kann um seine beiden Städte Ceuta und Melilla auf nordafrikanischem Gebiet den dritten Zaun bauen, es kommen dennoch Flüchtlinge durch. Genauso erreichen täglich Flüchtlinge auf seeuntüchtigen Booten Sizilien oder eine seiner vorgelagerten Inseln. Sie sind in einem Europa ohne Grenzen. Sie erreichen uns und sie bleiben bei uns, ob als Illegale, als Asylbewerber oder als Geduldete. Niemand wird hungrige Menschen auf Dauer aufhalten können.

Es ist wie bei der Massenflucht aus der DDR vor der Wiedervereinigung über ihre Nachbarländer in die Bundesrepublik: „Kommt die Freiheit nicht zu uns, gehen wir in die Freiheit. Kommt die D-Mark nicht zu uns, gehen wir zur D-Mark." Genau das wird sich in Zukunft immer stärker und weltweit abspielen: „Kommt die Entwicklung, ein Leben in Frieden und Freiheit, ein Leben ohne Hunger und Krankheit nicht zu uns, dann machen wir uns auf den Weg in Länder, in denen wenigstens ein Existenzminimum gegeben ist."

Im Augenblick verhindern mangelnde Einsicht und mangelnde Haushaltsansätze bei uns eine stärkere Hilfe zur Selbsthilfe und oft verhindern in den Entwicklungsländern korrupte Herrscher und Gewalt eine sinnvolle Hilfe. Wir müssen also Ländern, die zur Kooperation über eine wirkungsvolle Hilfe bereit sind, Hilfe zur Selbsthilfe geben. Es geht um Projekthilfe, um technische Unterstützung und Wirtschaftshilfe. Am wirksamsten ist personelle Hilfe. „Gib einem Hungernden einen Fisch und er ist einen Tag satt. Lehre ihn fischen und er wird nie mehr hungern", sagt ein gutes indisches Sprichwort. Genau das ist von uns gefordert und genau deshalb sind kirchliche Entwicklungshilfeprojekte so erfolgreich, trotz sehr viel weniger Geld.

Was die beiden Kirchen in Deutschland mit ihren Werken „Brot für die Welt", „Misereor", „Adveniat", „Renovabis", „Sternsingeraktion" mit Diakonischem Werk und Caritas leisten, ist weltweit beispielhaft und verdient alle Anerkennung. Diese Werke können ihren Dienst nur wirkungsvoll tun, weil sie vielfältige Unterstützung von den Bürgern unseres Landes bekommen, von Menschen, die ihrer Verantwortung für die Eine Welt und ihrer mitmenschlichen Verpflichtung gerecht werden.

Vor Jahren habe ich vorgeschlagen, dass wir den Wehrdienst in Deutschland ersetzen durch einen Dienst für die Gemeinschaft, den der Einzelne erbringen kann bei der Bundeswehr oder als Ersatzdienst in einer sozialen Einrichtung oder durch einen Dienst als Entwicklungshelfer in einem Entwicklungsland. Ein solcher Antrag fand auf einem Bundesparteitag der CDU schon vor 20 Jahren fast eine Mehrheit. Nur durch eine starke Intervention durch den damaligen Bundesverteidigungsminister Rühe wurde in letzter Minute vor der Abstimmung die Mehrheit verhindert. Er war damals in Sorge, nicht mehr genügend Nachwuchskräfte für den Wehrdienst zu bekommen. Inzwischen haben wir in Deutschland und in Europa erfreulicherweise durch den Zusammenbruch der Sowjetunion eine völlig andere Situation. Die Bundeswehr ist verkleinert und wir brauchen weit weniger Wehrpflichtige.

Ich bin weiterhin für eine Wehrpflichtarmee. Aber ich bin ebenso für einen allgemeinen Friedensdienst, der auch in der Entwicklungshilfe geleistet werden kann. Was wäre das für ein Gewinn für Entwicklungsländer, wenn gut ausgebildete junge Deutsche für ein Jahr in ein Entwicklungsprojekt gingen. Welch Gewinn wäre es auch für unser Land, wenn wir unter uns Menschen hätten mit Erfahrungen aus einem Entwicklungsland.

Ich habe mich mit den bescheidenen zeitlichen Möglichkeiten, die ich hatte, um eine solche Kenntnis vor Ort bemüht. Vor 15 Jahren war ich im Rahmen eines „Exposure-Programmes“ für zehn Tage auf einem indischen Dorf und habe für diese Zeit das Leben dieser Menschen geteilt. Ohne Strom, ohne fließendes Wasser, ohne Bett. Ich habe mit den Dorfbewohnern gesprochen. Wenn der Monsun kommt, haben sie für sieben bis neun Monate zu essen. Wenn er nicht kommt und für die übrige Zeit macht sich das Dorf auf den Weg, um nicht zu verhungern. Es gab eine kleine, ganz bescheidene einstöckige Schule. Aber sie war geschlossen, weil kein Lehrer kam. In dieser Gemeinde, in der der Boden noch mit Holzpflügen bearbeitet wird, habe ich die Bedeutung des Genossenschaftswesens begriffen, wie es bei uns im 19. Jahrhundert durch Raiffeisen und durch Schulze-Delitzsch entstanden ist. Kleinkredite wären nötig für Saatgut und für einen Eisenbeschlag am Holzpflug. Durch so einfache Hilfe wäre eine Verdoppelung des Ertrags möglich. Außerdem würde sich eine Genossenschaft um die Vermarktung der landwirtschaftlichen Produkte kümmern.

Zehn Jahre später habe ich auf Einladung des späteren Friedensnobelpreisträgers Muhammad Yunus ein Dorf in Bangladesh besucht und auch für eine Woche das Leben der Menschen dort geteilt. Es war genauso arm wie in Indien. Aber Professor Yunus hat nach seinem Volkswirtschaftsstudium in den Vereinigten Staaten, übrigens als Kommilitone des späteren Präsidenten Clinton, in seinem Heimatland Bangladesh eine Grameen-Bank, eine „Dorfbank", aufgebaut. In jedem der zahlreichen Dörfer gibt es inzwischen eine solche kleine Bank. Sie gibt Kleinstkredite an die Menschen, und zwar ausschließlich an Frauen, weil diese sehr viel zuverlässiger sind als Männer. Diese Kleinkredite sind sehr niedrig. Der erste reicht gerade für den Kauf von fünf Hühnern, wobei die Kreditnehmer frei sind, für welche Investition sie ihr Geld einsetzen.

Schon in der ersten Woche beginnt die ratenweise Zurückzahlung des Kredits. Die Frauen des Dorfes treffen sich einmal in der Woche. Dort wird die Rückzahlungsrate eingesammelt und registriert. Dann hören sie einen Vortrag, der Grundwissen der Haushaltsführung und der Lebenshaltung vermittelt. Wenn der Kredit zurückgezahlt ist, gibt es einen neuen, etwas höheren. Mit der fünften Stufe können sie dann vielleicht eine Kuh halten. Aber im ganzen Dorf gab es nur zwei oder drei Kühe.

Dieses von Muhammad Yunus entwickelte System ist so erfolgreich, dass es inzwischen auch in anderen Ländern angewandt wird. Kleinstkredite und genossenschaftliche Zusammenarbeit sind die Lösungsansätze für eine angepasste

Entwicklung, für Landwirtschaft und Kleinstgewerbe. Weltweit ist diese Form der Entwicklungsarbeit heute anerkannt.

Wir sehen heute Indien als Hochtechnologieland, das in Zentren wie Bangalore Software entwickelt und für Banken und Industrieunternehmen Europas bearbeitet und über Nacht elektronisch in die Zentralen übermittelt. Das ist das eine Indien. Das andere: Von einer Milliarde Menschen leben noch 700 Millionen auf den Dörfern unter archaischen Bedingungen. An ihnen ist die moderne Entwicklung vorbeigegangen.

„Du bist für alles verantwortlich, das Du Dir vertraut gemacht hast", sagt Antoine de Saint-Exupéry in seiner Parabel vom „Kleinen Prinzen". Wir leben in einer Welt und können uns nicht mehr damit herausreden, wir wüssten nicht, was in dieser Welt geschieht. Weil wir in Jetztzeit über alles informiert sind, sind wir auch mitverantwortlich für das, was während unserer Lebenszeit getan oder unterlassen wird. Wir müssen uns einsetzen für ein Leben aller Menschen in Würde und Freiheit und Recht. Es geht um eine eigenständige Lebensführung jedes Menschen, um eine nachhaltige Hilfe und Entwicklung und um eine vorrangige Option für die Armen.

31.

Ende April 1986 war ich mit den Mitgliedern des Geschäftsführenden Fraktionsvorstandes der CDU-Landtagsfraktion für zweieinhalb Tage zu einer Arbeitssitzung in Cadenabbia am Comer See, in der Villa Collina, in der Konrad Adenauer während langer Jahre regelmäßig seine Sommerurlaube verbracht hatte. Abgeschirmt von der Außenwelt beschäftigten wir uns in diesen Klausurtagen mit den landespolitischen

Schwerpunkten. Auf der Rückreise hörten wir in der Schweiz Autoradio. Die plötzliche Schreckensnachricht: In der Sowjetunion, im ukrainischen Tschernobyl, wurde ein schwerer Reaktorunfall gemeldet.

An diesem 26.4.1986 hatte sich im Block 4 des Kernkraftwerkskomplexes der bisher größte und folgenschwerste Unfall eines Kernreaktors ereignet. Wesentlich für den Unfallverlauf waren Bedienungsfehler und Verstöße gegen Betriebsvorschriften und mangelnde Sicherheitseinrichtungen des sowjetischen Reaktortyps. Zehn Tage lang wurde Radioaktivität freigesetzt, ein weites Gebiet wurde verseucht. Viele Menschen der Umgebung waren schwer betroffen. Über 100 000 wurden evakuiert. Krebserkrankungen und Spätfolgen wurden auch für einen größeren Umkreis befürchtet. Die Menschen bei uns, in Ost- und Westeuropa waren verunsichert und tief besorgt. Viele befürchteten schwere gesundheitliche Schäden, ohne dass sie sich dagegen wehren konnten.

Eine große Diskussion über die Nutzung der Kernenergie brach los oder wurde entfacht. Ängste und Emotionen drängten jede rationale Diskussion in den Hintergrund.

Auch im Landtag von Baden-Württemberg gab es eine große und hitzige Debatte, in der ich am 26. Mai 1986 für unsere Fraktion reden musste. Ich habe mich, so gut ich es als Nichtfachmann konnte, sachkundig gemacht. Ich hatte alle mir zugänglichen Veröffentlichungen gelesen und mich bei Fachleuten informiert. Zwei Gesichtspunkte waren zu beachten: Der absolute Vorrang des Schutzes unserer Bevölkerung und die Sicherstellung unserer Stromversorgung, die in Baden-Württemberg seinerzeit zu 70 % von der Kernkraft abhängig war.

Meine Rede, die auch über unsere Fraktion hinaus Zustimmung fand, wurde in späteren Jahren immer wieder zitiert. Insbesondere bei den Grünen berief man sich meist auf den Satz, in dem ich die Kernenergie als Übergangstechnologie bezeichnete. Nicht zitiert wurde mein Zusatz: Dass niemand sagen könne, wie lange die Übergangszeit gehen werde. Fachleute sahen die Kernfusion als die sichere Zukunftstechnologie und sie nannten 50 Jahre, bis sie serienreif sei. Heute, 23 Jahre später, wird immer noch der gleiche Zeitraum genannt. Wir können also auf die Zukunft hoffen, aber wir müssen das Problem der Energieversorgung unserer Zeit lösen. Es war und ist schwierig zu vermitteln und zu begründen, dass unsere Kraftwerke eine Sicherheit bieten, die um ein Vielfaches höher liegt als die des Reaktors von Tschernobyl. Wer es einmal erlebt hat, weiß, dass man gegen emotional vorgetragene Sorgen und gegen tief sitzende Ängste mit rationalen Argumenten einen schweren Stand hat.

Ich sagte in der Debatte: „Die Politik muss die Steuerung der Technik in der Hand behalten. Keineswegs dürfen wir technische oder wirtschaftliche Zwänge hinnehmen, wenn wir sie ethisch und politisch nicht mehr verantworten können. Eine Technik, die sich verselbständigen würde, diente nicht mehr dem Menschen, sondern schadete ihm oder gefährdete ihn …"

Wir stehen vor einer neuen Dimension von Verantwortung, weit über das eigene Land und weit über die eigene Zeit hinaus. Da handelt einer im eigenen Land und es ist die halbe Welt oder die ganze Menschheit von den Folgen seines Handelns mit betroffen. Diese Situation schreit geradezu nach der Entwicklung politischer Strukturen, die der weltweiten Verantwortung und den globalen wirtschaftlichen und technischen Verflechtungen entsprechen. Ein Innehalten und ein Überprüfen des eigenen Standpunktes ist schon deshalb nötig, weil menschliches Handeln nicht im Voraus alles überschauen und alles vorausberechnen kann. Das wissen wir spätestens seit Kant, der formulierte: „Die Notwendigkeit zu entscheiden reicht weiter, als die Fähigkeit zu erkennen".

Ich habe dann zwei Positionen abgelehnt. Die eine: Wir stellen die Kernkraftwerke bei uns ab und steigen aus der Kernenergie sofort aus. Die andere: Wir machen so weiter wie bisher und bauen jährlich ein neues Kernkraftwerk.

Wer den baldigen Ausstieg aus der Kernenergie fordert, muss Kohlekraftwerke bauen, weil die alternativen Energiearten quantitativ den Ausfall der Kernenergie nicht decken. Das ist unverantwortlich, weil der Treibhauseffekt des Kohlendioxids zu einer schleichenden Katastrophe führt.

Ich habe für Forschung und Entwicklung und Nutzung alternativer Energiearten und für einen stufenweisen Ausstieg aus der Kernenergie plädiert, in dem Maße, wie verantwortbare Alternativen zur Verfügung stehen. Ich nannte damals Solarenergie und Kernfusion, nicht aber Kohlekraftwerke oder Ölkraftwerke. In der Zwischenzeit allerdings müsse Sicherheit vor jeder anderen Frage stehen.

Von meinen Aussagen brauche ich auch 23 Jahre später nichts zurücknehmen.

32.

Wenige Tage vor Weihnachten 1979 wurde der Rottenburger Bischof Georg Moser auf die Päpstliche Nuntiatur in Brüssel bestellt. Dort wurde ihm eröffnet, dass er auf Beschluss der Vatikanischen Glaubenskongregation dem Tübinger Theologieprofessor Hans Küng die kirchliche Lehrbefugnis entziehen müsse. Die Nachricht schlug in der Öffentlichkeit wie eine Bombe ein. Sie führte zu monatelangen Auseinandersetzungen weit über die Katholische Kirche hinaus. Die Vorgänge sind in allen Einzelheiten dokumentiert und veröffentlicht. Sie füllen ein ganzes dickes Buch. Es ist deshalb unmöglich und auch nicht meine Absicht, den Fall Küng in seinem ganzen Zusammenhang darzustellen.

Ich war als katholischer Christ betroffen, aber auch als Abgeordneter und Fraktionsvorsitzender, denn Hans Küng war auf einem Lehrstuhl einer Universität des Landes Baden-Württemberg und Beamter auf Lebenszeit in unserem Land. In unserem Land besteht nach dem Grundgesetz und der Landesverfassung Redefreiheit und Religionsfreiheit und die Freiheit der Wissenschaft.

Als katholischer Christ hielt ich die Einberufung des II. Vatikanischen Konzils durch Papst Johannes XXIII. für ein Jahrhundertereignis. Ich habe die Sitzungsperioden des Konzils in allen Einzelheiten verfolgt. Das Konzil hat die Kirche dialogfähig gemacht mit unserer Zeit. Es hat zur Versöhnung der Christen unterschiedlicher Konfessionen beigetragen. Es hat die Kirche auf die Höhe der Zeit gebracht und zur Anerkennung des Wertes und der Ergebnisse der Wissenschaften und der Technik. Es hat alles aufgenommen, was weitsichtige Theologen, vor allem der französischen „Nouvelle Théologie" bahnbrechend vorausgedacht haben. Auch sie waren vom Kirchlichen Lehramt gerügt und mit Lehrverbot belegt worden. Dann aber wurden sie Konzilstheologen und einige erhielten später sogar die Kardinalswürde. Ich halte das II. Vatikanische Konzil für eines der größten Ereignisse meines Lebens. Ich stehe zum Geist und zu den einzelnen Dokumenten des Konzils, das für viele Menschen den Glauben ihrer Väter und Mütter für unsere Zeit übersetzt, verstehbar und glaubwürdig gemacht hat.

Hans Küng, ein großer Theologe unserer Zeit, hat mit anderen großen deutschen Theologen das Konzil vorbereitet. Er hatte vor dem Konzil ein Buch über die Wiedervereinigung der Christen geschrieben. Ich habe es nicht nur gelesen, sondern mehrfach gekauft und verschenkt. Dieser Hans Küng war als Konzilstheologe und Berater von Konzilsvätern in dieses großartige Ereignis der Kirchengeschichte aktiv einbezogen.

Später hat er bahnbrechende Werke über Gott, über das Christsein, über die Geschichte des Christentums, zur Zukunft der Kirche, zum Apostolischen Glaubensbekenntnis, über große christliche Denker, über die großen Weltreligionen, über das Ewige Leben, über die Freiheit des Christen, über den Anfang aller Dinge geschrieben. Ich habe alle diese Werke gelesen.

Manche seiner Aussagen hatten zu Anfragen der Glaubenskongregation geführt. Aber sein Ortsbischof Georg Moser, der Vorsitzende der Deutschen Bischofskonferenz Julius Kardinal Döpfner, die Glaubenskommission der Bischofskonferenz hatten immer wieder besonnen und ausgleichend gewirkt, so dass es über Jahre hinweg nicht zum Äußersten kam.

Aber nun ging es in der Anfrage „Unfehlbar?“ um das zentrale Dokument des Ersten Vatikanischen Konzils 1871, um die Unfehlbarkeit des Papstes in Lehrfragen. Vergessen ist nicht, dass der damalige Bischof von Rottenburg, Carl Joseph Hefele, einer der Wortführer der Minorität, das Konzil vorzeitig verließ, um diesem Dokument nicht zustimmen zu müssen. Er gehörte zu einer großen Minderheit, die ebenso dachte. Erst eineinhalb Jahre später hat er sich in einer Güterabwägung dazu entschlossen, das Dokument nachträglich in seiner Diözese zu veröffentlichen.

Ich möchte hier nicht in eine Diskussion in der Sache eintreten. Aber wie viele andere Menschen, innerhalb und außerhalb der Katholischen Kirche, habe ich die Entziehung der Lehrerlaubnis für Hans Küng nicht verstanden.

Er habe viele Christen vom rechten Glauben weggebracht, hörte ich einmal in einer Predigt. Ich habe mir dabei gedacht: Wenn ich mich jetzt umdrehen würde und den vielen Menschen ins Gesicht sähe und mich fragen würde, wen er wohl vom Glauben abgebracht hat, ich würde keinen finden. Wohl aber würde ich viele finden, Intellektuelle und an theologischen Fragen interessierte Laien, die er im Glauben bestärkt hat oder die er näher an den Glauben hingeführt hat. Viele wollen, wie ich selber, glaubwürdig glauben. Mit dem Herzen und mit dem Verstand, weil sie keinen Gegensatz sehen zwischen Glaube und Vernunft. Hans Küng, der sich in manchen Randfragen und in seinem Umgang mit dem Vatikan etwas entgegenkommender hätte verhalten können, ohne sein Gewissen zu verraten oder etwas vom Inhalt seiner Überzeugung preiszugeben, ist und bleibt ein großer Theologe, ein gläubiger Christ, katholischer Priester und ein großer Gelehrter. Nach seinem Tod werden das alle sagen. Es wäre gut, wenn seine Kirche ihn zu seinen Lebzeiten rehabilitieren würde.

Weil ich das alles auch schon 1979 so gesehen habe, bin ich als Fraktionsvorsitzender nach Tübingen in die Wohnung Küngs gefahren. Am gleichen Tag habe ich auch ein ausführliches Gespräch mit seinem Fakultätskollegen Professor Walter Kasper in dessen Wohnung geführt. Auch von ihm habe ich bis zum heutigen Tag eine sehr hohe Meinung.

Ich habe dann in der Landtagsdebatte zu den Folgefragen gesprochen und dazu beigetragen, dass Hans Küng einen Lehrstuhl für Ökumenische Theologie an der Universität Tübingen, außerhalb der Theologischen Fakultät, bekam.

Hans Küng hat mir das nie vergessen. Vor allem auch nicht, dass ich später zwei seiner hochbefähigten Schüler und Mitarbeiter zu Lehrstühlen in Tübingen verholfen habe. Sie waren in jeder Hinsicht geeignet, konnten aber auch nicht mehr zu einem Lehrstuhl mit Zustimmung Roms kommen. Da war ein Akt der Gerechtigkeit nötig.

Küng hat neben seiner theologischen und ökumenischen Arbeit in den letzten Jahren vor allem das „Projekt Weltethos" weiterentwickelt. Dabei geht es darum, den großen gemeinsamen Bestand an ethischen Grundsätzen und Lehren zu formulieren, auf den sich in einer immer mehr zusammenwachsenden Welt Menschen aus allen Weltreligionen verständigen könnten. Es geht um ein Zusammenleben in Würde und Freiheit, in einer Ordnung der Menschenrechte auf dem Fundament verbindender Werte und Überzeugungen. Der Weltfriede und die Zusammenarbeit der Kulturen hängen davon entscheidend ab.

33.

Zu dem, was aus meiner Zeit als Fraktionsvorsitzender bleibt, gehören die „Landtagsbilder". Wie schon erwähnt, hat der Landtag an der Konrad-Adenauer-Straße für seine Abgeordneten und Fraktionen ein „Haus der Abgeordneten" gebaut. Es ist durch einen unterirdischen Gang unter der Konrad-Adenauer-Straße mit dem Landtag verbunden. Für alle Neubauten des Landes sind etwa 3 % der Kosten reserviert für „Kunst am Bau" oder im Bau. Das ist durchaus vernünftig. Für die Auswahl und Beauftragung wird in der Regel eine Kunstkommission gebildet. Dabei kommt heraus, was herauskommt: Gutes und Gewöhnungsbedürftiges.

Nach vielfältigen Erfahrungen habe ich für die CDU-Fraktion darum gebeten, dass wir für unsere Etage im dritten Geschoss die für Kunst vorgesehenen Mittel in eigener Zuständigkeit im Rahmen der Gesamtverantwortung des Bauherrn verwenden dürfen. Wir haben damit den Fraktionssaal und das Foyer des Fraktionssaals gestaltet.

Für den Fraktionssaal haben wir ein Kruzifix des bekannten Münchner Künstlers Professor Henselmann erworben. Er stammt aus Laiz bei Sigmaringen. Henselmann beginnt an jedem Karfreitag ein neues Kruzifix. Er hat Werke von bleibender Bedeutung geschaffen. Wir hielten es für richtig und für eine Partei, die das „C“ im Namen führt, auch für angemessen, unsere Arbeit unter das Kreuz zu stellen und sie auch vor Gott zu verantworten.

Dann sind wir auf den großen zeitgenössischen Künstler Professor Emil Wachter aus Karlsruhe zugegangen. Er hat bedeutende profane und sakrale Bilder und Kunstwerke geschaffen. Viele von uns kannten Emil Wachter und Werke von ihm. Ich kannte Bilder von der Schwäbischen Alb und zwei der besten Kirchenbauten der Nachkriegszeit im Land, die sehenswerten Gestaltungen der Kirche in Osterburken im Neckar-Odenwald-Kreis und die Autobahnkirche in Baden-Baden. Beide weisen Emil Wachter als Kenner des Alten und Neuen Testaments und als großen Künstler aus. Mit einer singulären Technik schuf er ausdrucksstarke Bilder-Reliefs in Beton. Sie sind glaubwürdig auch deswegen, weil sie aus einem Baustoff unserer Zeit Kunstwerke machen.

Wir haben mit Emil Wachter viele Gespräche geführt, unsere Ideen eingebracht und sie an seiner Gestaltungskraft und Erfahrung gemessen. Ich glaube, dass ein großes Gesamtkunstwerk im Bereich des CDU-Fraktionssaals entstanden ist.

An der Stirnwand des Fraktionssaals hängt ein Triptychon vom Bodensee. In den jährlichen Ferien auf der Höri, einem Paradies für Künstler, hat Emil Wachter viele Aquarelle gemalt. Nun schuf er also für uns drei große Gemälde in Öl, Bilder von großer Dichte. Das Spiel von Wasser, Booten, Wolken. Licht und Wind beeindruckt durch Bewegung und Kraft und durch Ruhe und Weite. Das Triptychon spricht an durch Farbe und gleichzeitig durch die Zurückhaltung von Farben. Ich habe immer die Abgeordneten-Kollegen beneidet, weil sie es stets vor Augen und vor dem Auge der Seele hatten. Ich durfte dafür in ihre Augen und Gesichter schauen und habe daraus Zustimmung und Bedenken zu Einführungen und Debattenbeiträgen gelesen, auch ohne dass sie sich zu Wort gemeldet haben.

Die beiden Seitenfoyers mit Sitzgruppen, neben dem Fraktionssaal, sind zur Stadt hin geöffnet. Das eine gibt den Blick auf das Große Haus des Württembergischen Staatstheaters frei. Emil Wachter hat für uns ein Tusche-Triptychon „Tanz" geschaffen. Es ist eine Hommage auf die große Primaballerina des weltberühmten Stuttgarter Balletts, Marcia Haydée. In einer Umgebung endloser Sitzungen und Debatten zeigt es die Leichtigkeit des Seins.

Das zweite kleine Foyer lässt uns in den Akademiegarten blicken. Dafür schuf Emil Wachter aus schwarzer Tusche sein Triptychon „Wald". Die Bedeutung des Waldes in der Zeit des beginnenden Waldsterbens und die Bewahrung der Natur waren für uns wichtige Symbole.

Das Hauptwerk aber ist eine große Bleiverglasung am Fenster des Foyers zum Innenhof, eine Farbkomposition von Format in einem Triptychon mit den großen menschlichen und politischen Themen: „Freiheit und Chaos", „Widerstand gegen Gewalt" und „Freiheit und gerechte Ordnung".

In den Worten von Emil Wachter ist die dahinter stehende Kernfrage: „Wachstum wohin?" Er befasst sich in diesem Bild mit der Leistungsgesellschaft, mit Chemie, Atomenergie, Gentechnik, Werbung, Manipulation, mit Wirtschaftskraft und Wohlstand, mit der Familie, mit der Zukunft der Natur, der Pflanzen und Tiere, der Misshandlung der Erde.

Das mittlere Triptychon zeigt die brennende Stadt, das zerstörte Land 1945 und den Phönix, welcher der Asche und den Flammen entsteigt. Die neue Chance und die Frage Wachters: „Freiheit wozu?"

Das dritte Bild zeigt einmalig den Widerstand gegen die Gewalt des Nationalsozialismus. Die Einzelbilder stellen dar: die Fahnen auf dem Parteitag, das Spektrum der Meinungen und Haltungen zur Diktatur, drei Arten mit dem Himmel zu sprechen: Kirchturm, den 20. Juli 1944 und die „Weiße Rose“, den Elektropfosten eines KZs, Porträts der Widerstandskämpfer Eugen Bolz, Graf Stauffenberg, Gertrud Seele, Adam von Trott zu Solz, Ernst von Harnack, Dietrich Bonhoeffer, Alfred Delp. Der Künstler selber schreibt dazu: „In diesem Fenster hat sich die erste mir bekannte Möglichkeit geboten, im Rahmen eines großen öffentlichen Auftrags an ein heroisches Kapitel unserer jüngsten Geschichte zu erinnern. Die Männer und Frauen des Widerstandes gegen Hitler hatten nicht nur ihre persönliche Freiheit als Ziel und Beweggrund ihres Handelns, sondern das in Freiheit funktionierende Ganze, eine Staatsform auf dem Fundament der Gerechtigkeit, der Freiheit in Verantwortung und des Friedens. Wenn wir die Frauen und Männer des Widerstands vergessen, sind wir ihrer nicht wert.“

Das Gesamtkunstwerk Emil Wachters wird ein Anziehungspunkt im Landtag bleiben – morgen noch mehr als heute. Zu dem erwähnten Heft „Landtagsbilder“ habe ein Vorwort verfasst und geschrieben, was mir dabei wichtig war:

„Politik ist auf Kunst angewiesen. Sie darf nicht darauf verzichten, sich von der Kunst den Blick dafür schärfen zu lassen, wie es um den Menschen steht und was an der Zeit ist.

Wenn es Aufgabe der Politik ist, nicht bloß Macht zu erringen und zu verwalten, sondern etwas von dem zu verwirklichen, ‚was für den Menschen gut ist‘ (Golo Mann), dann braucht sie Austausch und Gespräch – mit Fachleuten aller Bereiche praktischen Lebens, mit Wissenschaftlern jeder Fachrichtung und nicht zuletzt mit der Kunst.

In einem Gebäude, dessen Zweckbestimmung der Alltag

der Politik ist, hat Kunst – so meine ich – eine mehrfache Funktion. Sie soll in einem Zweckbau für das Zweckfreie, in einer Atmosphäre der Betriebsamkeit für das ruhige Betrachten und an einem Ort der vielen Worte für das wortlose Bild Raum schaffen. Sie soll die Augen der Menschen, die in einem solchen Haus leben und arbeiten, auf sich ziehen und soll diesen Menschen ‚gut tun'. Sie soll zur Ruhe und zum Nachdenken einladen. Sie soll – scheinbar altmodisch gesprochen – schön sein. Darüber hinaus soll Kunst die Menschen, die alltäglich mit ihr umgehen – in unserem Fall in erster Linie Politiker und ihre Mitarbeiter –, anregen, ihnen den Horizont erweitern, neue Dimensionen ihres Lebens und Handelns erschließen.

All dies ist Emil Wachter mit seinen Werken für den Stuttgarter Landtag in exemplarischer Weise gelungen."

34.

In meinem Leben war das größte politische Ereignis von weltgeschichtlichem Ausmaß sicher die große Zeitenwende in Europa 1989. Diese Wende ging Jahre vorher aus von der Solidarność in Polen, vom Aufstand der Arbeiter in Danzig, vom Papst aus Polen, von der Charta 77 in Prag und vor allem vom sowjetischen Präsidenten Michael Gorbatschow. Mit „Glosnost" und „Perestroika" wollte er gewiss nicht die Sowjetunion zerstören, sondern reformieren und damit stabilisieren. Die Entwicklung nahm einen anderen Weg – hin zur Freiheit und Selbstbestimmung der Völker Osteuropas. Dies ermöglichte wiederum die Ära Gorbatschows, der die Breschnew-Doktrin aufhob und keine Panzer gegen friedliche Demonstranten einsetzte, was die Voraussetzung war für den Erfolg der Montagsdemonstrationen in Dresden und die

Mittwochsdemonstrationen in Leipzig, die zunächst zu Gesprächen und „Runden Tischen“, dann zu kirchlichen und politischen Basisgruppen führten, schließlich zur Massenauswanderung, zu Demonstrationen von „Wir sind das Volk“ bis zu „Wir sind ein Volk“ und bis zu freien Wahlen zur Volkskammer. Eine unglaubliche Dynamik und Steigerung, ein Zeugnis menschlichen Muts und Freiheitswillens, ein Sieg der Gesinnung über die Wirklichkeit.

Schon früh, in einer Phase, als der Dresdener Oberbürgermeister Wolfgang Berghofer und Hans Modrow, der Bezirkssekretär der SED in Sachsen, erste zaghafte Reformschritte wagten, die aus Ostberlin kritisch gesehen und überwacht wurden, knüpfte Lothar Späth erste Fäden zu beiden, um die Reformen in der Staatspartei der DDR zu unterstützen.

Natürlich wurde auch in jeder Bundesvorstandssitzung der CDU in Bonn über die Entwicklung in der DDR gesprochen. Es zeichnete sich bald in ersten Ansätzen ab, dass von den deutschen Ländern Kontakte, später Patenschaften und Partnerschaften mit ostdeutschen Regionen übernommen werden sollten. Wir entschieden uns für Dresden und später, als sich die Bildung von Ländern abzeichnete, für Sachsen.

Mitten in die Sitzung des CDU-Präsidiums Baden-Württemberg im Schofer-Saal des Landtags kam 1989 ein Mitarbeiter und sagte, vor der Tür stehe der CDU-Vorsitzende des Bezirks Dresden und wolle mit dem Ministerpräsidenten sprechen. Weil Lothar Späth die Sitzung leitete und weil ihm die Sache wohl auch etwas zu heiß war, bat er mich, das Gespräch zu führen. In meinem Zimmer im Landtag unterhielt ich mich dann mit dem Vertreter der Blockpartei CDU. Er war auf dem Weg in das Saarland und wollte einen Kontakt mit uns herstellen.

Mein damaliger Bezirksgeschäftsführer der CDU Südbaden, Helmut Rau, der heutige Kultusminister, und ich fuhren dann nach Dresden, um uns einen eigenen Eindruck vor Ort zu machen. Wir sprachen mit verschiedenen Vertretern der CDU. Mein Vorwissen und mein eigener Eindruck war, dass es in dieser Partei Leute gab, die die gleiche Grundgesinnung hatten wie wir. Es gab Leute, die nicht in die SED wollten, Aber auch solche, die sich nicht von den Mitgliedern der SED unterschieden, und es gab Menschen, die nach 1945 zur gleichen Zeit und mit der gleichen Gesinnung in der sowjetischen Besatzungszone die CDU gründeten, wie unsere Gründer in den drei westlichen Besatzungszonen. Erst einige Jahre später wurden sie gleichgeschaltet und zur Blockpartei. Annäherung war also ebenso geboten wie Zurückhaltung.

Helmut Rau und ich kamen zum Ergebnis, dass wir keine Kontakte zu Amtsträgern der damaligen Machthaber aufnehmen sollten. Und wir kamen zum Ergebnis, dass wir unbedingt und schnell ins Gespräch mit den vielfältigen Reformbewegungen und Gruppen kommen müssten. So nahmen wir Kontakt auf zur „Gruppe der 20", welche die Montagsdemonstrationen und Kundgebungen trug, dann zu Mitgliedern der „Runden Tische", zu Mitgliedern des „Neuen Forums", zu Mitgliedern des „Demokratischen Aufbruchs" und zur DFU. Helmut Rau war wöchentlich in Dresden, ich alle zwei Wochen. Auch als Fraktionsvorsitzender nutzte ich diese Kontakte.

Ein Vertreter der „Gruppe der 20" sagte mir, er habe als Redner bei den Kundgebungen im Anschluss der Montagsdemonstrationen schon alle Themen abgehandelt. Er brauche Material über Demokratie und Rechtsstaat und Soziale Marktwirtschaft. Ich kaufte ihm das siebenbändige Staatslexikon und er benutzte es als Informationsquelle.

Die Menschen waren hungrig nach Informationen. Ich habe im vollbesetzten großen Rathaussaal in Dresden in einer öffentlichen Veranstaltung mit dem Aushängeschild des „Demokratischen Aufbruchs", Dr. Hans Geisler, über Soziale Marktwirtschaft und andere Fragen diskutiert und Rede und Antwort gestanden, wohlgemerkt noch unter der Herrschaft Honeckers und der SED.

Die Ereignisse überschlugen sich. Den Runden Tischen und der Mitwirkung von Reformkräften im Bezirksrat und in den Räten der Stadt folgte bald die Ankündigung von freien Wahlen für die Volkskammer, die dann schon auf den 18.3.1990 festgesetzt wurden. In dieser Vorphase bemühten wir uns um eine Zusammenarbeit zwischen Reformkräften und der CDU-Ost. Das war sehr schwierig. Die Reformkräfte kamen aus der stillen Opposition und lehnten die CDU-Ost genauso entschieden ab wie die SED. Die Ost-CDU war zahlenmäßig stärker als alle neuen Gruppierungen. Sie war zwar verunsichert, suchte aber die Lösung in personellen Veränderungen.

Ich bin bis zu siebenmal an einem Tag von der einen Gruppe zur anderen gegangen und habe versucht, zu vermitteln. Auf beiden Seiten war die Skepsis groß und es gab kein Vertrauen. So bemühte ich mich um belastbare Zusagen auf beiden Seiten und um die Gründung einer neuen CDU in Sachsen.

Ich habe mindestens sechs, eher zehn führende Persönlichkeiten der Reformbewegung und der „Gruppe der 20" in die CDU aufgenommen, darunter Dr. Herbert Wagner, den Sprecher der „Gruppe der 20" und späteren Oberbürgermeister von Dresden, und Arnold Vaatz, Sprecher des „Neuen Forums" in der „Gruppe der 20", später der erste Chef der Staatskanzlei und stellvertretender Ministerpräsident in Sachsen und jetzt Bundestagsabgeordneter. Mit beiden bin ich bis heute befreundet. Beide wurden in ihren Gruppen heftig angegriffen wegen ihres Parteibeitritts. Viele haben erst später gemerkt, dass eine kontinuierliche Mitgestaltung in der Demokratie nur über Parteien möglich ist.

Am 3. März 1990 fuhr ich nicht zum 60. Geburtstag meines Freundes Heiner Geißler, sondern zum Gründungsparteitag der neuen CDU in Sachsen nach Dresden. Klaus Reichenbach, der spätere Staatssekretär in der Staatskanzlei von Ministerpräsident de Maizière, wurde zum Vorsitzenden gewählt. Arnold Vaatz hatte gegen ihn kandidiert. Das Gegeneinander, das ich verhindern wollte, führte zu neuem Misstrauen zwischen den „alten" und „neuen" Mitgliedern der CDU. Ich sprach auf diesem Parteitag über den geglückten Neuanfang nach 1945 bei uns und ich redete auf der großen Kundgebung im Anschluss an den Parteitag vor 10 000 Menschen und machte den Bürgern Mut für die Zukunft.

Nach Kräften unterstützten wir von Seiten der baden-württembergischen CDU die Freunde in Sachsen im Wahlkampf zur ersten freien Wahl. Die Abgeordneten unserer Fraktion, die zu Hause 40 oder 50 Zuhörer in einer Wahlversammlung haben, hatten in Sachsen alle 400 oder 500. Das Interesse und der Gesprächsbedarf waren riesengroß. Alle waren sehr zufrieden und alle knüpften Kontakte, die für die nächsten Jahre von großer Bedeutung waren.

Die CDU und ihre Partner haben die Volkskammerwahl in Sachsen gewonnen.

Die Zukunft, das war nicht nur eine neue demokratische Regierung für die DDR unter Lothar de Maizière, dem Vorsitzenden der Ost-CDU, sondern auch die Führung der neuen Länder. Für mich, einen überzeugten Föderalisten, war es eine große Freude, dass sich überall in der DDR, die bisher in 15 Verwaltungsbezirke aufgeteilt war, ein Bekenntnis zu den alten, in der braunen und roten Diktatur untergegangenen Ländern ergab. Die Bewegung zu einem Bundesland Sachsen kam von unten. Auf der Straße, bei den Demonstrationen und Versammlungen beobachtete ich, wie von Mal zu Mal grüne sächsische Landesfahnen auftauchten. Meine Gesprächspartner sagten mir, niemand wisse, wo sie herkämen. Man könne sie nicht kaufen. Die Bürger müssten sie über Jahrzehnte auf dem Speicher aufbewahrt haben. Es war eine Volksbewegung, die zu neuen Ländern führte. Die Menschen bekannten sich zur sächsischen Geschichte und zur Identität mit Sachsen.

Die CDU Sachsen brauchte einen qualifizierten Kandidaten für das Amt des Ministerpräsidenten für die kommende Landtagswahl. Bei der Suche des CDU-Landesvorstands war Lothar Späth eine entscheidende Hilfe. Er ging in letzter Minute auf Kurt Biedenkopf zu, und dieser sagte nach einer Nacht Bedenkzeit zu. Er war ein großer Wurf für Sachsen.

Für die Vorbereitung und Bildung des neuen Landes, das sich dann Freistaat nannte, hatte sicher – neben vielen – Arnold Vaatz ein Hauptverdienst. Er boykottierte mit seiner Gruppe die Vorschläge der Räte und Amtsträger des damaligen Regimes, er brachte den Entwurf einer eigenen Landesverfassung in die Diskussion ein. Er leitete die Vorbereitungskommission für den Aufbau einer Regierung und Verwaltung in der Übergangszeit bis zur Bildung des Landes und bis zur Landtagswahl. Er suchte qualifizierte Mitarbeiter und er war dem ersten Ministerpräsidenten ein guter Berater und Stellvertreter, der ihm die ganze Vorarbeit zur eigenen Entscheidung durch den Regierungschef, das Kabinett und das Parlament vorlegte.

Die Landesregierung von Baden-Württemberg hat sehr gute Hilfe geleistet. Es ist vor allem ein Verdienst des Ministerpräsidenten Lothar Späth und seines Chefs des Staatsministeriums, Staatssekretär Lorenz Menz. Alle Ministerien haben mitgeholfen. Aus Baden-Württemberg kamen 800 Beamte, die für zwei Jahre und länger beim Aufbau der Verwaltung auf allen Ebenen, der Gerichtsbarkeit und der Regierung halfen. Sie drängten sich nicht auf. Wenige blieben auf Dauer. Fast alle kamen mit großer Erfahrung und innerer Bereicherung aus einem einmaligen Einsatz in unser Land zurück.

Drei möchte ich beispielhaft für viele nennen, die in gleicher Weise Anerkennung verdient haben. Aber diese drei kenne ich besonders gut und lange schon. Lothar Späth kam vor der Wahl auf mich zu und sagte mir: „Du musst mir auch einen guten Mann für Sachsen geben. Er muss bei der Wahlvorbereitung mithelfen.“ Er denke an ein bis zwei Monate. Ich habe daraufhin mit meinem zweiten persönlichen Mitarbeiter bei der Fraktion, Erhard Weimann, gesprochen. Er war bereit und ich gab ihn für zwei Monate frei. Es sind inzwischen 19 Jahre geworden. Weimann wurde Fraktionsgeschäftsführer der neuen CDU-Landtagsfraktion in Sachsen und eine unverzichtbare Stütze für den Fraktionsvorsitzenden Hähle. Heute ist er Staatssekretär beim Ministerpräsidenten und Bevollmächtigter des Freistaats Sachsen in Berlin und Brüssel.

Viele Jahre war Hubert Wicker Parlamentarischer Berater der CDU-Landtagsfraktion. Er wurde Staatssekretär des Sächsischen Innenministeriums. Ich habe ihn später als Regierungspräsident nach Tübingen zurückgeholt. In seiner Heimat hat er eine genauso hervorragende Arbeit geleistet wie in Dresden. Heute ist er als Staatssekretär Chef des Staatsministeriums bei Ministerpräsident Oettinger.

Der dritte ist Eberhard Stilz. Er war von 1990 bis 1992 Staatssekretär im Sächsischen Justizministerium und hat schon vorher und dann in enger Abstimmung mit dem neuen Minister Steffen Heitmann, den ich auch aus der Wendezeit und der „Gruppe der 20“ gut kenne, die sächsische Justiz aufgebaut. Dann kam er zurück und war Abteilungsleiter bei mir im Staatsministerium. Heute ist er Präsident des Oberlandesgerichts Stuttgart und Präsident des Staatsgerichtshofs.

Der Einsatz unserer hauptamtlichen Beamten und Richter in Sachsen war großartig und erforderte auch viel Idealismus, denn die Familie blieb meist zu Hause und in Dresden hatte man ein Zimmer, wie ein Student.

Noch lobenswerter war der ehrenamtliche und uneigennützige Einsatz von Tausenden erfahrenen und kompetenten Leistungsträgern aus Baden-Württemberg in Sachsen. Ich denke an die vielen Städtepartnerschaften, die in den ersten Jahren Patenschaften waren. Viele Bürgermeister, Stadtbaumeister, Kämmerer und Beamte sind regelmäßig in die Partnerstadt zur Beratung gefahren. Viele Landräte und Amtschefs, Hauptgeschäftsführer von Handwerkskammern und Industrie- und Handelskammern, Leiter von Arbeitsämtern, Allgemeinen Ortskrankenkassen und Ersatzkassen, Vorstände von Sparkassen und Volksbanken und viele andere sind hinübergefahren und haben ihre Partnerinstitution mit aufgebaut und beraten. All dies erfolgte geräuschlos und effizient. Es war „öffentlicher Dienst" im besten Sinne, Dienst für das Gemeinwohl aus patriotischer Grundgesinnung.

Ich hatte stets Hochachtung vor dieser Leistung. Meine Grundeinstellung war: uneigennützig helfen, wo Hilfe gebraucht und gewünscht ist. Bereitwillig sich zurückziehen, sobald man spürt, dass keine Hilfe mehr nötig ist, weil unsere Partner ihre Aufgabe selbst bewältigen können. Die Kontakte bleiben, die Lebenserfahrung bleibt, und oft sind Freundschaften fürs Leben entstanden.

Wer diese Zeit erlebt hat – von der friedlichen Demonstration und Revolution auf den Straßen und Plätzen der DDR über die ersten freien Wahlen seit Jahrzehnten, über die Bildung neuer Länder in der Tradition ihrer Geschichte, bis zur Wiedervereinigung Deutschlands in Frieden und Freiheit – für den gehört sie zu den großen Ereignissen und bleibenden Eindrücken seines Lebens. Viele haben daran in wichtigen Funktionen mitgewirkt, vor allem auch Außenminister Genscher und Innenminister Schäuble. Das überragende Verdienst kommt aber sicher Helmut Kohl zu, dem Kanzler der deutschen Einheit. Er hat die Zeichen der Zeit erkannt und sie richtig gedeutet. Er hat die schmale geschichtliche Chance, die sich auftat, genutzt. Er hat den Menschen in der DDR Hoffnung gemacht, die Stimmung aber nicht aufgeheizt, sondern mit großer Besonnenheit geredet und gehandelt. Er hat in völlig ungeklärter nationaler und internationaler Lage mit seinem 10-Punkte-Programm Mut und Führungsstärke gezeigt. Er hat seine anfängliche Skepsis gegenüber Gorbatschow aufgegeben und ein Verhältnis des Vertrauens zu ihm aufgebaut. Jetzt zahlte es sich für ihn auch aus, dass er seit Jahren ein partnerschaftliches Verhältnis zu den Vereinigten Staaten und zur Europäischen Union gepflegt und alle unsere kleineren Nachbarländer in Europa auf gleicher Augenhöhe behandelt und unterstützt hatte. Nun unterstützten sie ihn. Der Präsident der Vereinigten Staaten, George Bush, der Präsident der Europäischen Kommission, Jacques Delors, alle Regierungschefs der kleineren Nachbarländer unterstützten Helmut Kohl auf dem Weg zur Wiedervereinigung Deutschlands im Unterschied zur britischen Premierministerin Margret Thatcher, die nach Camp David reiste, um Präsident Bush umzustimmen. Im Unterschied zu Präsident Mitterand, der lange zögerte und noch in der Wendezeit einen Staatsbesuch in der DDR machte und das sterbende Regime aufwertete, und der schließlich auch nach Kiew flog, um die Bedenken des sowjetischen Präsidenten gegen die Wiedervereinigung zu erfahren. Im Unterschied auch zum italienischen Ministerpräsidenten und Parteifreund Andreotti, der sagte, er liebe Deutschland so sehr, dass er sich zwei Deutschlands wünsche.

Helmut Kohl hat auch rechtzeitig erkannt, dass er sich mit den Reformkräften in der DDR verbinden muss und dass man nicht das dortige System halten oder stärken darf. Er hat in schwierigstem Umfeld und auf vielfach vermintem Gelände eigentlich alles richtig gemacht. Wer hätte je geglaubt, dass er in so kurzer Zeit die Zustimmung der Sowjetunion zu einem wiedervereinigten Deutschland als Mitglied der westlichen Verteidigungsgemeinschaft, als Mitglied der Europäischen Union und durch Beitritt zur Bundesrepublik Deutschland erreichen würde! Die Wiedervereinigung Deutschlands mit Grund- und Menschenrechten, mit Freiheit und Sozialer Marktwirtschaft für die Landsleute im Osten, die Ablösung der totalitären Herrschaft und eines Unrechtsstaates durch einen Rechtsstaat, ist wahrlich kein Betriebsunfall der deutschen Geschichte, sondern ein Glücksfall, wie er sich nur alle hundert Jahre einmal bietet. Aber genau diese Chance haben die Deutschen und ihre Regierung genutzt.

35.

Die Arbeit als Vorsitzender der CDU-Landtagsfraktion war für mich in jeder Hinsicht erfreulich. Sie hat mir große Gestaltungsmöglichkeiten eröffnet.

Ich war Abgeordneter mit Leib und Seele. Auch wenn beide Aufgaben meine letzte berufliche und politische Station gewesen wären, so wäre ich mit meinem Leben sehr zufrieden gewesen.

Ich habe Land und Leute kennen gelernt, weil ich Tag für Tag unterwegs war. Ich hielt CDU-Versammlungen, führte Einzelgespräche, hielt Vorträge bei Verbänden, Stiftungen, Kammern, Hochschulen, kirchlichen Einrichtungen.

Vor allem befriedigte mich der gute Geist in der Fraktion. Wir hatten nicht nur eine vertrauensvolle Zusammenarbeit, vielmehr sind Freundschaften fürs Leben entstanden.

Jeder Abgeordnete hatte seine Eigenart und auch seine persönlichen Ziele. Er war König in seinem Wahlkreis und er musste sich in Stuttgart in eine Gemeinschaft einbringen und einordnen. Die Integration und Koordination hat mir Freude gemacht.

Ich habe mich auch bemüht, die Ehegatten in die Fraktion einzubeziehen. Wir haben nach Stuttgart und ins ganze Land zu kulturellen und geselligen Anlässen eingeladen.

Höhepunkte, auf die ich noch heute immer wieder angesprochen werde, waren die Fraktionsreisen am Ende einer Legislaturperiode. Sie sollten auch eine Belohnung sein für die vierjährige Arbeit und ein Abschiedsgeschenk für die ausscheidenden Kollegen. Wir haben sie selbst bezahlt und sie waren etwas wert.

Wir waren, wie bereits erwähnt, in Israel. Vier Jahre später waren wir in Madrid und Kastilien, in Toledo, Avila, Segovia und im Escorial. Der Weg führte uns nach Galicien und Portugal über Santiago de Compostela, Braga, Coimbra, Batalha bis nach Lissabon. Nach einer weiteren Legislaturperiode besuchten wir Rom und Apulien. In Rom hatten wir eine Audienz bei Papst Johannes Paul II. für die Fraktion. Er hielt eine Ansprache an uns und begrüßte jeden Abgeordneten und auch die Ehegatten sowie alle Fraktionsmitarbeiterinnen und -mitarbeiter persönlich. Fotos finde ich noch in jeder Wohnung, wenn ich einen Kollegen besuche.

Zur Halbzeit einer Legislaturperiode machten wir eine Informationsreise in den Norden der damaligen DDR, nach Schwerin, Rostock, Greifswald, Rügen, Wismar und weiter nach Quedlinburg, Halberstadt, Eisenach und die Wartburg. Vier Jahre später nach Ostberlin, in den Spreewald nach Dresden, Meißen, Leipzig, Chemnitz, Halle, Erfurt, Weimar, Gotha, Wittenberg. Bei beiden Reisen haben wir nicht einen einzigen offiziellen Kontakt gehabt. Wir wollten Land und Leute kennen lernen. Denn wie könnte man den Gedanken und die Sehnsucht auf eine Wiedervereinigung aufrecht erhalten, wenn man nie die großartigen Städte und Landschaften Ostdeutschlands gesehen hat. Neben unserer Reiseführerin hatten wir in jedem der drei Busse einen „offiziellen Begleiter". Wir wussten, wohin er gehört. Nach der Wiedervereinigung habe ich mir meine Stasi-Akte kommen lassen. Darin fand ich dann alle Berichte, die er von Tag zu Tag über unsere Reise geschrieben hatte.

Die erlebnisreichen Fraktionsreisen haben viel zum inneren Zusammenhalt unserer Fraktion beigetragen. Sie vermittelten uns bleibende Eindrücke deutscher und europäischer Kultur und Geschichte.

36.

Wenige Tage vor Weihnachten 1990 schlug es wie ein Blitz aus heiterem Himmel ein. Der Süddeutsche Rundfunk und einige Zeitungen berichteten über Urlaubsreisen des Ministerpräsidenten, die angeblich auf Einladung eines Unternehmers erfolgt seien. Im Zusammenhang mit einem Gerichtsverfahren wegen Steuerhinterziehung gegen den Vorstandsvorsitzenden der SEL, Helmut Lohr, kamen Meldungen über einen Segeltörn im Mittelmeer mit Lothar Späth und seiner Familie. Andere Zeitungen schrieben es teils ab oder brachten Ergänzungen mit neuen Vorwürfen. Ich habe das anfangs nicht ernst genommen, weil ich aus jahrelanger Kenntnis Lothar Späth nicht für bestechlich hielt. Natürlich pflegte er vielfältige Kontakte zu Repräsentanten der Wirtschaft. Aber das war in einem Industrieland wie Baden-Württemberg auch seine Pflicht. Ich habe das auch in einer von mir verfassten Presseerklärung öffentlich gemacht und mich hinter Lothar Späth gestellt. Ihm selbst habe ich unter vier Augen gesagt, dass ich zu 100 Prozent hinter ihm stehe. Er könne sich darauf verlassen. Wenn ich nicht mehr zu 100 Prozent hinter ihm stehen könne, würde ich es ihm sagen, denn man könne sich nicht zu 80 oder zu 40 Prozent hinter eine Person stellen, sondern nur ganz oder gar nicht. So sind wir auch vor Weihnachten auseinandergegangen. Erstmals hat mich Ende des Jahres beunruhigt, dass sich die Sache nicht verlief, sondern fast täglich neue Nahrung fand. Natürlich war die Opposition aufgesprungen, sprach von einer Traumschiffaffäre und forderte einen Untersuchungsausschuss.

Über Dreikönig wollte ich einige Tage Urlaub im Land machen. Aber am Montag 7. Januar ließ es mir keine Ruhe mehr. Ich bestellte keinen Fahrer, sondern fuhr am Morgen mit dem Zug inkognito nach Stuttgart und mit einem Taxi unangemeldet ins Staatsministerium. Dort traf ich den Ministerpräsidenten mit einigen Beratern seines Hauses an. Wir führten ein Vieraugengespräch, in dem ich Lothar Späth sagte, dass ich hundertprozentig zu ihm stehe, ihm aber auf Grund früherer Erfahrungen einen dringenden Rat geben wolle. Ich hätte mehrfach Rücktritte erlebt, nicht wegen des zugrunde liegenden Sachverhalts, sondern wegen der Einlassungen auf diesen Sachverhalt. Ich riet ihm, alles von sich aus auf den Tisch zu legen, was er selbst wisse. Wenn Magazine aus Hamburg und Rundfunkanstalten mit guten Archiven und vielen Redakteuren recherchierten, dann komme ohnehin alles heraus. Er solle selbst sagen, was er wisse und nichts auslassen, dann könne nicht mehr nachgeladen werden und die Sache verlaufe sich nach 48 Stunden. Lothar Späth sagte mir, er wolle sich in einer Pressekonferenz am Nachmittag genau so verhalten.

Aber leider zog sich in den nächsten Tagen die Sache hin. Am Vormittag des Freitag 11. Januar traf ich Lothar Späth erneut. Ich versicherte ihm, dass ich noch voll hinter ihm stehe. Aber er sagte mir, dass er nicht mehr voll stehe. Die Sache belaste vor allem auch seine Familie. Er bat mich, ein von ihm vorgesehenes Mittagessen für die ausscheidenden CDU-Bundestagsabgeordneten zu übernehmen, damit er einmal einige Stunden Zeit habe, über alles mit seiner Familie zu sprechen.

Am Nachmittag flogen wir, der Ministerpräsident, seine Familie und ich gemeinsam mit dem Hubschrauber zum Empfang aus Anlass des 60. Geburtstages von Minister Gerhard Weiser nach St. Leon-Rot. Beide waren wir Gerhard Weiser und seiner Frau eng verbunden. Wir blieben einige Stunden und machten uns dann getrennt auf den Weg nach Heilbronn. Dort fand um 19 Uhr der Neujahrsempfang des Ministerpräsidenten in der Harmonie mit über 2000 Gästen statt. Meine Frau und ich kamen nicht einmal vom Foyer in die Halle, weil wir von Journalisten umringt wurden.

Ich gab Lothar Späth Rückhalt, so wie ich es auch am Vormittag mit einer neuen Pressemitteilung getan hatte. Der Ministerpräsident hielt eine lockere Neujahrsansprache und kam sehr gut an. Er erhielt nicht Höflichkeitsbeifall, sondern man spürte breite und starke Zustimmung. Ich dachte mir: Jetzt hat er es geschafft, jetzt hält er durch, wenn er spürt, dass die Menschen hinter ihm stehen.

Für Sonntag war um 15 Uhr das Präsidium der CDU Baden-Württemberg und für 17 Uhr der Landesvorstand nach Isny in den Jägerhof eingeladen. Die Termine hatten nichts mit den Vorwürfen zu tun. Vielmehr begannen wir unsere Arbeit jedes Jahr mit einer Klausurtagung von eineinhalb Tagen. Ich war sicher, dass beide Gremien Lothar Späth ihr Vertrauen aussprechen würden. Er wollte sich bei mir bis zum Sonntagmorgen melden und mir sagen, wie er die Sache sieht. Weil ich keinen Anruf bekam, wollte ich ihn auch nicht anrufen, da ich ihn in keiner Weise bedrängen wollte. So bin ich zweieinhalb Stunden nach Isny gefahren und habe mich als stellvertretender Landesvorsitzender auf eine Rückhaltserklärung für Lothar Späth und einen entsprechenden Antrag vorbereitet. Als ich dann aber am Jägerhof ankam, wurde mir die Autotür aufgerissen und vor laufender Kamera wurde ich gefragt, was ich zum Rücktritt von Lothar Späth sagen würde. Ich sagte spontan und wahrheitsgemäß, ich wisse nichts von einem solchen Rücktritt. Dann sagte man mir, der Ministerpräsident habe für die gleiche Uhrzeit, zu der in Isny die Sitzung beginnen würde, zu einer Pressekonferenz in die Villa Reitzenstein eingeladen. Das sei doch nicht anders zu deuten.

Ich zog mich ins Hotel zurück und bekam dort einen Anruf von Lothar Späth. Er sagte mir, dass er sich entschlossen habe, zurückzutreten. Er bat mich um Verständnis und darum, dass ich die beiden Sitzungen in Isny leiten möge. Ich war tief betroffen und begab mich in den Kreis der bereits anwesenden Freunde. Ich informierte sie und alle waren schockiert. Wir unterhielten uns, führten aber keine förmliche Sitzung durch. Die später angereisten Freunde erhielten die Nachricht bereits über das Autoradio.

Ich hiel dann eine Pressekonferenz, bedauerte den Rücktritt des erfolgreichen Ministerpräsidenten und CDU-Landesvorsitzenden. Ich dankte ihm für seine gute Arbeit, seine Bürgernähe und seine Wahlerfolge über viele Jahre. Nachdem ich die Einberufung der Fraktion und des Landesvorstandes für die kommende Woche zu Sondersitzungen in Stuttgart angekündigt hatte, verließen wir Isny. Meine Sekretärin hatte ich telefonisch aus Isny noch gebeten, die fünf Mitglieder des Geschäftsführenden Fraktionsvorstandes der CDU-Landtagsfraktion telefonisch für den gleichen Abend zu einer Sondersitzung in den Landtag einzuberufen. Ich fuhr dann bei starkem Schneefall von Isny Richtung Stuttgart. 20 bis 30 Kilometer fuhren wir hinter einem Räumfahrzeug her und konnten es nicht überholen. Auch die Autobahn war spiegelglatt. Deshalb kam ich mit großer Verspätung in Stuttgart an. Alle Stellvertreter waren bereits da. Sie sagten mir, es sei gerade recht gewesen, dass ich zu spät komme. So hätten sie untereinander und ohne mich die Lage erörtern können. Sie seien einstimmig der Meinung, ich solle die Aufgabe des Ministerpräsidenten übernehmen und man solle baldmöglichst in der Fraktion wählen und den Landesvorstand beteiligen. Die Fraktion erwarte nun, dass sie nicht nur über die Medien informiert, sondern baldmöglichst beteiligt werde. Ein schnelles Handeln sei auch nötig, weil wir uns angesichts der bevorstehenden Landtagswahl keine lange Hängepartie leisten könnten. Ich solle die Fraktion morgen früh telefonisch zu einer Sondersitzung auf den gleichen Nachmittag einladen. Der Fraktion solle man vorschlagen, am Mittwoch 16. Januar in einer ordentlichen Sitzung um 15 Uhr den Kandidaten der CDU für das Amt des Ministerpräsidenten zu wählen. Davor solle um 14 Uhr der Landesvorstand zum gleichen Thema tagen. Die für den 16. und 17. Januar geplante Klausurtagung der Fraktion in Titisee zu Beginn der Jahresarbeit wurde abgesagt.

Da sich die Ereignisse überschlugen, fuhr ich spätnachts noch nach Hause, weil ich mit meiner Frau die neue Situation besprechen wollte, bevor es am nächsten Morgen in Stuttgart zu weiteren Gesprächen kam.

Am nächsten Morgen führte ich zuerst ein Gespräch mit Oberbürgermeister Manfred Rommel. Er sagte mir von sich aus, dass er für eine Kandidatur nicht zur Verfügung stehe, sondern der Meinung sei, dass ich die Aufgabe übernehmen müsse. In einem Telefongespräch mit Wolfgang Schäuble, der nach dem Attentat auf ihn noch in Langensteinbach zur Behandlung war, ermutigte dieser mich ebenfalls zur Kandidatur. Dann hatte ich noch ein gutes Gespräch mit Lothar Späth. Er dankte mir für meine Haltung. Das tat er später auch noch in einem Brief. Er wünschte mir alles Gute. Am Nachmittag informierte ich die Fraktion über den ganzen Vorgang. Nachdem der Geschäftsführende Fraktionsvorstand seine Meinung vorgetragen hatte, erklärte ich die Bereitschaft zur Kandidatur.

Ein Kollege sprach am nächsten Morgen zwei geeignete Persönlichkeiten auf eine Kandidatur an. Beide sagten ihm aber ab und empfahlen meine Kandidatur. Ich war also der einzige Kandidat für den Mittwoch.

Mich beschäftigte immer noch mehr die Situation von Lothar Späth und seiner Familie als meine eigene. Lothar Späth hat sich als Ministerpräsident in einem rastlosen Einsatz und einer erfolgreichen Arbeit um unser Land verdient gemacht.

37.

Am Mittwoch 16. Januar 1991 wählte mich die CDU-Landtagsfraktion in geheimer Wahl mit 62 Ja-Stimmen bei 2 Nein-Stimmen und keiner Enthaltung zum Kandidaten für das Amt des Ministerpräsidenten. Es war ein überwältigendes Vertrauensvotum, eine große Anerkennung für 13 Jahre Fraktionsvorsitz, ein Zeichen, dass mir die Kolleginnen und Kollegen der Fraktion das neue, höchste Staatsamt zutrauten. Für mich bedeutete das eine gewaltige Verpflichtung.

Zuvor hatte mir der Landesvorstand der CDU Baden-Württemberg in einer Sondersitzung einstimmig das Vertrauen für das hohe Amt ausgesprochen. Mit Bescheidenheit und Gottvertrauen wollte ich an die neue Aufgabe gehen.

Am Abend des 17. Januar stellte ich mich den Bürgerinnen und Bürgern unseres Landes in einem einstündigen Fernsehinterview des Süddeutschen Rundfunks vor.

Am 22. Januar wurde ich im Landtag von Baden-Württemberg mit 71

Stimmen zum Ministerpräsidenten unseres Landes gewählt und anschließend vereidigt.

Es waren fünf Stimmen mehr als die Gesamtzahl der Stimmen der CDU-Fraktion. Auch dies war ein schöner Vertrauensbeweis und eine gute Basis für den Start.

Am Abend bereiteten mir meine Mitbürgerinnen und Mitbürger in Spaichingen einen überwältigenden Empfang. Er erinnerte mich an den Bürgerempfang vor 27 Jahren am Abend meiner Wahl zum Bürgermeister. Ich konnte nicht ahnen, dass sich ein so großartiger Empfang durch die Bürgerschaft noch einmal wiederholen würde.

Ich hielt eine spontane Ansprache. Aus deren Tonbandaufzeichnung möchte ich einige Sätze zitieren: „Ich weiß nicht, ob jeder Tag im Amt des Ministerpräsidenten so schön ist wie der heutige. Der heutige aber ist ein wirkliches Fest. Angefangen von der überzeugenden Wahl im Landtag und abgeschlossen und gekrönt durch diesen herzlichen Empfang, den Sie meiner Frau, meiner Familie und mir heute Abend bereiten."

Über meine neue Aufgabe sagte ich: „Über den Tag hinausschauen. Versuchen, die Herausforderungen der Zeit zu erkennen. Trotz aller menschlichen Unzulänglichkeiten nicht die Fragen vermehren, sondern versuchen, Antworten zu geben auf die Sorgen und Nöte der Menschen. Sich vor allem um diejenigen kümmern, die keine mächtigen Anwälte haben. Überhaupt nicht danach zu fragen, ob man von einem

Mitbürger gewählt worden ist oder nicht. Der Bürgermeister ist für alle da, ein Abgeordneter ist für alle da und erst recht ist ein Ministerpräsident für alle da, die ihn brauchen ... Wir Menschen sind nicht auf der Welt, um zu lamentieren, sondern wir sind auf der Welt, um auf dem Platz, auf den wir gestellt sind, unser Bestes zu geben. Wenn ich eine Eigenschaft habe, die ich besonders liebe, dann ist es die, dass ich gestalten möchte. Wenn ich ein Problem sehe, dann lässt es mich nicht ruhen, dann will ich mich nicht draußen halten, sondern dann will ich wenigstens einen kleinen bescheidenen Beitrag leisten, dass das Problem teilweise oder ganz gelöst wird. Das wird der große Reiz sein am Amt des Ministerpräsidenten von Baden-Württemberg."

Mit dieser Grundeinstellung ging ich ans Werk.

Am nächsten Tag begrüßte ich meine neuen Mitarbeiterinnen und Mitarbeiter im Staatsministerium. Ich versammelte sie nicht im Empfangsraum der Villa Reitzenstein, sondern im Vorraum und Treppenhaus, in dem die Büste des früheren württembergischen Staatspräsidenten Eugen Bolz steht. Er wurde von den Nazis aus dem Amt gejagt und nach dem 20. Juli 1944 in Plötzensee hingerichtet. In der Tradition dieses aufrechten Mannes und großen Demokraten wollte ich mein Amt beginnen.

Am Nachmittag besuchte ich den Oberbürgermeister der Landeshauptstadt Stuttgart im Rathaus und trug mich in das Goldene Buch der Stadt Stuttgart ein. Ich stellte die große Bedeutung Stuttgarts und der Region für die Entwicklung des ganzen Landes Baden-Württemberg heraus und bot dem Oberbürgermeister und dem Gemeinderat eine vertrauensvolle Zusammenarbeit an. Ich sagte auch, dass ich ein emotionales Verhältnis zur Landeshauptstadt habe.

Die folgenden Tage galten ausschließlich der Regierungsbildung. Ich habe jeden einzelnen Abgeordneten, den ich zum Minister oder Staatssekretär berufen wollte, zu einem wenigstens einstündigen Gespräch empfangen, um mit ihm auch inhaltliche Gestaltungsfragen aus seiner Sicht und aus meiner Sicht zu erörtern. Auch mit Lothar Späth und den Oppositionsführern Dieter Spöri, Walter Döring und Rezzo Schlauch habe ich gesprochen. Am 30. Januar stellte ich in einer Plenarsitzung mein Kabinett vor und erhielt dafür die Zustimmung des Landtags.

Randvoll waren die Tage danach mit Antrittsbesuchen beim Bundespräsidenten Richard von Weizsäcker, bei Bundeskanzler Helmut Kohl in Bonn sowie beim bayerischen Ministerpräsidenten Max Streibl in München, vor allem aber mit der Vorbereitung der Regierungserklärung. Sie war nicht nur zu formulieren, sondern inhaltlich vorzubesprechen. Ich führte Gespräche mit Ministern und Beamten des Hauses, aber auch mit Repräsentanten der Kommunalen Landesverbände und der Wirtschaft und mit dem Präsidenten des Rechnungshofes.

Am 5. Februar 1991 kam die erste Steuerschätzung meiner Amtszeit. Es war die erste seit vielen Jahren, die nach unten ging mit großen Ausfällen bei den Steuereinnahmen. Ich habe von Steuerschätzung zu Steuerschätzung jedes halbe Jahr während meiner ganzen Amtszeit nichts anderes mehr erlebt. Eine Steuerschätzung nach unten folgte der anderen. Nach jeder neuen Steuerschätzung gab es eine ganze Serie von Besprechungen und Sitzungen über Kürzungslisten und Einsparungen und Nachtragshaushalte. Einen erheblichen Teil meiner Zeit musste ich für Beratungen, Abwägungen und Entscheidungen über Haushaltskürzungen einsetzen. Natürlich gibt es schönere Aufgaben und natürlich habe ich meinen Vorgänger und später meinen Nachfolger beneidet, weil sie viele Jahre sprudelnde Steuereinnahmen hatten und aus dem Vollen schöpfen konnten. Aber es macht keinen Sinn, solchen Zeiten nachzutrauern, sondern man muss sich in der Zeit bewähren, in die man hineingestellt wird.

Also waren die Tage zwischen der Regierungsbildung und der Regierungserklärung angefüllt mit Kürzungsrunden. Ich konnte leider nicht alles auf der Tagesordnung lassen und verwirklichen, was vor mir angekündigt wurde. Ich musste kürzen. Ganze Projekte musste ich schieben oder streichen, leider auch im Kunstbereich. Das war besonders unangenehm, weil ich wusste, dass ich sofort das Umhängeschild „Kunstbanause" umgehängt bekommen würde. Ich bin deshalb, auch in diesem Bereich, mit großer Sorgfalt vorgegangen und habe mich auch mit sachverständigen Bürgern aus der Kunst- und Kulturszene beraten. Das vorläufige Ergebnis war, dass ich den Neubau der Musikhochschule in Stuttgart, eine Filmakademie in Ludwigsburg und ein Zentrum für Kunst und Medientechnologie in Karlsruhe trotz der veränderten Haushaltslage verwirklichen wollte, aber leider eine Theaterakademie in Stuttgart und eine Popakademie in Mannheim streichen oder auf lange Zeit verschieben musste.

Die Haushaltslage verschlechterte sich nicht nur durch Mindereinnahmen an Steuern, sondern auch durch erhebliche Mehrausgaben für die neuen Länder nach der Wiedervereinigung Deutschlands. Wir hatten also einen sehr viel kleineren Handlungsspielraum als bisher. Darauf hatte ich die Bürgerinnen und Bürger in meiner ersten Regierungserklärung vorzubereiten. Der große Physiker und Philosoph Carl Friedrich von Weizsäcker hat mir dazu Mut gemacht mit dem Satz: „Das demokratische System, zu dem sich unser Staat bekennt, beruht auf der Überzeugung, dass man den Menschen die Wahrheit sagen kann." Genau das hatte ich mir vorgenommen, sogar ein Jahr vor der nächsten Wahl.

38.

Meine Politik für Baden-Württemberg in der Regierungserklärung vom 26. Februar stellte ich unter die Überschrift: „Heimatverbunden und weltoffen – Für eine solidarische und offene Gesellschaft".

Meine erste Regierungserklärung habe ich in einer Situation abgegeben, die sich gegenüber dem Vorher weltpolitisch, bundespolitisch und landespolitisch grundlegend verändert hatte. Das zentrale weltpolitische Ereignis waren die historischen Veränderungen in der Sowjetunion, in Osteuropa und im anderen Teil Deutschlands. Sie haben für viele Menschen die Freiheit und für viele Völker die Selbstbestimmung gebracht. Der Kalte Krieg war vorbei, die Nachkriegszeit beendet, der Ost-West-Konflikt überwunden, der Warschauer Pakt aufgelöst, die Abrüstung auf gutem Weg. Deutschland war mit Zustimmung aller Nachbarn friedlich vereint und nur noch von Freunden umgeben. Unser Land blieb Mitglied der Europäischen Union und der westlichen Gemeinschaft.

Der Geist der Stunde wurde genutzt. Außenpolitisch hatte Deutschland die Bewährungsprobe bestanden. Innenpolitisch aber stand nach der Wiedervereinigung die große Bewährungsprobe erst noch bevor. In Osteuropa herrschte das pure Elend für viele Menschen und viele machten sich auf den Weg nach Westen. Die Asylbewerberzahlen stiegen explosionsartig.

Solidarität nach innen und außen war gefragt. Das würde viel Geld kosten, aber es werde billiger sein als der Kalte Krieg, viel billiger als der heiße Krieg zuvor und auch billiger als eine Völkerwanderung von Osteuropa nach Westeuropa.

Nur mit einer gewaltigen Anstrengung würden wir den Aufbau der fünf neuen Länder schaffen. Hilfe und Opferbereitschaft seien gefordert. Ich nannte konkrete Zahlen: Schon in diesem Jahr seien 240 Millionen und 750 Millionen als Zusatzbelastung für Baden-Württemberg zu erwarten. Sie würden voraussichtlich ab 1994 auf über 1,3 Milliarden Mark steigen. Das Land werde seine Prioritäten neu bestimmen müssen. Vorhaben und Planungen müssten zur Disposition gestellt werden, deren Realisierung noch vor kurzem als sicher angesehen wurde. Wir könnten nicht einfach in eine höhere Verschuldung ausweichen. Diese veränderten Daten solle jeder Abgeordnete und jeder Bürger und jeder Verbandsvertreter vor Augen haben.

Ich habe dann als Ziele und Schwerpunkte unserer Arbeit benannt: „Kinder sind das Beste, was wir haben". Deshalb Bildungspolitik in Schule und Hochschule, Familienpolitik, ein Landeserziehungsgeld, Erziehungsurlaub mit Wiederbeschäftigungsgarantie für 3 Jahre, Vollversorgung mit Kindergartenplätzen, verlängerte Öffnungszeiten für Ganztagsbetreuung, Modell Mutter und Kind, Kinderhorte, Zukunftschancen für die junge Generation in Berufsschule und Berufsausbildung.

Ich sagte, dass wir in Deutschland die ältesten Berufsanfänger und die jüngsten Rentner hätten. Diese Rechnung gehe nicht mehr auf. Deshalb habe ich mich in allen Jahren meiner Regierung für eine Verkürzung der Schulzeit, der Ausbildungszeit und der Studienzeit ausgesprochen und für die Abschaffung der Frühverrentung gekämpft.

Die herausragende Leistung der Wirtschaft habe ich ebenso gewürdigt wie die Qualität der Forschung. Ich habe mich zur Sozialen Marktwirtschaft bekannt und die Ausweitung zur Ökologischen Marktwirtschaft angekündigt.

Ein großes Defizit für die Bedürfnisse der Wirtschaft und der Bürger sah ich im mangelhaften Ausbau der Autobahnen und Bundesfernstraßen in Baden-Württemberg. Das ist zwar ein Defizit der Bundespolitik gewesen, aber Landespolitik muss in der Verkehrspolitik ein klares Zukunftskonzept haben, Bundesfernstraßen rechtzeitig planen, die Planungen gegen vielfältigen Widerstand durchsetzen und dann mit allem Nachdruck den Bund zum Ausbau der Verkehrsinfrastruktur drängen.

Verkehrspolitik war bisher immer ein Anhängsel an anderen Ministerien. Ich wollte die Verkehrspolitik in den Mittelpunkt rücken und habe deshalb ein eigenes Verkehrsministerium neu geschaffen und mit einem qualifizierten jungen Abgeordneten und erfolgreichen Oberbürgermeister, Thomas Schäuble, besetzt. Er sollte sich hauptberuflich für eine dynamische Verkehrspolitik für Baden-Württemberg einsetzen.

Auch die Bildung eines eigenen Bundesrats- und Europaministeriums und die Bildung einer eigenen Frauenabteilung im Sozialministerium sowie eine eigene Forschungsabteilung im Wissenschaftsministerium wurden angekündigt und eingerichtet. Damit waren ganz klar die Schwerpunkte Frauenpolitik, Forschungspolitik, Verkehrspolitik und Europapolitik festgelegt.

Den Ausbau der Fachhochschulen und Berufsakademien wollte ich durch zusätzliche Studienplätze erreichen.

Ich sprach den drohenden Verkehrskollaps auf den Bundesfernstraßen unseres Landes an und kündigte nachdrücklich beim Bund Vorstellungen für den Ausbau der Autobahnen und für neue West-Ost-Verbindungen von Freiburg über Donaueschingen nach Ulm und von Lörrach über Waldshut und Stockach nach Konstanz und Lindau an. Den Ausbau und die Förderung des Personennahverkehrs sprach ich als wichtige Zukunftsaufgabe an.

Ich wollte, dass wir alle die Folgen des Geburtenrückgangs und der demografischen Entwicklung begreifen und zu einer Kultur des Einanderhelfens für ältere Mitbürger entwickeln. Im Einzelnen durch die Einführung einer Pflegeversicherung, durch den flächendeckenden, bedarfsgerechten Ausbau der Sozialstationen, von Altenheimen, Altenpflegeheimen und Einrichtungen des betreuten Wohnens, durch Ausbildungsplätze für Altenpflegerinnen und Altenpfleger, durch die Anerkennung von persönlichen Pflegeleistungen in der Familie. Insgesamt sollten wir uns mit der sozialen Not von Menschen, von Einsamen und Behinderten befassen, freiwillige, ehrenamtliche Nachbarschaftshilfe und soziale Dienste aufbauen, durch soziale Gesinnung und mitmenschliches Verhalten zu einer Gesellschaft mit menschlichem Gesicht kommen.

Ich habe mich eingesetzt für eine echte Gleichberechtigung der Frauen, für den Schutz des Lebens, für mehr Wohnungen, für die Bereitstellung bezahlbaren Baulands.

Mein Bekenntnis zur Förderung von Kunst und Kultur wollte ich nicht bei Worten belassen, sondern mit dem Bau und der Förderung von einem ganzen Dutzend von Projekten belegen. Ich habe aber auch offen gesagt, was nicht geht.

Die Entwicklung des ländlichen Raumes und die Förderung der Landwirtschaft war mir ein so großes Anliegen wie konkrete Aufgaben des Tierschutzes, des Naturschutzes, des Umweltschutzes, der Gewässerreinhaltung, der Abfallwirtschaft, der Ökologie insgesamt.

Aus ganzer Überzeugung habe ich mich für die kommunale Selbstverwaltung ausgesprochen; und auch für die Integration der ausländischen Mitbürger, die rechtmäßig hier leben und bei uns bleiben wollen. Ich habe mich für das Asylrecht für Verfolgte eingesetzt, aber auch klar gesagt, dass wir die Armutsprobleme der Welt nicht lösen können durch Einwanderung nach Deutschland und Europa.

Dem „Prinzip Verantwortung“ von Hans Jonas habe ich das „Prinzip Hoffnung“ von Ernst Bloch zur Seite gestellt und seine Gedanken des „Umbaus der Welt zur Heimat“ uns zur gemeinsamen Aufgabe gestellt.

Mit all diesen Aussagen nahm ich mich selbst in die Pflicht. Ich habe mit jedem Satz mehr begriffen, welche Verantwortung ich mir aufgeladen hatte. „Der Ministerpräsident bestimmt die Richtlinien der Politik und trägt dafür die Verantwortung.“ Dieser Satz aus unserer Verfassung ist mir in neuer Weise aufgegangen. Mehr als je war mir klar, dass dies alles nur in einer Gemeinschaftsleistung von Regierung und Parlament, von Wirtschaft und Wissenschaft, von Schule und Hochschule, von Bürgerinnen und Bürgern zu meistern ist. Ich wollte führen durch das Wort.

39.

Natürlich brachte die neue Aufgabe auch die Notwendigkeit einer stärkeren Präsenz in Bonn, die Mitgestaltung der Bundespolitik und die nachdrückliche Vertretung der Interessen unseres Landes Baden-Württemberg mit sich.

Schon bisher hatte ich die Bundespolitik aufmerksam verfolgt und mich immer wieder zu wichtigen Fragen, wie der Sicherung der Arbeitsplätze, der Förderung der Wirtschaft, einer stärkeren Hilfe für die Familien, einer konsequenten Umweltpolitik öffentlich zu Wort gemeldet. Ich war auch seit Jahren Mitglied des Bundesvorstandes der CDU und hatte mich an den Beratungen aktiv beteiligt. Aber jetzt nahm ich an internen Gesprächen mit dem Bundeskanzler, an den Ministerpräsidentenkonferenzen und an den Präsidiumssitzungen der Bundes-CDU teil. Die Einflussmöglichkeit wurde größer und damit auch die Verantwortung.

Will man sich bundespolitisch profilieren, so muss man sich gegen eigene Bundespolitiker oder gegen wichtige Vorhaben der eigenen Bundesregierung öffentlich äußern. Dann wird man als Gesprächspartner für die Presse ein gefragter Mann. Schlagzeilen macht man nicht mit Zustimmung zu wichtigen Projekten, sondern mit Kritik an den eigenen Leuten. Es gehört nicht sehr viel Einsicht und Erfahrung mit dem politischen Geschäft und der Medienwirklichkeit dazu, um dies zu erkennen. Ich bin den unbequemeren, aber einflussreicheren und erfolgreicheren Weg gegangen. Wenn ich ein Anliegen des Landes hatte, habe ich mit dem zuständigen Bundesminister gesprochen. Beim Bundeskanzler hatte ich innerhalb einer Woche einen Termin für ein einstündiges Gespräch. Warum sollte ich mich gegen die eigenen Leute stellen, wenn ich im persönlichen Gespräch eine begründete Meinung durchsetzen konnte und Unterstützung fand. Ich hatte ja auch umgekehrt erwartet, dass meine Gesprächspartner auf Landesebene sich so verhalten. Nur so entsteht ein Vertrauensverhältnis, das auch in kritischen Situationen belastungsfähig ist.

Mit Helmut Kohl, der Mannheim und Heidelberg, die Kurpfalz und Karlsruhe, Nordbaden und unser ganzes Land kannte wie sein eigenes Heimatland, hatte ich seit seiner Zeit als Ministerpräsident von Rheinland-Pfalz ein gutes Verhältnis und regelmäßig Kontakt. Ich habe ihn schon beim ersten Bundesparteitag, als er zum Bundesvorsitzenden kandidierte, gewählt und ich bin auch in kritischen Situationen zu ihm gestanden. Bei ihm stimmte das Koordinatensystem. Er dachte in geschichtlichen Zusammenhängen und war in Grundsatzfragen verlässlich, ein Christdemokrat in der großen Tradition der Christdemokraten der Nachkriegszeit und der Vorkriegszeit.

Er war ein Freund und guter Nachbar Frankreichs, ein großer Europäer und ein verlässlicher Partner des Westens. Ich hatte ein Verhältnis des Vertrauens zu ihm, aber nicht der blinden Gefolgschaft. Kritik äußerte ich unter vier Augen und in Gremien und, wenn es notwendig schien, auch in der Öffentlichkeit. Das war beispielsweise der Fall, als er Heiner Geißler als Generalsekretär abberufen hat. Heiner Geißler hatte neben dem Vorsitzenden, der als Bundeskanzler eine Koalitionsregierung führen musste und sich ganz auf die Schwerpunkte der nationalen und internationalen Politik zu konzentrieren hatte, der CDU ein Programm und Profil gegeben und unsere Linie auch öffentlich und offensiv vertreten und so viel zu unseren Wahlerfolgen beigetragen.

Die Kritik, die ich an ihm übte, hat Helmut Kohl getroffen. Aber er hat sie hingenommen und es hat das gute Verhältnis nicht belastet. Vielmehr hat er mich zur Kandidatur um das Amt des stellvertretenden Bundesvorsitzenden der CDU aufgefordert. Ich wurde auf Bundesparteitagen gewählt und wiedergewählt und habe diese Aufgabe bis zum Ende seiner Kanzlerschaft wahrgenommen. Mein gutes persönliches Verhältnis zu Helmut Kohl ist ungebrochen bis zum heutigen Tag.

40.

Die ersten Monate meiner Amtszeit als Ministerpräsident waren, neben vielen Terminen im Land, belastet durch die Sparpolitik, durch Kürzungen in allen Bereichen.

Sehr bald kam ein Sonderproblem mit verheerenden Folgen: die starke Zunahme von Asylbewerbern. Die Menschen kamen vor allem aus Osteuropa, wo die wirtschaftliche Lage nach der Zeitenwende verheerend war. Viele gingen über die Grenzen nach Westeuropa, vor allem aber nach Deutschland, weil wir das weitestgehende Asylrecht und die höchsten Leistungen zum Lebensunterhalt hatten.

Unser Asylrecht im Grundgesetz war nur zu erklären durch unsere Geschichte, durch die Verfolgung von Menschen in der Zeit des Nationalsozialismus, durch die Aufnahmebereitschaft und das Asyl für verfolgte Deutsche in anderen Ländern der Welt. Unser Asylrecht war jedoch nicht dem Ansturm von Menschen gewachsen, die nicht politisch verfolgt waren, aber in Armut und ohne Zukunftschancen lebten. Niemand konnte an der Grenze abgewiesen werden. Jeder hatte einen Anspruch auf rechtsstaatliche Prüfung in einem langen Verfahren durch mehrere Verwaltungs- und Gerichtsinstanzen. Bund und Länder waren durch diese Situation finanziell betroffen, aber die Hauptlast trugen die Städte und Gemeinden, weil sie für die Unterbringung und Eingliederung zuständig waren.

Das Kabinett beschloss Zuweisungsquoten an die Gemeinden, die sich an den Einwohnerzahlen orientierten. Als das System vor meiner Zeit erfunden wurde, musste die Quote alle halbe Jahre und später alle Vierteljahre angepasst werden. Jetzt kamen so viele Asylbewerber ins Land, dass alle drei bis vier Wochen die Quote für die Gemeinden erhöht werden musste. Das hatte katastrophale Folgen.

In 1111 Gemeinden musste sich jeder Gemeinderat laufend und von Neuem mit der erhöhten Zuweisungsquote beschäftigen. Die Gemeinden mieteten Wohnungen an, kauften alte Häuser, stellten Container auf und alles reichte nicht aus. Es gab ständig heftige Diskussionen in den Gemeinderäten, die sich natürlich in der Bürgerschaft verbreiteten. Die Landes- und Bundespolitik wurde für unfähig gehalten, das Problem zu lösen. Die Opposition in den Landtagen und im Bundestag war von der Kritik der eigenen Leute in den Kommunalparlamenten genauso betroffen, aber sie kamen den Regierungen nicht zu Hilfe.

Die Lösung konnte nur in einem parteiübergreifenden

Kompromiss zur Änderung des Asylrechts im Grundgesetz liegen. Niemand wollte das Asylrecht abschaffen oder auch nur einschränken für Menschen, die aus rassischen, religiösen oder politischen Gründen verfolgt sind und unseren Boden erreichen. Aber wir konnten nicht die Armutsprobleme der Welt lösen durch Zuwanderung in die Bundesrepublik Deutschland. Wir mussten ihnen helfen durch Hilfe zur Selbsthilfe vor Ort, also in den Ländern Osteuropas oder in den Entwicklungsländern. Es entwickelte sich im ganzen Land eine gefährliche Stimmung durch Vorwürfe an die politisch Verantwortlichen in Parlament und Regierung, sie seien untätig und unfähig.

Ich trat die Flucht nach vorne an und gab in der ersten Parlamentssitzung nach der Sommerpause am 29. August 1991 eine Regierungserklärung nur zur Asylproblematik und ihrer Lösung ab. Außerdem habe ich in jeder Sitzung auf Bundesebene und in Gesprächen mit dem Bundeskanzler und dem Bundesinnenminister und mit unseren Bundestagsabgeordneten mit allem Nachdruck auf dieses Problem hingewiesen, und eine Initiative auf Bundesebene verlangt.

Zu Beginn meiner Regierungserklärung bat ich alle Fraktionen des Landtags, diese wichtige Debatte zur Lösung des Asylproblems in einem Klima und in einer Sprache zu führen, die zwei Dinge berücksichtigt: Es gehe hier um Menschen, nicht nur um ein Sachproblem. Zweitens würden die Bürger unseres Landes erwarten, dass die Politiker aller Parteien sich in dieser Frage nicht auseinandersetzen, sondern zusammensetzen, um gemeinsam eine Lösung zu finden. Der Staat müsse handlungsfähig sein.

In den ersten sieben Monaten des Jahres 1991 kamen fast 113 000 Asylbewerber nach Deutschland, die höchste Zahl unserer Geschichte. Die Steigerung gegenüber den Vorjahresmonaten betrug in Baden-Württemberg 40 %.

Die Ruhrgebietsstädte machten in einer gemeinsamen Erklärung deutlich, dass „der soziale Sprengstoff von den Städten kaum noch zu beherrschen sei". Ich warb für eine „Übereinkunft der Vernunft" auf Bundes- und Landesebene. Wir bräuchten eine Änderung des Grundrechts auf Asyl mit der Ergänzung: „Das Nähere regelt ein Gesetz" und eine europäische Harmonisierung des Asylrechts. Außerdem müssten die Fluchtursachen bekämpft werden. Ich wollte vor allem den Städten und Gemeinden helfen.

Am 27. September und am 10. Oktober nahm ich an einem Gespräch mit dem Bundeskanzler zum Thema „Asyl" und am 18. Oktober an einer Plenardebatte des Deutschen Bundestages zum gleichen Thema teil.

Zuvor gab es am Abend des 16. Septembers eine denkwürdige Sitzung zu diesem Thema in der Landesgruppe der CDU-Bundestagsabgeordneten in Bonn. Ich flog gegen Abend mit dem Hubschrauber von Stuttgart nach Hangelar. Wolfgang Schäuble kam mir zum Flughafen entgegen und ich fuhr mit seinem Wagen mit nach Bonn, damit wir uns noch vorbesprechen konnten. Er wollte die Situation entschärfen und verhindern, dass wir in der Landesgruppe mit voller Wucht aufeinanderstoßen. Wie gerne hätte ich seinen Wunsch erfüllt, denn ich war mit meinem Stellvertreter in der CDU Südbaden eng befreundet und ich hatte die größte Hochachtung vor ihm, weil er nach dem furchtbaren Attentat wieder in die politische Verantwortung als Bundesinnenminister zurückkehrte. Aber ich musste unsere Bundestagsabgeordneten auf die Folgen für unsere Landtagswahl und auch für die nächste Bundestagswahl hinweisen, wenn Parlament und Regierung in der Asylfrage und der Änderung des Grundgesetzes untätig blieben. Ich habe in der Debatte auf alles hingewiesen, was später leider eingetreten ist. Das Aufkommen des Rechtsextremismus war mit Händen zu greifen.

Wir kamen nicht voran, weil zu einer Verfassungsänderung die Zustimmung der SPD notwendig war. Sie war aber im Bund und im Land in der Opposition und bewegte sich nicht. Die Bundesregierung war gehemmt, eine Initiative zu ergreifen, weil sie gespalten war. Die CDU war für eine Verfassungsänderung, aber die FDP dagegen. So nahmen die Dinge im zweiten Halbjahr ihren Lauf und verschärften sich, weil sich nichts änderte.

Ich hatte von Bundeskanzler Kohl und von Innenminister Schäuble die Zusage, dass es noch im Jahr 1991 zu einer Initiative der Bundesregierung zu einer Verfassungsänderung kommen werde. Wenn das nicht gelinge, werde die CDU im Deutschen Bundestag eine namentliche Abstimmung über die Änderung des Asylrechts im Grundgesetz durchführen, damit in der Öffentlichkeit deutlich werde, wer dafür und wer dagegen sei.

Am 20. Februar 1992 kam es zu einer weiteren Asyldebatte im Deutschen Bundestag, aber leider nicht zu der zugesagten Abstimmung. Das war für mich und für die CDU Baden-Württemberg eine große Enttäuschung. Aber die Erhaltung der Regierungskoalition und die Vermeidung eines Auseinanderfallens durch eine unterschiedliche Abstimmung waren aus der Sicht der Bundesregierung wohl vorrangig.

41.

Inzwischen wurde ich am 4. Oktober 1991 auf dem Landesparteitag der CDU Baden-Württemberg mit gutem Ergebnis auch zum Landesvorsitzenden der CDU gewählt. Der ganze Parteitag war ein Aufbruch der CDU Baden-Württemberg. Wir waren im Vorwahlkampf und dann im Wahlkampf und das hieß: pausenlos und jeden Tag mehrere Veranstaltungen und Bürgergespräche im ganzen Land. Ich habe die Begegnung mit vielen Menschen nie als Last, sondern als Ermutigung und als Auftrag empfunden.

Unser Land Baden-Württemberg stand hervorragend da, besser als jedes andere deutsche Land, dank einer guten Landespolitik der Regierungen Lothar Späth, welche die Fraktion und ich über viele Jahre mitgetragen und mitgestaltet hatten. Vor allem aber war unser Land Spitze, dank der Leistung der Bürgerinnen und Bürger in allen Bereichen und Berufen. Wir waren die wirtschaftsstärkste Region in der Europäischen Union. Nirgendwo ging es den Menschen besser. Wir hatten seit 15 Jahren die niedrigste Arbeitslosigkeit, die höchsten Löhne, das höchste Bruttosozialprodukt, den stärksten Export, die Spitze in neuen Entwicklungen und Patenten, die beste Familienpolitik, die führende Rolle im Umweltschutz. Die Erfolgsgeschichte des Landes war auch die Erfolgsgeschichte der CDU als Regierungspartei.

Die CDU im Land will wirtschaftlichen Erfolg und soziale Sicherheit für die Menschen. Sie hat die Berufsakademien und die Technologietransferzentren erfunden und für den flächendeckenden Ausbau der Fachhochschulen gesorgt. Wir wollen, dass unsere Bürger in Frieden und Sicherheit und ohne Angst und Gewalt leben können. Wir haben uns für die Anerkennung der Lebensleistung der älteren Generation eingesetzt.

Wir haben die wirtschaftliche Stabilität und unsere Spitzenstellung in Bildung und Forschung in den Mittelpunkt gestellt, aber auch gleichzeitig für eine Änderung des Grundgesetzes zur Erhaltung des Asylrechts für Verfolgte und gegen den Missbrauch aus anderen Motiven gekämpft.

Noch im Oktober 1991 hatte die CDU ein Umfrageergebnis bei 2000 Befragten im Land von 47,5 %. Aber dann kam alles anders. Die Asylfrage deckte jedes andere Thema zu. In

Zahlen: 1989 kamen nach Baden-Württemberg 17 565 Asylbewerber, 1990: 27 968 und 1991: 32 655 und 1992, vor allem in den ersten Monaten: 51 609.

Die Probleme schlugen über uns und über die Städte und Gemeinden zusammen, mit entsprechenden Folgen. Bei der Landtagswahl am 6. April 1992 erhielt die CDU 39,6 % und verlor damit 9,4 %. Die SPD profitierte davon überhaupt nicht, sondern verlor 2,6 % auf 29,4 %. Die FDP blieb gleich bei 5,9 %. Die Grünen landeten mit einem Plus von 1,6 % auf 9,5 %. Die rechtsradikalen Republikaner aber kamen mit 10,4 % in den Landtag von Baden-Württemberg. Am gleichen Tag kam bei der Landtagswahl in Schleswig-Holstein die rechtsradikale DVU mit 6,3 % in den Landtag.

Selten lässt sich ein Wahlergebnis monokausal erklären. In diesem Fall aber sprechen die Fakten des höchsten Zugangs an Asylbewerbern der ganzen Nachkriegszeit in den letzten drei Monaten vor der Landtagswahl eine deutliche Sprache.

Am nächsten Morgen war in Bonn Präsidiums- und Vorstandssitzung der CDU Deutschlands. Der Sitzung lag eine erste Analyse unserer Landtagswahl durch das Forschungsinstitut der Konrad-Adenauer-Stiftung vor:

„Charakteristisch ist, dass ein sehr großer Anteil an Wählern Zweifel an der Entschlossenheit der beiden großen Parteien äußerte, das Asylantenproblem konsequent zu lösen." „Da drei Viertel aller Wähler und sogar neun von zehn CDU-Anhängern mit einem Wahlsieg der CDU rechneten, fiel die Abgabe einer Proteststimme zugunsten der Republikaner leicht." „Trotz der insgesamt positiven Einschätzung der Politik der Landesregierung und dem deutlich überlegenen Sympathie- und Leistungsprofil Erwin Teufels, gelang es der CDU nicht, ihre eigene Anhängerschaft ausreichend zu mobilisieren und Abwanderungstendenzen ihrer Wähler abzufangen."

In der Sitzung selbst sprach der Vorsitzende Helmut Kohl von einer „klassischen Denkzettelwahl". „Das wäre in jedem anderen Land, einschließlich Bayern, gestern auch so gegangen." Und Wolfgang Schäuble sagte am gleichen Tag im Landesvorstand der CDU Baden-Württemberg: „Kein Baden-Württemberg-spezifisches Ergebnis. Wenn gestern in anderen Ländern gewählt worden wäre, dann wäre es unstreitig das gleiche Ergebnis gewesen."

Immerhin hatte unter 70 Wahlkreisen in Baden-Württemberg mein eigener Wahlkreis Villingen-Schwenningen die mit Abstand geringsten Verluste. Aber das alles war kein Trost. Die CDU hatte eine klare Niederlage erlitten, und ich hatte eine große Niederlage erlitten, die größte in meiner ganzen politischen Tätigkeit. Da ein Wahlsieg mit dem Spitzenkandidaten heimgegangen wäre, ging auch die Niederlage mit dem Spitzenkandidaten heim. Deshalb war ich, bei allen Erklärungen der Ursache, persönlich verantwortlich.

Die CDU hatte ihre Mehrheit im Landtag verloren. Es reichte nicht zu einer Koalition mit der FDP. Rechnerisch war nur eine Koalition mit der SPD oder mit den Grünen möglich. Rechtsradikale hielten Einzug in ein Landesparlament und dies in Baden-Württemberg, und noch dazu mit über 10 Prozenta – eine Katastrophe.

Ich stand wieder ganz am Anfang und musste unserem Land eine stabile Regierung stellen, die CDU wieder auf Erfolgskurs bringen, und die Republikaner mussten wieder aus dem Landtag verschwinden.

Die Analyse für den Erfolg der Republikaner war klar: Die Unfähigkeit der CDU und SPD, die Asylfrage zu lösen. Nun durften wir auf gar keinen Fall die Wähler der Republikaner alle in einen Topf werfen. Wir durften sie nicht beschimpfen und damit auf Dauer den Republikanern zutreiben. Meine Erfahrung war immer: Rechtsradikale haben in Deutschland nicht mehr als 3 % Anhänger. Sie bleiben also bei Wahlen im Normalfall unter der 5 %-Hürde. Wenn sie bei einer Wahl über 5 % kommen, liegt ein aktuelles Protestverhalten wegen einer konkreten Ursache vor. Dieses Problem gilt es zu lösen, damit diese einmaligen Wähler einer rechtsradikalen Partei wieder in das demokratische Spektrum zurückkehren. Darum wollte ich mich bemühen, durch eine besonnene und entschlossene Politik.

Nach den Wahlergebnissen in Baden-Württemberg und Schleswig-Holstein gab es auch in Bonn Bewegung. Der Schleswig-Holsteinische Ministerpräsident Björn Engholm war auch Bundesvorsitzender der SPD. Er sagte mir in einem Vieraugengespräch in Bonn: „Ich muss für eine Änderung des Asyl-Grundrechts eintreten, denn alle 50 Bürgermeister der SPD in meinem Land haben mir mit Parteiaustritt gedroht, wenn es nicht zu einer Verfassungsänderung kommt."

Die vier Parteien CDU, SPD, FDP und CSU einigten sich auf eine Konferenz zur Lösung der Asylfrage. Jede Partei benannte fünf Vertreter. Ich war Mitglied der CDU-Delegation. In Bonn tagten wir in der Landesvertretung Baden-Württemberg Ende November und Anfang Dezember 1992 fünf Tage und vier Nächte lang bis ein Kompromiss erreicht war. Das Asylrecht für politisch Verfolgte wurde selbstverständlich beibehalten. Aber dieses Recht sollte nicht für Menschen gelten, die aus einem Land kommen, in dem die Menschenrechte und Grundfreiheiten gewährleistet sind. In diesen Fällen sollten auch Abschiebungen unabhängig von der Einleitung von Rechtsbehelfen möglich sein. Das Grundgesetz wurde so im Jahr 1993 geändert und die Asylbewerberzahlen gingen stark zurück. Es war bitter, dass man zu dieser Einsicht nicht zwei Jahre früher gekommen war. Es wären dann keine Rechtsradikalen in deutsche Parlamente eingezogen.

42.

Politik beginnt mit dem Betrachten der Wirklichkeit, auch und gerade, wenn man sie verändern und verbessern will. In den folgenden Tagen führte ich Sondierungsgespräche über die Bildung einer Koalition mit der SPD und den Grünen. In einer Bilanz hielt ich fest, dass es, was unsere eigenen politischen Ziele betraf, mit den Grünen mehr Unvereinbarkeiten gab als mit der SPD. Damit wollte ich nicht sagen, dass eine Koalition mit der SPD ein leichter Gang sei. Aber ich nahm dann konkrete Gespräche mit der SPD auf.

In einem anschließenden vertraulichen Sechsaugengespräch zwischen dem Spitzenkandidaten Dieter Spöri und dem Landesvorsitzenden Ulrich Maurer und mir kamen wir an einem Tag zu einem Kompromiss in fast allen strittigen Punkten. Wir protokollierten die Ergebnisse, überdachten sie einige Tage und trafen uns zu einem zweiten Gespräch, das weitere Klärungen brachte. Dann vereinbarten wir offizielle Gespräche, zu denen die SPD dann eine riesige Verhandlungsdelegation mitbrachte. Wir wollten eigentlich nur je drei Leute. Das war aber nicht zu machen. So verhandelten wir drei Wochen lang. Es war aber gut, dass intern und vertraulich feststand, in welcher Richtung die Kompromisse zu erzielen waren.

Während der Verhandlungen mussten wir alle drei Tage eine längere Mittagspause einlegen, in der sich die Spitze der SPD-Verhandlungsdelegation in der Stadt mit einem so genannten „Gewerkschaftsrat der SPD“ traf. In diesem Gremium waren neben dem Landesvorsitzenden des DGB die Vorsitzenden aller Einzelgewerkschaften im DGB vertreten. Sie gehörten alle der SPD an. Da ist mir erstmals wirklich aufgegangen, in welchem Maße die SPD mit den DGB-Gewerkschaften verflochten und von ihnen abhängig ist. Umgekehrt macht dies natürlich auch deutlich, in welchen Schwierigkeiten die SPD heute ist, weil ein Teil der Gewerkschaftsfunktionäre sich der „Linken“ zugewandt hat.

Es kam zu einer Koalition mit der SPD. Die SPD bekam vier wichtige Ministerien und ein neu geschaffenes, fünftes Ministerium, aber ich konnte beide Bildungsministerien bei der CDU halten und auch das Finanzministerium.

Das Bitterste für mich und das menschlich Schmerzlichste war, dass ich vielen Ministern und Staatssekretären der bisherigen Alleinregierung der CDU sagen musste, dass ich sie in kein Regierungsamt mehr berufen konnte, weil in ihrem Ressort SPD-Minister oder -Staatssekretäre einziehen würden. Ich habe es nur verkraftet, weil ich mir sagte, dass jeder andere Regierungschef in dieser Situation genauso hätte handeln müssen. Aber ich habe durch die Regierungsbildung Freunde verloren und mir auch einige Gegner geschaffen. Das hat weh getan.

Für die Große Koalition habe ich mir vorgenommen: Alles gemeinsam, was das Land voranbringt. Keine Kompromisse, welche die Grundsätze der CDU berühren, Fortsetzung der Sparpolitik, solange die Steuereinnahmen zurückgehen, Vorrang für die Bildungspolitik; der SPD ein fairer Partner sein, aber jede Anstrengung unternehmen, um die Große Koalition am Ende der Legislaturperiode abzulösen.

Die Koalition mit der SPD war anstrengend, weil zeitraubend. Der Zeitaufwand von Kabinettssitzungen verdoppelte sich, wobei ein Kabinettsmitglied allein eine Stunde pro Sitzung für sich beanspruchte. Bei Gesetzentwürfen, etwa der Novellierung des Personalvertretungsgesetzes, gab es nicht weniger als sieben Sitzungen, an denen ich teilnahm, nicht gerechnet zahlreiche Sitzungen der Fachleute aus den Arbeitskreisen der Fraktion. Aber ich ließ mir die Dinge nicht aus der Hand nehmen.

Ich habe auch eine andere Erfahrung gemacht und eine Einsicht gewonnen, die ich auch der Großen Koalition in Berlin gelegentlich gewünscht hätte: Immer wird als Begründung für Kompromisse gesagt, wir brauchen den Partner SPD. Das ist wahr, aber es ist nur die halbe Wahrheit. Die andere Hälfte der Wahrheit ist: Der Partner braucht auch uns, die CDU. Deshalb ist man nicht gezwungen, etwas mitzumachen, was man als Fehler erkennt. Denn was würde dann passieren? Nichts! Es ist aber besser, es passiert nichts, als das Falsche.

In meiner Regierungserklärung zu Beginn der Großen Koalition sagte ich, dass sich beide Parteien die Zeit nach der Landtagswahl anders vorgestellt hätten. Aber beide hätten sich in Pflicht nehmen lassen und Verantwortung übernommen. Sie hätten sonst in einer schwierigen Situation versagt.

Parteien sind eben kein Selbstzweck. Sie haben eine dienende Funktion für das Land. Nach einer Wahl haben sie das Wahlergebnis zu respektieren, so, wie es ist. Und sie haben dem Land eine handlungsfähige Regierung zu stellen.

In der Großen Koalition entstand ein gutes Arbeitsverhältnis durch fairen Umgang miteinander. Unter den führenden Leuten konnte man sich nach oft langwierigen Verhandlungen auf das gegebene Wort verlassen. Wir haben uns vorgenommen, unsere Hausaufgaben im Land zu machen, aber auch die gemeinsame Forderung an den Bund erhoben, Handlungsblockaden in zentralen Fragen endlich zu überwinden. Ich nannte bereits beispielhaft das Asylproblem, die Einführung einer Pflegeversicherung, die Sanierung des Gesundheitswesens, eine Unternehmenssteuerreform, die Bekämpfung der Armut und die Armutswanderung in vielen Ländern der Welt.

Im Land haben wir uns um Wirtschaftsförderung und Wohnungsbauförderung, um die Stärkung der Hauptschule und der vorschulischen Erziehung, um die Bewältigung des Strukturwandels, um ein leistungsfähiges und umweltverträgliches Verkehrssystem, um den Umweltschutz und die Förderung der Landwirtschaft und des ländlichen Raumes, um die Förderung der Familien, der Kinder und der Frauen, um eine Dezentralisierung der Verwaltung gekümmert.

Über allem aber lag der Zwang zum Sparen zur Begrenzung der Schuldenaufnahme. Außer den eigenen Aufgaben musste Baden-Württemberg 3 Milliarden DM für den Länderfinanzausgleich, zusätzlich 1,5 Milliarden DM für die neuen Länder und 1 Milliarde DM für die Asylbewerber und Aussiedler aufbringen. Die Spitzen von Regierung und Regierungsfraktionen waren oft tagelang in Klausur, um neue Sparprogramme zu beschließen.

Ursache war, dass wir im Laufe der Jahre 1992 und 1993 die bis dahin stärkste Wirtschaftskrise der Nachkriegszeit in Deutschland durchzustehen hatten. Sie erfasste vor allem auch das wirtschaftsstärkste Land Baden-Württemberg mit voller Wucht. Betroffen waren vor allem der Maschinenbau, die Automobilindustrie mit Tausenden Zulieferbetrieben und die Elektrotechnik. Es war eine Konjunkturkrise und eine Strukturkrise. Der Abstieg in die 2. Liga wurde uns prognostiziert. Wir waren zwar in der Forschung noch im Spitzenfeld der Welt, nicht aber in der Umsetzung in neue Produkte und Produktionsverfahren. In zentralen Hochtechnologiefeldern lagen Japan und die USA vorn. Die von mir eingesetzte „Zukunftskommission Wirtschaft 2000" empfahl eine Doppelstrategie. Erstens müssten wir die internationale Wettbewerbsfähigkeit unserer Wirtschaft wieder herstellen, denn japanische Unternehmen hätten Kostenvorteile von 30 %.

Zweitens müssten wir konsequenter in neue Technologien und industrielle Felder vorstoßen. Wir haben ein Sofortprogramm für die Verbesserung der Standortbedingungen in unserem Land mit 52 konkreten Projekten verabschiedet. Wir haben für eine ganze Reihe von Branchen die „Gemeinschaftsinitiative Wirtschaft und Politik“ beim Wirtschaftsministerium eingerichtet. Außerdem haben wir für sieben wichtige Technologiefelder Arbeitskreise aus Wirtschaft und Wissenschaft eingesetzt.

Der Strukturwandel hatte uns voll erfasst. In den 80er Jahren nahm in Baden-Württemberg die Zahl der Beschäftigten um über 500 000 zu. Seit 1992 wurden allein in der Metallindustrie 160 000 Arbeitsplätze abgebaut. Wir hatten 340 000 Arbeitslose im Land. In einer gemeinschaftlichen Anstrengung von Wirtschaft, Wissenschaft, Banken und Landespolitik haben wir dem gegengesteuert. Der Produktionsstandort AUDI in Neckarsulm mit damals 9000 Arbeitsplätzen wurde erhalten, die DASA behielt ihre wichtigen Standorte im Land und die neue Mercedes-A-Klasse wurde in Rastatt gebaut. Viele Bereiche konnten wieder stabilisiert werden. In anderen sind Arbeitsplätze verloren gegangen. Neues ist dafür entstanden. Unsere Wirtschaft insgesamt fand in mehrjährigen Anstrengungen zu ihrer alten Stärke im internationalen Wettbewerb zurück.

Ein großes Verdienst der Großen Koalition war eine Änderung der Landesverfassung zur Einführung einer 5-jährigen Legislaturperiode im Land. Sie hat sich sehr bewährt, weil sie eine sehr viel längere Arbeitsphase ermöglicht.

Eine große Belastung der Koalition ergab sich durch die Beratung des Gesetzes über die Einführung eines Pflegegeldes und einer Pflegeversicherung für pflegebedürftige Mitbürger. Das Gesetz war dringend nötig und überfällig. Viele ältere Mitbürger mit einer normalen Rente fielen in die Sozialhilfe, weil ihre Rente nicht für die Pflege ausreichte. Das war unwürdig und unzumutbar.

Der Gesetzentwurf fand die Mehrheit im Deutschen Bundestag, aber seine Verabschiedung im Bundesrat stand auf der Kippe. Die SPD im Land war gegen das Gesetz, wie die SPD im Bund. Das bedeutete nach der Koalitionsvereinbarung, dass wir uns im Bundesrat enthalten mussten. Ich zögerte die Entscheidung bis unmittelbar vor der Abstimmung im Bundesrat hinaus. Als in der Vorabstimmung des Bundesrats feststand, dass das Gesetz ohne die Zustimmung Baden-Württembergs scheitert, habe ich unseren Bevollmächtigten beim Bund, Staatssekretär Gustav Wabro, ermächtigt, zuzustimmen. Das war von mir eine klare Verletzung der Koalitionsvereinbarung und eine Brüskierung des Partners. Sie führte zur Verärgerung und zu einer Revanche bei einer Abstimmung im Landtag in anderer Sache. Das war sonst nicht meine Art und es blieb ein einmaliger Fall. Aber ich habe es ganz persönlich auf mein Gewissen genommen, weil es nur so zu einer Pflegeversicherung in Deutschland kommen konnte.

Nach vier Jahren haben uns die Bürgerinnen und Bürger das Joch der Großen Koalition bei der Landtagswahl 1996 wieder abgenommen. Zurück blieb ein gutes persönliches Verhältnis zwischen mir und einer ganzen Reihe von Kabinettsmitgliedern der Sozialdemokraten bis heute, vor allem auch zu meinem Stellvertreter und Wirtschaftsminister Dieter Spöri.

43.

„Die Wirtschaft ist unser Schicksal". Der Satz stammt von dem Unternehmer Walter Rathenau, der nach 1918 Aufbauminister und Reichsaußenminister wurde. Der Satz hat sich beim Untergang der Weimarer Republik leider negativ bewahrheitet. Er bewahrheitete sich positiv beim Aufbau nach dem Zweiten Weltkrieg durch die Politik der Sozialen Marktwirtschaft von Ludwig Erhard. Und während meiner ganzen politischen Arbeit hatte ich diesen Satz vor Augen. Eine gute wirtschaftliche Entwicklung, Arbeitsplätze für die Arbeitnehmer und Wohlstand für alle, Ausbildungsplätze und Studienplätze und damit Zukunftschancen für die junge Generation, Eigentumsbildung in breiten Bevölkerungsschichten und Sicherheit für die Menschen im Alter, waren für mich die erste Priorität.

Das galt schon für meine Arbeit als Bürgermeister. Die Ansiedlung neuer Betriebe und Branchen, die Schaffung von Arbeitsplätzen in Spaichingen war mir das Wichtigste. Als Wahlkreisabgeordneter von Villingen-Schwenningen hatte ich die große Strukturkrise der Uhrenindustrie und der Phono- und Fernsehindustrie erlebt. Die Verbesserung der wirtschaftlichen Rahmenbedingungen war meine wichtigste Aufgabe.

Und Baden-Württemberg: 1848, zur Zeit der Badischen Revolution, waren im Gebiet des heutigen Landes noch 70 % der Menschen in der Landwirtschaft tätig. Halbe Jahrgänge mussten auswandern. Nicht Abenteuerlust hat sie hinausgetrieben, sondern die pure Not. Aus der Not heraus sind im 19. Jahrhundert kleine Gewerbebetriebe entstanden. Unser Land wurde zum Land der Tüftler und Erfinder. Große Pioniere wie Gottlieb Daimler, Carl Benz, Robert Bosch und viele andere haben durch ihre Genialität ganze Entwicklungsschübe ausgelöst. Die Wirtschaft unseres Landes hat zwei Weltkriege und Inflationen, Luftangriffe und Demontagen von Maschinen überstanden und ist aus Trümmern nach dem Zweiten Weltkrieg neu erstanden durch qualifizierte Unternehmer, Meister, Facharbeiter und Ingenieure.

In Freiburg haben herausragende Nationalökonomen mitten im Zweiten Weltkrieg ein Wirtschaftssystem für die Zeit danach entwickelt. Sie nannten es „Soziale Marktwirtschaft“. Sie wollten die Vorteile des Wettbewerbs verbinden mit staatlichen Rahmenbedingungen gegen Missbrauch und Kartelle und sie wollten Solidarität mit allen, die nicht mithalten können im Wettbewerb, weil sie noch Kinder sind, oder Behinderte oder Kranke oder alte Mitmenschen. „Das Maß der Wirtschaft ist der Mensch“, schrieb einer der Väter der Sozialen Marktwirtschaft, Wilhelm Röpke. Er sah Mitarbeiter nicht vorrangig als Kostenfaktor, sondern als das Hauptkapital eines Betriebes. Mir war auch immer Ludwig Erhard vor Augen, der die Soziale Marktwirtschaft in unserem Land umgesetzt und zum erfolgreichsten Wirtschaftssystem der Welt gemacht und damit auch sehr große Verdienste um die Stabilität der Demokratie in der jungen Bundesrepublik Deutschland erworben hat. Immer ist mir klar gewesen, dass man die wirtschaftlichen Zusammenhänge kennen und erkennen muss. Jahrzehnte vor meiner Tätigkeit als Ministerpräsident habe ich täglich und genauso intensiv den Wirtschaftsteil unserer überregionalen Tageszeitungen von Frankfurt bis Zürich, von Düsseldorf, Stuttgart bis Hamburg gelesen wie den politischen Teil. Die Lehrbücher der „Freiburger Schule“ waren eine Fundgrube und ich habe auch viele Bücher unserer führenden Wirtschaftswissenschaftler und Veröffentlichungen unserer führenden Wirtschaftsforschungsinstitute studiert. So war ich nicht unvorbereitet für diese zentrale Aufgabe eines Ministerpräsidenten von Baden-Württemberg.

Dieses Land ist national und international stark und angesehen wegen seiner Wirtschaftskraft. Von der ersten Stunde an habe ich eine enge Verbindung zur Wirtschaft gehalten. Ein ständiger Kontakt zu den größten 20 Unternehmen des Landes war selbstverständlich. Aber die Stärke Baden-Württembergs ist neben diesen Weltunternehmen vor allem der Mittelstand. Das waren Tausende Betriebe im ganzen Land und es war deshalb unmöglich, zu jedem Unternehmer persönliche Beziehungen zu halten. Meine Lösung war, jede Woche wenigstens einen mittelständischen Betrieb bei Kreisbereisungen oder Betriebsjubiläen zu besuchen. Außerdem habe ich Kontakt zu den Industrie- und Handelskammern, zu den Präsidenten und Hauptgeschäftsführern der Handwerkskammern, der Wirtschaftsverbände, der Kammern der freien Berufe gehalten und auf ihren Mitgliederversammlungen und Neujahrsempfängen gesprochen.

Jedes Jahr habe ich die Messe in Hannover, abwechselnd die Industriemesse und die CeBit besucht. In zwei Tagen war ich an 40 Ständen und ich war stolz, dass 500 bis 800 Unternehmen aus Baden-Württemberg vertreten waren. Für alle Aussteller habe ich abends einen Empfang gegeben und bin dabei auch mit vielen Menschen ins Gespräch gekommen.

Wichtig waren zudem die Auslandskontakte: Jedes Jahr habe ich wenigstens zweimal mit einer großen Unternehmerdelegation von 80 bis 100 Personen eine Auslandsreise gemacht, um Türen zu öffnen für neue Kontakte und Geschäftsverbindungen. Wir waren in den 14 Jahren in China und Japan, in Korea und Vietnam, in Indonesien und Malaysia, in Singapur und Hongkong, in Moskau und Sankt Petersburg, in Israel und im Nahen Osten, in Mexiko und Brasilien, in Chile und Argentinien, im Süden der Vereinigten Staaten und in Kalifornien, in Kanada und Island, in Norwegen und in Estland und natürlich in unseren Nachbarländern in Ost- und Südosteuropa. Alle Reisen waren durch Baden-Württemberg International, durch die Auslandskammern und durch unsere Botschafter hervorragend vorbereitet. Es fanden Kontaktbörsen mit Unternehmen gleicher Branche und Betriebe statt, wie sie in unserer Delegation vertreten waren. Wir wurden hochrangig aufgenommen und betreut. Auch unter den vielen Delegationsmitgliedern ergab sich ein gutes Verhältnis. Spätestens am dritten Abend haben sie bereits untereinander Geschäfte gemacht. Zu jeder Reise habe ich auch einige Rektoren und Wissenschaftler unserer Universitäten und Hochschulen eingeladen. Auch für sie und uns haben sich ihre vielfältigen Kontakte gelohnt.

Politik braucht auch Beratung. Politiker müssen auch zuhören können. Wer ständig Reden hält, muss auch etwas aufnehmen, er muss langfristige Entwicklungen antizipieren, die Zeichen der Zeit erkennen, mit Theorie und Praxis vertraut sein. Ich habe deshalb schon im ersten Jahr meiner Amtszeit einen wirtschaftlichen und wissenschaftlichen Beraterkreis berufen und dafür hochrangige Unternehmer, Wissenschaftler und Kenner unserer Wirtschaft und ihre internationalen Verflechtungen gewonnen. In jeder Legislaturperiode habe ich den Kreis neu zusammengestellt und auch neue Mitglieder berufen. All die Jahre war dessen Vorsitzender Professor Berthold Leibinger, der Inhaber der Firma Trumpf in Ditzingen, ein Vorzeigeunternehmer unseres Landes: ein Vorbild nicht nur als Unternehmer, sondern auch als Bürger, der ehrenamtlich im kulturellen, wissenschaftlichen und öffentlichen Leben tätig ist. Sein Stellvertreter wurde Botschafter Konrad Seitz, eine seltene Begabung, Spitzendiplomat unseres Landes, Chef des Planungsstabes von Außenminister Genscher, Botschafter in Italien, Japan und China. Er hat die besten Bücher über die asiatische Herausforderung unserer Wirtschaft geschrieben und uns aufgerüttelt, in neue Hochtechnologien zu investieren, damit wir nicht abgehängt werden. Diese Kommission „Wirtschaft 2000“ und die ihr folgenden Zukunftskommissionen haben eine hervorragende

Arbeit geleistet und wir haben ihre Anregungen durchgesetzt. Ich selbst habe an allen Sitzungen teilgenommen und war deshalb aus erster Hand informiert.

Von Professor Leibinger habe ich auch in einem Gespräch die Anregung bekommen, mittelständische Unternehmen bei der Markterschließung in Ländern behilflich zu sein, die eine ganz andere Rechts- und Wirtschaftsordnung haben als wir. Wir haben diesen Gedanken weiterentwickelt und so ist das erste „Deutsche Haus“ als Baden-Württembergische Niederlassung in Singapur entstanden. Die Häuser wurden abwechselnd von der Landeskreditbank Baden-Württemberg und von der Landesbank Baden-Württemberg vorbereitet, gebaut, vermietet und betrieben. Wir haben als Land nur eine befristete Mietgarantie für den Anfang gegeben. Wir haben die Häuser, die voll in der Verantwortung unserer Banken errichtet wurden, „Deutsches Haus“ genannt, weil wir Firmen aller deutschen Länder nach den gleichen Grundsätzen aufnahmen wie baden-württembergische Unternehmen. So sind Deutsche Häuser in Singapur, in Yokohama/Japan, in Djakarta/Indonesien, in Peking und in Mexiko City entstanden. Sie haben sich hervorragend bewährt und waren für viele Unternehmen Startplatz und Standort für die Erschließung neuer Märkte in der jeweiligen Region.

Die Entwicklung der Wirtschaft ist ein dynamischer Prozess. Der Strukturwandel ist unaufhaltsam. Der weltweite Wettbewerb ist unerbittlich.

In unserem Land sind ganze Branchen verschwunden oder fast verschwunden: die Möbelindustrie, die Textilindustrie, die Schmuckindustrie, die Uhrenindustrie, die Phonoindustrie, die Fernsehgerätehersteller, die Lederindustrie, die Schuhindustrie und viele andere Branchen. Wir brauchen also Ideen, Offenheit, Weitsicht, Innovationskraft und Investitionskraft für Neues. Das Herz der Marktwirtschaft ist ihre hohe Innovationsfähigkeit.

44.

Von elementarer Bedeutung für die Wettbewerbsfähigkeit unserer Wirtschaft ist Bildung und Forschung. Bildung ist natürlich zuerst ein Wert für sich, Teilhabe des einzelnen Menschen am Wissensbestand der Welt, Zugangsfähigkeit zu Informationen, Fähigkeit zur Verarbeitung von Wissen, Bildung einer selbständigen Persönlichkeit, Erziehung zu ethischem und mitmenschlichem Verhalten, Orientierungswissen. Dann aber ist Bildung auch die Voraussetzung für einen qualifizierten Arbeitsplatz. Dafür sind gute Schulen das Fundament. Die Grundschule und ein differenziertes Schulsystem, in dem jeder junge Mensch diejenige Schule findet, die seiner Begabung und Leistung entspricht.

Berufsschulen sind so wichtig wie das allgemeinbildende Schulsystem und wie Hochschulen. Überall in der Welt hat man uns gesagt: „Ihr habt das beste Berufsbildungssystem der Welt, das duale System in Schule und Betrieb." Über berufliche Vollzeitschulen ist der Zugang zu jedem Ausbildungs- und Studiengang offen.

Auch die Lehrerbildung muss wissenschaftlich und praxisbezogen, das heißt auf den jungen Menschen bezogen sein. Wir brauchen Pädagogen als Vorbilder.

Entscheidend sind gute Hochschulen, Berufsakademien und Universitäten. Wir haben in Baden-Württemberg ein ganzes, dichtes Netz an Hochschulen in allen Regionen des Landes. Sie dienen erstens der Entfaltung und Bildung der jungen Menschen. Zweitens bringen sie über das Studium der jungen Menschen Innovation und neuen Schwung in jeden Betrieb. Zum Dritten sind sie ein wichtiges Element der Strukturpolitik für eine gleichwertige Entwicklung aller Teile unseres Landes.

Neben der Bildung und Ausbildung sind für die weltweite Wettbewerbsfähigkeit unseres Landes die Forschung und Entwicklung von zentraler Bedeutung. Die Forschungsausgaben (Wirtschaft und Staat) werden in Prozentsätzen des Bruttosozialprodukts gemessen. Zu meiner Zeit lag die Bundesrepublik Deutschland bei 2,4 %, die USA bei 3,0 %, Japan bei 3,2 %, Baden-Württemberg bei 3,9 und 4,0 %. Unser Land war damit in der Spitzengruppe oder ganz an der Spitze der Welt. Diesen Rang müssen wir halten, wenn wir als Hochlohnland auch in Zukunft führend sein wollen.

Nun hatten wir aber eine Wirtschaftskrise und erhebliche Steuermindereinnahmen. Wir mussten an allen Ecken und Enden sparen. Ich habe mir aber gesagt: Wenn wir auch nur fünf Jahre an Investitionen in Bildung, Hochschulen und Forschung sparen, fallen wir im internationalen Wettbewerb so weit zurück, dass wir gar nicht mehr aufholen können.

So kamen wir auf den Gedanken, Vermögen zu verkaufen, um damit Bildung und Forschung zu finanzieren. In einem Land, in dem die Menschen sparen und ihr Vermögen zusammenhalten, erwarten sie diese Haltung auch vom Staat. Aber ich habe mich gefragt: Wofür gehen Eltern und Großeltern ans Sparbuch? Nur für die Ausbildung ihrer Kinder. Sie ist noch wichtiger als ein Sparbuch. Genau so haben wir uns verhalten.

Wir haben in jeder Legislaturperiode je für eine Milliarde DM Vermögen verkauft und es zweckgebunden in eine „Zukunftsoffensive Junge Generation" eingebracht und damit zu über 90 % nur Forschungsausgaben, Hochschulneubauten, Bildungseinrichtungen und Kliniken finanziert.

Der Fraktionsvorsitzende der Grünen im Landtag, Fritz Kuhn, hat diese Zukunftsoffensiven Erwin I, Erwin II und Erwin III genannt. Ich habe das als Anerkennung aufgenommen. Jedenfalls hat kein Land über mehr als ein Jahrzehnt hinweg kontinuierlich so viel für die Forschung investiert wie Baden-Württemberg. Dafür liegen unsere Universitäten heute in Exzellenzinitiativen des Bundes oder in Hochschulrankings weit an der Spitze.

Die Krönung war, dass wir beim Verkauf unserer Landesanteile an der EnBW den ganzen Verkaufserlös von 4,7 Milliarden DM in eine neu gegründete Landesstiftung und eine neue Zukunftsoffensive einbrachten. Wir haben damit nicht nur eine Milliarde Steuern gespart, sondern wir haben zugleich den Grund dafür gelegt, dass jedes Jahr ein dreistelliger Millionenbetrag für Bildung und Forschung zur Verfügung steht.

Die Gründung der Landesstiftung war im Landtag umstritten. Es wurde gesagt, wir würden Geld dem Parlament entziehen oder wir sollten damit besser Schulden zurückzahlen. Aber ich habe mich durchgesetzt, weil mich die Regierungsfraktionen unterstützt haben. Heute ist die Landesstiftung, die viertgrößte Stiftung in Deutschland, unumstritten. Sie ist ein Segen für Bildung und Forschung im Land. Gäbe es die Stiftung nicht, wäre das Geld heute weg. So aber bleibt die Summe, wenn wir Frieden haben, für lange Zeit im Wert erhalten, weil wir jedes Jahr zuerst die Inflationsrate dem Stiftungsvermögen zuführen.

Franz Josef Strauß hat einmal gesagt, eher werde ein Hund einen Wurstvorrat anlegen als ein Politiker eine Rücklage bilden. Wir haben gezeigt, dass es möglich ist. Baden-Württemberg wird seine wissenschaftliche und wirtschaftliche Spitzenposition halten durch unsere kontinuierliche Förderung von Bildung und Forschung im Haushalt und in der Landesstiftung.

45.

Am 24. März 1996 mussten wir uns nach vier Jahren Großer Koalition wieder zur Wahl stellen. Natürlich haben wir einen intensiven Wahlkampf geführt, mit den Bürgern offen über die Probleme gesprochen und dargestellt, wo Baden-Württemberg gut liegt. Wir haben auch gesagt, dass wir die Große Koalition nicht fortsetzen wollen, sondern eine möglichst starke CDU wollen und gegebenenfalls eine Koalition mit der FDP anstreben.

Die CDU erreichte 41,3 %, 1,7 % mehr als 1992. Die SPD kam auf 25,1 % und verlor 4,3 %. Die FDP erreichte 9,6 % mit einem Plus von 3,7 % gegenüber der letzten Wahl. Die Grünen landeten bei 12,1 % und gewannen 2,6 % hinzu. Die Republikaner verloren 1,8 %, aber erreichten trotzdem 9,1 %.

Um nicht selbst beurteilen zu müssen, zitiere ich die Wahlanalyse des Forschungsinstituts der Konrad-Adenauer-Stiftung in Sankt Augustin:

„Die CDU ist allein stärker als Rot-Grün zusammengenommen. Der Anteil von Anhängern einer CDU/FDP-Koalition ist stark angestiegen. CDU und FDP erreichen zusammen 50,9 %. Die SPD hat das schlechteste Ergebnis der Partei in der Nachkriegsgeschichte."

„Die CDU führte in den Augen der Bevölkerung nicht nur den besten Wahlkampf, sie war auch eindeutiger Sieger im Duell der Spitzenkandidaten Erwin Teufel und Dieter Spöri, auf das der Wahlkampf fokussiert war. Ministerpräsident Teufel galt als führungsstärker, kompetenter, bürgernäher und glaubwürdiger.

Ministerpräsident Teufel und die CDU hatten zudem einen größeren Rückhalt in der eigenen Anhängerschaft (über 80 %). Die Zustimmung zum amtierenden Ministerpräsidenten ging bis in die SPD-Anhängerschaft hinein, von der jeder Fünfte ihn vor dem eigenen Kandidaten bevorzugte.

Der personale Charakter der Wahlentscheidung wird besonders deutlich, wenn man ins Auge fasst, dass der Wahlsieg der CDU in einer Phase zunehmend negativer wirtschaftlicher Zukunftserwartungen in Baden-Württemberg erfolgte.

Rund 35 % der CDU-Anhänger waren im Vorfeld der Wahl bereit, FDP zu wählen, um eine kleine Koalition zu ermöglichen. Die FDP profitierte demgemäß davon, dass sie, wie die Wahlprognose signalisierte, zur Mehrheitsbeschaffung gebraucht wurde und auch eine klare Koalitionsaussage zugunsten der CDU gemacht hatte. Viele CDU-Anhänger entschieden sich in letzter Minute für sie, um kein Risiko einzugehen."

Der Wahlsieg war sicher nicht nur mein Erfolg, sondern auch der Erfolg unseres Generalsekretärs Volker Kauder, der für die ganze Wahlkampfführung verantwortlich war und keine Fehler machte. Er hatte auch in der Agentur Kreuz aus Düsseldorf eine sehr gute und pfiffige Werbeagentur gewonnen. Und schließlich ist es ein Erfolg der CDU-Basis gewesen, die sehr motiviert war und ihre Wahlkreiskandidaten und mich geschlossen unterstützte. Zugute kam uns auch, dass wir im Gegensatz zur letzten Landtagswahl keinen Gegenwind aus Bonn hatten.

Die Koalitionsverhandlungen mit der FDP verliefen reibungslos. In Fragen der Wirtschafts- und Finanzpolitik, in der Schul- und Hochschulpolitik gab es volle Übereinstimmung. Ihre Vorstellungen für Ministerien waren akzeptabel. Es war eine gute Zusammenarbeit in der Sache und zwischen den handelnden Personen zu erwarten. Das galt vor allem für den Landesvorsitzenden und künftigen Wirtschaftsminister Dr. Walter Döring.

Umso erstaunlicher war, dass bei der Wahl des Ministerpräsidenten im ersten Wahlgang fünf Stimmen fehlten. Ich wurde erst im zweiten Wahlgang gewählt. Das hat mir sicher geschadet, aber noch mehr der CDU. Jeder Kommentator und auch ich haben die fehlenden Stimmen auf Enttäuschungen bei der Regierungsbildung zurückgeführt.

Konrad Adenauer sagte: „Lieber zwei Wahlkämpfe als eine Regierungsbildung". Es ist beim besten Willen nicht möglich, jeden zum Minister oder Staatssekretär zu machen, der es erwartet oder sogar verdient hat, weil die Zahl der Anwärter sehr viel größer ist als die Zahl der Regierungsämter. Schade, dass es immer wieder Kollegen gibt, die die gebotene Reihenfolge auf den Kopf stellen und zuerst fragen, was für sie herauskommt und erst dann die Partei und das Land sehen. Erfreulicherweise ergab sich für mich kein langfristiger Schaden und ich musste das Ergebnis wegstecken, denn schon am nächsten Tag ging die Arbeit für das Land und für meine Partei weiter. Unser Wahlprogramm trug die Überschrift: „Aufbruch in die Zukunft. Für ein modernes und menschliches Baden-Württemberg." Das war nun das Leitziel, dem meine ganze Anstrengung und Kraft für die neue Periode von 1996 bis 2001 galt.

46.

Die Jahre von 1996 bis 2001 waren für unser Land eine besonders erfolgreiche Phase der Regierungsarbeit. In der Regierungserklärung kündigte ich an, dass die neue Landesregierung zu schnelleren Entscheidungen kommen werde als die Große Koalition, weil die politischen Gemeinsamkeiten zwischen CDU und FDP wesentlich größer seien.

Auch diese Landesregierung trat ihr Amt freilich in einer

schwierigen wirtschaftlichen und finanzpolitischen Situation an. „Das wirtschaftliche Wachstum ist bescheiden, die Arbeitslosigkeit hoch, die Kassenlage ist mehr als angespannt, die weltwirtschaftlichen Rahmenbedingungen wandeln sich dramatisch." Wir seien auf selbständige und eigenverantwortlich handelnde Menschen angewiesen. Wir wollten den Zusammenhalt in unserer Gesellschaft stärken, für ein wirtschaftlich, sozial und kulturell erfolgreiches Baden-Württemberg und für eine humane Gesellschaft.

Unter der Zielformulierung „Sparen und Gestalten" kündigte ich eine neue „Zukunftsoffensive Junge Generation" mit einer Milliarde DM an, finanziert aus dem Verkauf der Landesentwicklungsgesellschaft. 200 Millionen DM aus dieser Offensive sollte allein für Verbundforschungsprojekte ausgelobt werden.

Eine „Umweltpartnerschaft Baden-Württemberg" stellte einen weiteren Schwerpunkt dar. Das umweltfreundliche Auto der Zukunft solle in Baden-Württemberg und nicht anderswo gebaut werden. Im Mittelpunkt unserer Politik solle die Förderung des Mittelstandes stehen.

Große Ziele wollten wir umsetzen, mit den Ankündigungen:

Wir wollen eine Stärkung des Bankenplatzes Baden-Württemberg.

Wir wollen eine Stärkung des Messeplatzes Baden-Württemberg.

Wir wollen eine Stärkung des Medienstandorts Baden-Württemberg.

Damit waren auch die ganz persönlichen Schwerpunkte beschrieben, die ich mir als Ministerpräsident gesetzt habe.

Die Förderung von „Stuttgart 21" und der Anschluss unserer Landeshauptstadt an die europäische Transversale Paris-Straßburg-Kalrsruhe-Stuttgart-Ulm-München-Wien-Budapest und die Förderung der Regionalflughäfen Friedrichshafen und Söllingen standen ebenfalls auf unserem Programm.

Die Integration unserer Aussiedler und die Sprachförderung der jungen Generation und eine „Offensive für das Lesen“ waren uns in gleicher Weise wichtige Anliegen.

Gute Politik erschöpft sich nicht in Ankündigungen, sondern im konkreten Handeln. Meine Arbeitswoche bestand zu 90 % aus Routineterminen. Routinetermine, das meint nicht, dass sie unwichtig sind, sondern regelmäßig wiederkehren:

Montag: Präsidium und Vorstand der CDU auf Bundesebene oder auf Landesebene. Vorbesprechung der Kabinettssitzung und der Wochenarbeit mit den engsten Mitarbeitern.

Dienstag: Kabinett, Landespressekonferenz, Fraktionssitzung.

Mittwoch und Donnerstag: Plenarsitzung des Landtags oder Auswärtstermine im Land oder in Bonn.

Freitag: Bundesrat oder Ministerpräsidentenkonferenz oder Tagungen wichtiger Verbände.

Samstag: Tagungen der Partei auf allen Ebenen und all ihrer Gliederungen.

Ich hatte eher einen 18-Stundentag als einen 16-Stundentag. Das ist nicht übertrieben, denn ich stand um 5.30 Uhr auf, weil um 6.30 Uhr mein Zug von Spaichingen nach Stuttgart fuhr, und ich kam nachts um 24 Uhr, plus/minus eine halbe Stunde, mit dem Auto von irgendwoher im Land nach Hause. In einem reservierten Abteil der Bahn erledigte ich mit meiner Sekretärin jeden Morgen auf der Fahrt von Spaichingen nach Stuttgart die Eingangspost und Teile der Ausgangspost, ich beantwortete Briefe und diktierte Vermerke an meine Mitarbeiter. In Stuttgart war für Büroarbeit keine Zeit ausgespart. Der Tag war mit Besprechungen, Sitzungen und Reden ausgefüllt.

Deshalb konnte ich Großprojekte, die ich selbst entwickeln und voranbringen musste, nur nacheinander angehen, eines nach dem anderen.

47.

In dieser Legislaturperiode hatte die Neuordnung der Rundfunklandschaft in Baden-Württemberg Priorität. Noch hatten wir seit 45 Jahren zwei Rundfunkanstalten, den Südwestfunk in Baden-Baden, der von der französischen Besatzungsmacht für ihre Besatzungszone, die drei späteren Länder Rheinland-Pfalz, Baden in Freiburg und Württemberg-Hohenzollern in Tübingen gegründet wurde. Die zweite war der Süddeutsche Rundfunk in Stuttgart, von den Amerikanern für ihre Besatzungszone Nordwürttemberg-Nordbaden, das spätere Land Württemberg-Baden gegründet. Die Grenze verlief sinnigerweise entlang der Grenze der Autobahn Karlsruhe-Stuttgart-Ulm. So waren auch die Besatzungsgrenzen und die Landesgrenzen der Nachkriegszeit verlaufen. Nichts hatte sich seither geändert. Das war eine anachronistische Situation, zumal das Land Baden-Württemberg schon 45 Jahre bestand.

Für den Süddeutschen Rundfunk in Stuttgart war das Land allein zuständig. Für den Südwestfunk in Baden-Baden gab es einen Staatsvertrag zwischen Baden-Württemberg und Rheinland-Pfalz mit gemeinsamer Trägerschaft und einer Gremienbesetzung 2: 1 aus beiden Ländern.

Ich ging auf meinen Kollegen Kurt Beck zu und sagte ihm in einem Vieraugengespräch, dass ich gerne zu einer Neuordnung der Rundfunklandschaft im deutschen Südwesten kommen wolle. Ich sei bereit zu Gesprächen und Verhandlungen mit Rheinland-Pfalz. Baden-Württemberg sei groß genug für einen eigenen Landessender, eine eigene Rundfunkanstalt. Da wir nun aber schon Jahrzehnte mit Rheinland-Pfalz vertrauensvoll im Südwestfunk zusammengearbeitet hätten, wolle ich ihm nicht einfach den Stuhl vor die Türe stellen. Voraussetzung für mich sei, dass wir zu Landessendern unter einem Dach kommen und dass der Standort Baden-Baden Teil unserer gemeinsamen Verantwortung sei. Ich könne mir also nicht eine Aufteilung zwischen Stuttgart und Mainz unter Aufgabe oder Aushöhlung von Baden-Baden vorstellen. Meinerseits wolle ich nichts für mein Land in Anspruch nehmen, was ich nicht auch Rheinland-Pfalz zubilligen würde.

Auf dieser Basis haben wir mit zwei kleinen Regierungsdelegationen hinter verschlossenen Türen verhandelt und sind trotz unterschiedlicher Farben der Regierungen in nur 4 1/2 Monaten zu einem konkreten Ergebnis gekommen. Dies trotz kritischer öffentlicher Begleitung in der Region Baden-Baden, in der Region Stuttgart und am Standort Mainz. Es ist keiner zu kurz gekommen. Es kam zu einem fairen Ausgleich zwischen den drei Standorten Stuttgart, Mainz und Baden-Baden. Entstanden ist daraus die zweitgrößte deutsche Rundfunkanstalt. Wir blieben in allen unseren Regionen verankert, in Karlsruhe und Mannheim, in Heidelberg und Heilbronn, in Ulm und Ravensburg, in Tübingen und Freiburg. Dennoch entstand eine ganz neue Landesidentität durch einen Landessender Baden-Württemberg im Fernsehen und im Hörfunk. Zwei Hörfunkprogramme sollten reine Landesprogramme sein und zwei (das Kulturprogramm und das Dritte Programm) gemeinsame Programme zwischen Baden-Württemberg und Rheinland-Pfalz. Beim Fernsehprogramm sollte der Landesanteil aus Baden-Württemberg von 15 % auf 30 % verdoppelt werden. 70 % des Fernsehprogramms sollte aus Baden-Baden kommen und auch in Rheinland-Pfalz (und später im Saarland) ausgestrahlt werden.

In einer Regierungserklärung zu dieser Neuordnung sagte ich am 23. April 1997 im Landtag: „Vom neuen Südwestrundfunk und vom neuen Landessender Baden-Württemberg verspreche ich mir eine Stärkung des Landes. Auch medienpolitisch wird aus dem Trennungsstrich zwischen Baden und Württemberg ein Bindestrich.

Baden-Württemberg hat heute zwei starke Rundfunkstandorte und Sendezentren, Stuttgart und Baden-Baden, und wird sie behalten.

Der Landessender stärkt die Demokratie, verbessert die Qualität der Berichterstattung über das Land und seine Regionen, fördert den Dialog zwischen den gesellschaftlichen Gruppen, verbindet die Bürgerinnen und Bürger und gibt innerhalb der ARD unserem Land endgültig den Rang und Einfluss, der unserer Stärke entspricht. Der neue Sender wird die ganze Vielfalt der Talente unseres Landes zur Geltung bringen, die Lebendigkeit der Vereine, das gute Gemeinschaftsleben, die hohe Leistungskraft unserer Forschung, den kulturellen Rang, die Wirtschaftskraft, die Lebensart der Menschen und die Verbundenheit der Bürger mit der reichen Geschichte ihres Landes.

Diese Neugründung ist ein Leitprojekt für die weitere Entwicklung Baden-Württembergs. Wir sind ein Land mit einer großen Geschichte und reichhaltigen Traditionen. Unser gemeinsames Staatswesen ist jedoch erst 45 Jahre jung. Es gilt, seinen inneren Zusammenhalt weiter zu stärken."

Die beiden Intendanten und ihre Mitarbeiter haben anschließend die im Staatsvertrag zwischen Baden-Württemberg und Rheinland-Pfalz vereinbarte neue Rundfunkanstalt umgesetzt. Das war eine schwierige Aufgabe, die sie gut und fristgerecht bewältigt haben.

Nicht gut finde ich, dass das Fernsehprogramm nicht ein „Baden-Württemberg-Fernsehen“ ist und wie das „Bayerische Fernsehen“ unter diesem Namen läuft, sondern unter SWR 3. Ich finde auch nicht gut, dass die beiden Hörfunkprogramme 1 und 4 nicht unter Baden-Württemberg 1 und 4 laufen, sondern unter SWR 1 und SWR 4 mit dem Untertitel und der Zufügung Baden-Württemberg. Wir waren froh, dass die Kunstschöpfungen der Nachkriegszeit und der Besatzungsmächte, SWF und SDR der Vergangenheit angehören. Das Kunstwort SWR steht nur im technischen Teil des Staatsvertrags, die Programme aber sollten ganz unter dem Namen unseres Landes laufen und seine Identität stärken.

48.

Nach diesem geglückten Auftakt wandte ich mich einer noch schwierigeren Aufgabe zu, nämlich einer Bankenfusion in Baden-Württemberg. Schwierig war sie, weil die in Frage kommenden Banken unterschiedliche Träger hatten, weil es ganz unterschiedliche Interessen und Vorstellungen gab und weil deshalb Neuordnungsbemühungen mehrfach gescheitert sind, einmal sogar in letzter Minute. Also musste man mit besonderem Einfühlungsvermögen, Verhandlungsgeschick und Überzeugungskraft vorgehen.

Baden-Württemberg hatte leistungsfähige Banken. Aber Stuttgart war kein Banken- und Börsenstandort wie Frankfurt, Düsseldorf und München. Ich habe immer Hessen, Nordrhein-Westfalen und Bayern beneidet. Die Wirtschaft ist auf starke Banken angewiesen, die auch größere mittelständische Unternehmen mit den nötigen Krediten versorgen und auf die wichtigsten Auslandsmärkte begleiten können. Außerdem waren wir stark im Produktionsbereich und eher schwächer im Dienstleistungsbereich. Eine starke Bank würde auch einen wichtigen Beitrag für unser Bruttosozialprodukt leisten und den Börsenplatz Stuttgart erhalten und stärken können.

Die Situation für Neuordnungsgespräche war besonders günstig. Das habe ich in vertraulichen Vorgesprächen ausgelotet. Es lag vor allem auch an der personellen Konstellation. An der Spitze des Württembergischen Sparkassen- und Giroverbandes stand Heinrich Haasis, der viele Jahre mein Stellvertreter im Fraktionsvorsitz der CDU-Landtagsfraktion war und mit mir persönlich eng befreundet ist. Mit dem Stuttgarter Oberbürgermeister Wolfgang Schuster hatte ich ein genauso enges Vertrauensverhältnis wie zu seinem Vorgänger Manfred Rommel. Der Präsident des Badischen Sparkassen- und Giroverbandes Josef Schmidt war kooperativ und zu einer Neuordnung bereit.

Die zweite günstige Voraussetzung war, dass das Land auch die Baden-Württembergische Bank als selbständig bleibendes Institut in den Gesamtverbund einbringen konnte. Die privaten Anteilseigner der Baden-Württembergischen Bank waren erstmals nicht an einem größeren Anteil interessiert, sondern verkauften ihre Beteiligung an das Land. So ergab sich die Chance zu einer wirklich großen Lösung.

Der Württembergische Sparkassenverband und der Badische Sparkassenverband waren Träger der Südwestdeutschen Landesbank. Die Stadt Stuttgart war zu zwei Dritteln Träger der Landesgirokasse. Das Land Baden-Württemberg war Träger der Landeskreditbank, Hauptaktionär der Baden-Württembergischen Bank und zu einem Drittel Anteilseigner der Landesgirokasse Stuttgart.

Die Präsidenten Haasis und Schmidt, Oberbürgermeister Dr. Schuster und ich vereinbarten also vertrauliche Gespräche. Wir führten sie von Anfang bis zum erfolgreichen Ende zu viert. Wir sagten uns gegenseitig Vertraulichkeit zu und bewahrten sie bis zum letzten Tag. Das war die Voraussetzung für den Erfolg. Die Teilergebnisse der Verhandlungen wären sonst öffentlich zerredet und die unterschiedlichen Interessen gegeneinander ausgespielt worden.

Wir trafen uns immer am Sonntagabend in meinem Zimmer im Staatsministerium. Es waren keine Mitarbeiter im Haus. Es gab keinen Service. Das gegenseitige Vertrauensverhältnis führte zu einem fairen Umgang und zu einem zielgerichteten Verhandeln, aber es deckte nicht die starken unterschiedlichen Interessen in Einzelfragen zu. Jeder von uns musste das Verhandlungsergebnis in seinem Bereich vertreten können. Er musste ständig abschätzen, ob er für das, was er zusagte, auch am Ende die Zustimmung seiner Gremien, der Vertreterversammlungen der Sparkassen, des Gemeinderats der Stadt Stuttgart und der Landesregierung und des Landtags von Baden-Württemberg bekommen würde.

Die Verhandlungen waren streckenweise hart und einige Male kurz vor dem Scheitern. Es gab vor allem zwei ganz schwierige Hürden. Über den Daumen gepeilt waren die Werte der Anteile der Verhandlungspartner: ca. 20 % Stadt Stuttgart und je ca. 40 % Sparkassen und Land. Aber selbstverständlich konnte jeder vor seinen Gremien nur bestehen, wenn die Anteile klar beziffert und begründet waren. Also haben wir ein externes Bewertungsgutachten der Anteile der jeweiligen Banken in Auftrag gegeben und uns auch gegenseitig versichert, dass wir uns an das Ergebnis halten wollten, wenn nicht gravierende Einwände dagegen stünden. Dann schlug das Bewertungsgutachten ein: Es ging von einem Anteil des Landes von 54 % aus. Mir war schlagartig klar, dass dies das Ende sein würde. Die Sparkassenseite konnte nicht in eine Minderheitenposition gehen und auch für die Stadt Stuttgart wäre eine klare Mehrheit des Landes sehr schwierig geworden.

Ich habe dann, aus dem Stand und ohne jede Vorbereitung, den Vorschlag gemacht, dass das Land seinen hundertprozentigen Anteil an der Landeskreditbank spaltet und nur den Bankteil der LKB in die neue Bank einbringt, den größten Teil der Landeskreditbank, nämlich das ganze Fördergeschäft des Landes für Mittelstand und Wohnungsbau, aber selbständig weiterführt. Dieses Modell brachte einen Anteil des Landes und der Sparkassenverbände von je 39 % und der Stadt Stuttgart von 22 %. Das war für jede Seite zumutbar.

Gestritten wurde über die Zuständigkeit und Ausbreitung der neuen Bank. Voraussetzung für die Aufnahme von Verhandlungen war die Erhaltung der Filialen der Landesgirokasse im Land, vor allem im Mittleren Neckarraum. Aber die Sparkassen, die Träger ihrer Landesbank waren und subsidiär eng mit ihr im Kreditgeschäft zusammenarbeiteten, wollten keine Konkurrenz im eigenen Geschäftsbereich und deshalb eine Einschränkung der Banktätigkeit der neu zu bildenden Bank. Hier standen die Sparkassenpräsidenten unter starkem Druck ihrer Mitglieder. Das Land, unterstützt von der Stadt Stuttgart, bestand aber auf Geschäftsfreiheit der neuen Bank und konnte in diesem Bereich nicht entgegenkommen. Das breite Firmenkundengeschäft der Baden-Württembergischen Bank, aber auch der Landesgirokasse durfte nicht eingeschränkt werden. Ja, sie waren Voraussetzung für einen Erfolg der neuen Bank. Die Verhandlungen waren festgefahren, zwischen den Verhandlungspartnern entstanden starke Spannungen. Die Lage war sehr kritisch. Schließlich brachte uns doch der Blick nach vorne weiter. Wir waren auch an einem Erfolg der Sparkassen interessiert, die durch eigene Leistung den höchsten Marktanteil in Baden-Württemberg hatten. Sie brauchten aber auch nicht den Wettbewerb zu fürchten. Alle hatten wir ein Interesse an einer starken Bank im Land, die Kunden findet und bindet, die bis dahin zu einer Großbank nach Frankfurt gingen. Das gegenseitige Vertrauen war größer als das Misstrauen. Wir kamen nach Jahren vergeblichen Bemühens zu einem positiven Ergebnis.

Am 19. Januar 1998 vereinbarten die Repräsentanten des Landes, der Stadt Stuttgart und der beiden Sparkassenverbände Baden und Württemberg eine gemeinsame Erklärung, wonach sie zum 1. Januar 1999 die Südwestdeutsche Landesbank in Stuttgart und Mannheim, Teile der Landeskreditbank in Karlsruhe und die Landesgirokasse in Stuttgart zur „Landesbank Baden-Württemberg“ verschmelzen wollten. Es entstand eine starke Bank, die von der Bilanzsumme her den 6. Platz und von der Ertragsstärke her den 4. Platz aller deutschen Kreditinstitute einnahm. Kurze Zeit später war sie die Nr. 1 aller Landesbanken. Sie hat sich in den letzten zehn Jahren bewährt. Stuttgart und Baden-Württemberg wurden zu einem starken Bankenplatz. Während Düsseldorf und München abbauten, bauten wir auf. Zusammen mit der Baden-Württembergischen Bank als selbständige Tochter der Landesbank wurde die LBBW zur starken Mittelstandsbank und zur Bank der Vermögensverwaltung. Trotz aktueller Belastungen durch die internationale Finanzkrise wird sie eine starke Bank bleiben, denn sie hat im Unterschied zu anderen Landesbanken ein starkes, kundenorientiertes Geschäftsmodell und ist in der international orientierten Wirtschaft unseres Landes verankert. Sie könnte sich nur selbst gefährden, wenn sie weiter auf Fusionen setzt. Nach Presseberichten sind zwei Drittel ihrer Risiken bei den Töchtern in Mainz und Dresden entstanden. Weitere Töchter würden weitere Risiken bringen. Das Größere ist nicht immer das Bessere. Die Addition von Bilanzsummen gibt noch keine stärkere Bank. Kundenorientierung, maßgeschneiderte Lösungen für unsere exportorientierten Unternehmen, Begleitung ins Ausland und Vertrauen von Privatkunden sind das Erfolgsmodell der Gegenwart und der Zukunft.

Die Wertpapierbörse Stuttgart, der vor Jahren das Ende vorhergesagt wurde, steht heute, noch vor Düsseldorf und München, an zweiter Stelle hinter der mit Abstand führenden Frankfurter Börse. Baden-Württemberg kann im nationalen und internationalen Wettbewerb mithalten, wenn wir unsere Kräfte bündeln. Unser Land ist so stark und stärker als viele selbständige Mitgliedsstaaten der Europäischen Union.

Die Gründung der neuen Landesbank Baden-Württemberg stieß auf große Zustimmung der Öffentlichkeit, der Wirtschaft und der politischen Verantwortungsträger im Land und in den Kommunen. Dazu trug bei, dass wir neben dem Hauptsitz Stuttgart auch zusätzlich den Sitz in Karlsruhe und in Mannheim und viele dezentrale Standorte der neuen Bank erhalten haben.

Baden-Württemberg verfügt in einer im Zeichen von Wissen und Wettbewerb stehenden Weltwirtschaft über ein hervorragendes Potential. Das Kapital dieses Standorts sind seine Menschen und die Qualität unseres Bildungssystems. Unsere politische Aufgabe heißt: Zukunftsweisende Strukturen schaffen, damit dieses ungeheure Potential an Fleiß, Wissen und Kreativität sich möglichst gut entfalten kann.

49.

Das Industrieland Baden-Württemberg brauchte zur Präsentation seiner Produkte und Innovationen und zur Pflege der Kundenbeziehungen auch eine Landesmesse. Wir hatten von Mannheim bis Karlsruhe, von Friedrichshafen bis Ulm, von Freiburg bis Sinsheim attraktive Regionalmessen. Die Stuttgarter Messe lag natürlich vor allen diesen Messen. Sie war leistungsstark, aber außerordentlich beengt und mitten im Wohngebiet Killesberg im Herzen von Stuttgart. Deshalb konnte sie sich an diesem Standort nicht entfalten. Namhafte Aussteller und Fachmessen drohten an Standorte abzuwandern, an denen in den letzten Jahren große neue Messen gebaut wurden. Aus eigener Kraft hätte die Stadt Stuttgart aber den Bau einer neuen Messe weder finanzieren noch auf der eigenen Gemarkung durchsetzen können. Das Land aber war nur mit 4 % an der Stuttgarter Messe auf dem Killesberg beteiligt. Es war sehr schwierig, in einer Zeit, in der wir an allen Ecken und Enden sparen mussten und größte Mühen hatten, unsere Pflichtaufgaben zu bewältigen, in ein Milliardenprojekt neu einzusteigen. Dennoch versagte ich mich einem Gespräch mit Oberbürgermeister Dr. Schuster nicht.

Ich bin für eine dezentrale Landespolitik. Deshalb haben wir auch den Ausbau der Regionalmessen gefördert. Aber wir brauchten eine überregionale Landesmesse und zu einer föderalen Politik gehört auch die Förderung der Landeshauptstadt und ihrer starken Region, damit wir im internationalen Wettbewerb mithalten können.

Wir haben uns also in mehreren Verhandlungen entschlossen, mit der Stadt Stuttgart eine neue Landesmesse zu bauen und die Kosten für den Neubau und den laufenden Betrieb je zur Hälfte zu tragen. Das war eine mutige Entscheidung, aber eine lohnende Investition. Im weiteren Verlauf hat sich auch die Region Stuttgart zu einer Kostenbeteiligung von 10 % entschlossen, was den Anteil der Stadt und des Landes reduzierte.

Als zweiten Schritt haben wir ein Gutachten in Auftrag gegeben, in dem über 40 Plätze im ganzen Mittleren Neckarraum auf ihre Geeignetheit für einen Messestandort untersucht wurde. An erster Stelle wurde ein Platz auf der Gemarkung Echterdingen nahe der Autobahn und des Flughafens, der heutige Standort der Messe identifiziert.

Ausgelöst wurde durch diese Entscheidung ein jahrelanger Streit mit der Stadt Leinfelden-Echterdingen, der auch vor Gericht ausgetragen wurde. Wir haben Gespräche auf vielen Ebenen mit der Stadt geführt. Ich habe mich auch selbst eingebracht und mit dem Oberbürgermeister und mit Stadträten verschiedener Fraktionen gesprochen. Wir haben einen beachtlichen Betrag für Investitionsprojekte von Leinfelden angeboten, weil Zeit ja auch Geld kostete. Im Guten wurde leider wenig erreicht.

Ich habe nie verstanden, warum Leinfelden-Echterdingen so gegenüber einem Messestandort eingestellt war. Das war doch keine lästige Anlage, sondern ein hoch interessanter neuer Arbeitgeber mit vielen Dienstleistungsarbeitsplätzen. Ich hätte einen Widerstand der Stadt noch verstanden, wenn im Flächennutzungsplan auf dieser Stelle Wohnungsbau oder eine andere Nutzung vorgesehen gewesen wäre. Aber das war nicht der Fall. Das Gelände lag am äußersten Rand der Echterdinger Gemarkung, weit von jedem Wohngebiet entfernt.

An anderer Stelle hätte man uns dieses Messeprojekt aus der Hand gerissen. Über ein Dutzend Städte haben sich aktiv beworben. Der Standort zwischen Böblingen und Sindelfingen an der dortigen Autobahn wäre sicher ebenfalls gut gewesen, aber für uns lag er klar auf dem zweiten Platz. Kein Standort hatte die günstigen Voraussetzungen von Leinfelden-Echterdingen: fußläufig vom Flughafen erreichbar, direkt an der Autobahn gelegen mit der Möglichkeit einer Auffahrt, Intercity-Bahnstation an der neuen ICE-Strecke Stuttgart-Ulm-München.

Parallel zu den Planungsgesprächen mit der Stadt haben wir Grundstücksverhandlungen durch die Landesentwicklungsgesellschaft geführt. Sie waren zäh, kamen aber voran. Wir haben für die Aussiedlerhöfe nicht nur einen guten Baulandpreis für Ackerland bezahlt, sondern auch staatliche Domänen als Ersatz geboten. Am Schluss gab es den Durchbruch bei den Grundstücksverhandlungen und auch die Gerichtsverhandlungen liefen zu Gunsten des Projekts. Der künftige Bauträger, das Regierungspräsidium Stuttgart als Planfeststellungsbehörde und die Ministerien des Landes haben eine gute Arbeit geleistet. 2100 Text- und Planungsseiten hatte das Regierungspräsidium zu bearbeiten und gerichtsfest zu planen.

Der dritte Schritt war ein Architektenwettbewerb, an der sich über 100 Architekturbüros beteiligten. Aus diesen Arbeiten wurde in einer Vorprüfung 24 ausgewählt. Das Preisgericht, in dem ich mitarbeitete, hat dann in einer zweitägigen Sitzung auf dem Killesberg die Auswahl einiger Spitzenarbeiten getroffen. Der erste Preis hat uns besonders überzeugt, weil er in der Gestaltung gefällige Ausstellungshallen und nicht nur kalte Betonhallen vorsah. In der Mitte gab es einen breiten Grünbereich als Park und Erholungsraum und, besonders pfiffig und platzsparend, ein großes Parkhaus über der Autobahn. Dieser Entwurf bekam den Zuschlag.

Als besonders günstig hat sich herausgestellt, dass wir eine Projektgesellschaft gegründet und den früheren Esslinger Oberbürgermeister Ulrich Bauer zum Geschäftsführer gewählt haben. Er war der Vertreter des Bauherrn und hatte mit dem Vorsitzenden, Staatssekretär Dr. Mehrländer, die Dinge in der Hand. Staatsminister Dr. Palmer hatte den Durchbruch bei den Grundstücksverhandlungen erzielt.

Dank des sehr guten Architekturbüros und der erfahrenen Projektsteuerungsgruppe konnte der Bau begonnen werden. Es war die größte Baustelle in Deutschland. Gegen viele

Demonstrationen, gegen Plakate und Leserbriefe, auch mit persönlichen Anfeindungen gegen mich, ist nun eine Neue Messe entstanden, die attraktiv ist, hervorragend einschlägt und in der Gestaltung eine Bereicherung darstellt. Baden-Württemberg kommt weiter voran und Stuttgart und seine Region behalten ihre führende Stellung im Land.

50.

Ein Industrieland wie Baden-Württemberg ist auf Energie angewiesen. Zuerst auf geistige Energie, auf die Köpfe der Menschen, auf ihre Motivation und Tatkraft. Dann aber braucht unsere Wirtschaft auch elektrische Energie, sie benötigt Stromerzeugung aus Primärenergie und Sekundärenergie. Elektrische Energie ist die Kraftquelle und der Blutkreislauf des ganzen Produktionsablaufs der Wirtschaft.

Wir hatten in Baden-Württemberg seit dem 19. Jahrhundert eine sichere Stromerzeugung für die beginnende Industrialisierung und für die Haushalte durch leistungsfähige regionale Stromversorgungsunternehmen im ganzen Land. Sie waren häufig von starken Stadtwerken und von vielen Verbänden aus Städten, Gemeinden und Kreisen getragen. Teilweise haben sie sich im Laufe der Jahrzehnte zu größeren Einheiten zusammengeschlossen, die größten waren das Badenwerk und die Energieversorgung Schwaben AG, die einen großen Teil des Landes abdeckte. Das Badenwerk war in Erbfolge der alten Länder ursprünglich ganz in der Hand des Landes Baden-Württemberg, während wir an der EVS nur mit 10 % beteiligt waren.

Frühere Landesregierungen hatten schon Teile des Badenwerks verkauft. Ich wurde immer wieder von Oppositionsparteien, jetzt auch vom Koalitionspartner und auch aus der Wirtschaft zur Privatisierung dieser Landesanteile aufgefordert. Grundsätzlich habe mich nicht dagegen gewehrt, wohl aber zum damaligen Zeitpunkt. Jederzeit hätten wir in Richtung Nordrhein-Westfalen oder in Richtung Bayern unsere Anteile an große Energieunternehmen verkaufen können. Aber wir hätten dann unsere Kräfte zersplittert. Für mich galt auch hier der Grundsatz: „Das Land Baden-Württemberg ist für die von uns absehbare Zukunft so stark, dass wir wettbewerbsfähige Strukturen in jedem Bereich schaffen können, wenn wir die Kräfte bündeln." Danach war ich auch im Energiebereich zum Verkauf von Anteilen bereit, denn der Staat muss dort nicht zwingend Anteilseigner sein.

Hier stellte sich mir also das nächste Großprojekt dieser Legislaturperiode, das meinen persönlichen Einsatz erforderte. In langen Verhandlungen führten wir die großen Energieversorgungsunternehmen zur „Energie Baden-Württemberg" (EnBW) mit Sitz in Karlsruhe zusammen. Die EnBW nahm wenig später auch die Neckarwerke in Stuttgart auf.

Das Land hatte an dem neuen Unternehmen eine Beteiligung von 25 %.

Anschließend führten wir wichtige Gasversorgungsunternehmen unseres Landes zusammen und gliederten sie in die EnBW ein.

Nachdem nun in Baden-Württemberg das viertgrößte deutsche Energieunternehmen entstanden war, gab es keinen Grund mehr, unsere wertvollen Anteile in Landesbesitz zu halten. Ohne sie aber wären wir niemals stark genug gewesen, die Kräfte im Land zusammenzubringen. Die Verhandlungen waren oft mühselig, weil ganz und gar unterschiedliche Interessen zu bündeln waren.

Wir bedienten uns nun fachlicher Beratung durch ein Frankfurter Beratungsunternehmen und schrieben unsere Beteiligung von 25 % an der EnBW weltweit aus. Als Vorgabe ließ ich nur beschließen, dass alle Unternehmen der Europäischen Union gleich behandelt werden. In einem gemeinsamen Binnenmarkt konnte man nach meiner Meinung nicht mehr national denken. Ich wollte damit andere große deutsche Versorger nicht ausschließen. Aber sie sollten keinen Monopolanspruch haben.

Das Ergebnis war, vielfältig von Fachleuten und von Regierung und Parlament geprüft und diskutiert, dass das französische Staatsunternehmen Électricité de France (EdF) vorne lag. Das führte zu einigen Vorwürfen, wir würden uns ein französisches Staatsunternehmen ins Land holen, dazu noch ein Unternehmen, das breit auf Kernkraft setze. Es waren Vorurteile, denn die EdF lieferte bereits Strom im Verbund an das Badenwerk und die EVS, ohne dass dies irgend jemand gestört hatte.

Wir nahmen die Verhandlungen mit der EdF auf. Es war uns höchst angenehm, dass die Oberschwäbischen Elektrizitätswerke (OEW), der stärkste Anteilseigner der EnBW, an Bord blieb. Wir haben in den Verhandlungen darauf geachtet, dass die OEW genauso stark blieb wie die EdF. Die Sicherheit der Energieversorgung im Land und die Wettbewerbsfähigkeit war uns ein weiteres wichtiges Anliegen. Schließlich wollten wir auch einen guten Preis für unsere wertvolle Beteiligung. Einen ungewöhnlich guten Preis haben wir nach allgemeiner Auffassung mit 4,7 Milliarden DM auch erzielt. Ich habe schon erwähnt, dass wir ihn in vollem Umfang in die neue Landesstiftung Baden-Württemberg mit dem Schwerpunkt Bildung und Forschung und in eine neue Zukunftsoffensive III einbringen wollten.

Die Verhandlungen mit der EdF waren hart, aber fair. Genauso fair hat sich bislang die EdF auch im Unternehmen und mit ihren Partnern verhalten. Ein gutes Beispiel deutsch-französischer Kooperation. Sie ist ja erfreulicherweise kein

Einzelfall, denn der größte deutsche Handelspartner ist Frankreich.

51.

Diese Legislaturperiode von 1996 bis 2001 war eine besonders fruchtbare Zeit in der jüngeren Geschichte unseres Landes. Wir haben nicht nur Großprojekte zustande gebracht, die oft jahrelang nicht vorankamen. Auch in anderen Bereichen waren wir erfolgreich.

Wir haben mit der neuen Zuständigkeit für den Regionalverkehr das Zugangebot um 25 % gesteigert. Es wurden also 11 Millionen Zugkilometer mit dem gleichen finanziellen Aufwand mehr gefahren. Dezentralisierung lohnt sich für die Menschen.

Wir haben den geringsten Zuwachs an Schulden aller deutschen Länder erreicht.

40 Millionen investierten wir in den Radwegebau.

Der Kohlepfennig wurde auch auf unser Betreiben bundesweit abgeschafft. Jahrelang hatten die baden-württembergischen Betriebe und Bürger nicht weniger als 1 Milliarde DM bezahlt.

Wir haben in einer Legislaturperiode 500 Millionen DM für den Schulhausbau ausgegeben und in der gleichen Zeit 5 100 zusätzliche Lehrerstellen geschaffen.

In der zweiten Hälfte der Periode haben wir 500 Millionen DM für eine Landesinitiative „Baden-Württemberg Media“ investiert.

Aus der „Zukunftsoffensive junge Generation“ gaben wir 100 Millionen DM für Existenzneugründungen aus.

Wir haben einen „Fonds für Chancenkapital“ geschaffen und ihn mit 100 Millionen DM ausgestattet.

Nicht weniger als 628 Millionen DM hat das Land für Kinderbetreuungseinrichtungen ausgegeben, doppelt so viel wie zum Beginn des Jahrzehnts.

Baden-Württemberg hatte eine Vollversorgung an Kindergartenplätzen erreicht.

Unsere Städte und Gemeinden hatten mit 1 521 DM pro Einwohner die geringste Verschuldung aller Länder erreicht.

Die Landesregierung hat die innere Sicherheit immer als eine gesellschaftspolitische Aufgabe ersten Ranges betrachtet im Sinne der Vorbeugung und im Sinne eines Schutzes der Opfer. Wir haben mit dieser konsequenten Politik auch Rechtsradikalen das Wasser abgegraben.

52.

Die beiden Koalitionsparteien CDU und FDP konnten mit dieser Bilanz mit guten Karten in den Landtagswahlkampf im Frühjahr 2001 ziehen. Auch die Umfragen waren günstig für uns. Natürlich will die Opposition vor einer Wahl immer verbal auf die Augenhöhe der Regierung kommen. Luftballons werden lautlos aufgeblasen und platzen laut. Mit Wahlkampfluftballons ist es genau umgekehrt: Sie werden mit großer Lautstärke aufgeblasen und platzen bei der Wahl ganz leise.

Die SPD nimmt sich verständlicherweise seit fast 50 Jahren vor, in unserem Land einmal den Ministerpräsidenten zu stellen. Dafür braucht man einen Spitzenkandidaten, der natürlich alle guten Gaben haben sollte, die einem Menschen überhaupt als Profil zugeschrieben werden können. Bei der baden-württembergischen SPD war das eine junge Bundestagsabgeordnete. Als Kernaussage sagte Ute Vogt schon vor Beginn des Wahlkampfs, dass sie ein jüngeres Gesicht habe als ich. Ich sagte darauf, das sei die einzige Wahlkampfaussage der SPD, der ich nicht widerspreche.

Die junge Kandidatin war auch für die Medien interessant. Denn so wie die SPD über 40 Jahre auf einen eigenen Ministerpräsidenten wartet, so warten manche Journalisten auf einen Wechsel, weil sie ihn interessant finden.

Die SPD verlagerte ihre „Kampa" aus Bonn nach Stuttgart. Intellektuelle und solche, die sich dafür halten, gehen selbstbewusst in den Wahlkampf und meinen, dass man mit Werbung und flotten Sprüche Mehrheiten verändern könne. Die „Kampa" hatte sich die Journalisten vorgenommen und versucht, sie besoffen zu reden. Bei einigen mag dies gelingen es, bei anderen nicht. Bei den Wählern aber sind Zustimmung und Vertrauen in der Regel stabiler als flüchtige Einflüsse.

Ich habe Frau Vogt natürlich ernst genommen und sie auch fair behandelt. Dass ich sie schon im Vorfeld des Wahlkampfes zu einem Fernsehgespräch aufforderte, überraschte die SPD. Es hat auch einige CDU-Leute überrascht, bis in den Landesvorstand hinein. Es wurde mir gesagt, der Amtsinhaber dürfe nie sich mit dem Herausforderer auf die gleiche Ebene begeben. Das sei unklug und riskant. Ich sagte mir: Wenn du mit einer fast dreißigjährigen politischen Erfahrung auf Landesebene in einem Wettstreit im Fernsehen über Probleme und Chancen des Landes mit einer Herausforderin nicht fertig wirst, die keine landespolitische Erfahrung hat, dann geschieht es dir gerade recht, denn dann bist du auf dem falschen Platz. Das Fernsehduell ging nicht zu meinen Ungunsten aus. Das haben mir am nächsten Abend beim Landespresseball zumindest ungezählte Gäste gesagt.

Den Landtagswahlkampf konnte ich nur mit Landespolitik gewinnen, denn auf Bundesebene war die CDU 2000 wahrlich nicht in guter Verfassung. Wir hatten die Bundestagswahl an Rot-Grün verloren und zwei Persönlichkeiten von Rang in einem Jahr ins Abseits gedrängt: den Ehrenvorsitzenden Helmut Kohl und den Bundesvorsitzenden Wolfgang Schäuble. Die Partei auf Bundesebene befasste sich nicht mit Politik und Zukunftsfragen, sondern mit Problemen von Parteispenden und ihren Folgen.

Einzelne Journalisten mokierten sich im Wahlkampf, dass ich nur Erfolgslisten der Landespolitik vortrug. Das war allerdings die einzige Chance, die Landtagswahl im März 2001 zu gewinnen. Baden-Württemberg stand gut da, besser als jedes andere Land, und die Bürgerinnen und Bürger unseres Landes sahen es genauso. Der Chefredakteur der „Stuttgarter Zeitung", Uwe Vorkötter, kommentierte eine für die CDU sehr günstige Umfrage am 22. Mai 1999: „Die Baden-Württemberger sind nicht nur mit Rot-Grün unzufrieden, sie sind zugleich mit ihrer Landesregierung, vorweg mit dem Ministerpräsidenten ausgesprochen zufrieden. Popularitätswerte, wie sie Erwin Teufel jetzt einfährt, kann in Bonn allenfalls Joschka Fischer für sich reklamieren. Mit Erwin Teufel ist die Mehrheit der Wähler im Einklang, mit sich selbst offenkundig ebenso. Die Baden-Württemberger finden, dass Baden-Württemberg spitze ist, immer noch oder wieder."

In der gleichen Umfrage hatte ich übrigens die positivste Bewertung meiner Arbeit als Ministerpräsident bei den 18- bis 24-Jährigen mit 64 % und bei den über 60-Jährigen mit 73 %.

Ich habe also mit Landespolitik Wahlkampf gemacht und ich habe in keiner Versammlung den politischen Gegner angegriffen. Oft kamen nach einer Wahlrede Menschen auf mich zu und sagten, sie hätten es besonders gut gefunden, dass ich nicht ein einziges Mal Politiker anderer Parteien attackiert hätte.

Wir gingen also mit Zuversicht in den Wahlkampf für den 25. März 2001. Im Unterschied zu einigen Medien habe ich bei meinen täglichen Kontakten mit Bürgern des Landes keine Wechselstimmung festgestellt.

Aber ich hatte aus dem Jahr 1992 auch die Erfahrung, wie schnell eine gute Stimmung und Ausgangslage überlagert werden kann, von einem einzigen Thema, das Emotionalisierung ermöglicht. Man kann es nicht erfinden, aber es kann von einem Tag auf den anderen einen Wahlkampf beherrschen.

Genau dieses Ereignis trat kurz vor Beginn der heißen Phase des Wahlkampfes ein.

Schon vor etwa zehn Jahren trat in Großbritannien eine völlig neue, noch kaum erforschte Tierseuche bei Rindern auf, BSE. Befallene Rinder hatten alle ein auffälliges Verhalten durch Störungen im zentralen Nervensystem. Die neue Rinderkrankheit wurde damals öffentlich noch kaum beachtet. Aber in unserem Land wurden auffällige Rinder mit zentralnervösen Störungen schon seit 1990 auf BSE untersucht. Es waren mehr als 2000 Tiere. In keinem einzigen Fall wurde BSE festgestellt.

1995 und 1997 wurden Rinder, die aus Großbritannien und aus der Schweiz nach Baden-Württemberg eingeführt worden waren, vorsorglich getötet.

Als aber Ende November des Jahres 2000 der erste BSE-Fall in Deutschland festgestellt wurde, veränderte sich die öffentliche Wahrnehmung schlagartig. Die Besorgnisse und Ängste der Verbraucher nahmen außerordentlich zu.

Wenn es in Deutschland einen Fall gäbe, wäre eine Verbreitung nicht auszuschließen, und es war der erste Fall in unserem Land absehbar. Wir nahmen deshalb den Vorgang sehr ernst und trafen im Land alle nur denkbaren Vorsorgemaßnahmen. Wir nahmen jeden Rat von unserer ausgezeichneten Fachverwaltung und von Spitzenforschungsinstituten in Tübingen und Heidelberg auf, erließen ein Tiermehlfütterungsverbot und bereiteten flächendeckende BSE-Tests bei Rindern vor.

Schon am 13. Dezember, wenige Tage nach dem ersten Fall in Deutschland und bevor eine Erkrankung in Baden-Württemberg auftrat, gab ich eine Regierungserklärung im Landtag ab und erläuterte alle Vorsorgemaßnahmen. In der Folgezeit, auch über Weihnachten, beobachtete ich die Durchführungsmaßnahmen und die Reaktion der Bürger. Nachdem es den ersten Fall in Bayern gegeben hatte, sah ich, mit welcher Überstürzung und mit welch weitgehenden Veränderungen bis hin zu einer Kabinettsumbildung und einer neuen Ressortverantwortung die bayerische Staatsregierung reagierte. Ich konnte mir also vorstellen, was bei uns passieren könnte, wenige Wochen vor der Wahl. Wer auf den ersten Fall bestürzt reagieren und einen kopflosen Eindruck machen würde, der würde das Übel nur vermehren. Wer aber besonnen reagiert, dem wird Verharmlosung vorgeworfen. Vor allem aber: Politisch Verantwortliche wurden mit Fragen überhäuft, die sie aus eigener Sachkenntnis kaum beantworten konnten.

Als der erste Fall auftrat, haben wir natürlich die notwendigen Maßnahmen verstärkt und alle Fragen ernst genommen.

Ich lud eine Runde von externen Fachleuten, Wissenschaftler unserer Universitäten und von Zürich, in das Staatsministerium ein, Und wir haben einen halben Tag mit ihnen diskutiert und uns sachkundig gemacht. Anschließend habe ich mit diesen Fachleuten in der Bibliothek der Villa Reitzenstein eine Pressekonferenz gegeben, in der alle Fragen der Journalisten sachkundig beantwortet wurden.

Dann beriet ich mich mit meinem Staatsminister, Christoph Palmer über das richtige Vorgehen in den nächsten

Wochen. Von guten Vorsorgemaßnahmen konnte die Verbreitung oder Eindämmung von BSE abhängen. Von einer richtigen Reaktion der Regierung konnte eine besonnene Haltung der Bevölkerung abhängen. Von einer Emotionalisierung aber konnte der ganze Wahlerfolg abhängen. Wir haben die Anhörung der Wissenschaftler und ihre Vorschläge noch einmal durchgesprochen. Dabei kamen wir auch auf Professor Beyreuther aus Heidelberg, der einen sehr guten Eindruck gemacht hatte. Christoph Palmer und ich kamen auf den Gedanken, ihn für eine eigene Beratung der Landesregierung in der BSE-Frage zu gewinnen. Ihm würden die Journalisten und die Öffentlichkeit weit eher Antworten abnehmen als Politikern, weil er ein neutraler Fachmann war.

Auf keinen Fall wollte ich den Eindruck erwecken, dass wir ihn nur für die nächsten Wochen des Wahlkampfes brauchen. Wir wollten ihn vielmehr in eine Struktur auf Dauer einbinden. Dafür bot sich die sehr gute Möglichkeit eines Staatsrates in der Landesregierung an. Ein Staatsrat ist volles Regierungsmitglied mit Sitz und Stimme im Kabinett. Er übt aber noch einen Beruf aus und stellt nur einen Teil seiner Arbeitszeit für die öffentliche Aufgabe zur Verfügung.

Weil ich in den nächsten Tagen, einschließlich Samstag und Sonntag, mit Terminen zugedeckt war, fuhr Staatsminister Palmer am Wochenende in meinem Auftrag zu Professor Beyreuther nach Heidelberg. Er sprach mit ihm über die Situation und bot ihm in meinem Namen das Amt eines „Staatsrats für Lebensschutz“ in der Landesregierung an. Er sollte sich für diesen zentralen Bereich unserer politischen Zielsetzung in der vollen Breite und auf Jahre hinaus engagieren. Vorrangig aber sollte er die Regierung und die Ministerien in BSE-Fragen beraten und die Öffentlichkeit durch Pressekonferenzen und Vorträgen im Land informieren. Professor Beyreuther sagte zu und wir hatten so einen Forscher von internationalem Rang für die Mitarbeit in der Landesregierung gewonnen. Der Ordinarius für Molekularbiologie an der Universität Heidelberg hatte 1988 zusammen mit englischen Wissenschaftlern den BSE-Erreger identifiziert und ist zudem einer der führenden Alzheimer-Forscher der Welt. In der öffentlichen Diskussion gewann er dann auch schnell Autorität durch seine Kompetenz. Die hervorragende Fachverwaltung des Landes erledigte ihr tägliches Arbeitspensum vor Ort. Auf diese Weise haben wir das Problem in unserem Land bewältigt und BSE aus dem Wahlkampf heraushalten können. Professor Beyreuther habe ich in die gleiche Aufgabe auch in der neuen Legislaturperiode berufen. Er war uns für Jahre ein angesehener Kollege und wertvoller Ratgeber.

53.

Vor den Erfolg bei der Landtagswahl haben die Götter aber den Schweiß des Wahlkampfes gesetzt. Am Vormittag besuchte ich Redaktionen und gab Interviews oder hielt Wahlkampfbesprechungen mit Generalsekretär Kauder und den engsten Mitarbeitern der CDU. Jeden Nachmittag und Abend hielt ich drei Wahlversammlungen im ganzen Land. Ich bin in diesen Wochen mit vielen Menschen ins Gespräch gekommen. Das hat mir eine große Sicherheit gegeben, dass wir die Wahl gewinnen werden. Ich habe mich von keiner Reportage oder angeblichen Umfragen über ein Kopf-an-Kopf-Rennen beirren lassen. Man kann mit den Erfahrungen vor Ort nicht quantifizieren und ein Ergebnis auf die Kommastelle vorhersagen, wohl aber weiß man, ob man eine Wahl gewinnt oder verliert.

Wir hatten eine vorzeigbare Leistungsbilanz. Unser Land stand gut da. Die ehrenamtlichen Wahlhelfer, treue CDU-

Mitglieder, uneigennützige Idealisten, waren motiviert. Erstmals gaben mir namhafte Mitbürgerinnen und Mitbürger öffentliche Unterstützung, in dem sie in selbstfinanzierten Testimonial-Anzeigen mit ihrem Bild und einer kurzen Begründung für meine Wiederwahl geworben haben. Es waren viele angesehene Bürgerinnen und Bürger aus dem ganzen Land, quer durch die Bevölkerung: Olympiasieger und Fußballnationalspieler, Rektoren und Professoren unserer Hochschulen, Intendanten und Schauspieler, Frauen in sozialer Verantwortung und Bäuerinnen, Tänzerinnen, Sänger und Startrompeter, Unternehmer und Betriebsratsvorsitzende, Studenten und Zivildienstleistende, Schülerinnen und Auszubildende, Handwerksmeister und Nobelpreisträger, Pfarrer und Maler. So viel persönliches Bekenntnis und Rückhalt tut gut und schafft Vertrauen.

Wir haben die Landtagswahl am 25. März 2001 gewonnen. Die CDU erreichte 44,8 % gegenüber 41,3 % vor vier Jahren. Die SPD erreichte 33,3 %, die FDP 8,1 %, die Grünen 7,7 %, die Republikaner nur noch 4,4 %. Da ich selbst befangen bin, hier einige Schlagzeilen vom Tag danach: „Erwin Teufels großer Sieg“ (Stuttgarter Zeitung). „Ein Traumergebnis für Teufel“ (Frankfurter Allgemeine Zeitung). „Triumph für die CDU“ (Bild). „Teufels Sieg“ (Stuttgarter Nachrichten). „Erwin Teufel hat es allen gezeigt“ (Schwarzwälder Bote). „Teufels Triumph“ (Mannheimer Morgen). „Der Triumph des Erwin Teufel“ (Südwestpresse).

Die Ursachenforschung in den Kommentaren hat unsere Linie im Wahlkampf und für die neue Legislaturperiode klar bestätigt: „Ein persönlicher Erfolg für Erwin Teufel. Die Bevölkerung hat ihm die Spitzenstellung des Landes in Wirtschaft und Wohlfahrt honoriert. Zugleich ist dies eine Anerkennung für seine ungewöhnliche Erfolgsbilanz der letzten Legislaturperiode“ (Jürgen Offenbach in den „Stuttgarter

Nachrichten"). „Teufel profitiert vom öffentlichen Überdruss an einer marktschreierischen Politik, die sich stets so geriert, wie es die Tagesmode gerade verlangt. Er schwimmt nicht wie Schnittlauch in jeder Suppe. Er profitiert von der Sehnsucht nach Glaubwürdigkeit, Sachlichkeit und Verlässlichkeit. Die hat Teufel. Er ist belesen und stets penibel vorbereitet. Seine Rede kann er mit vielen Beispielen untermauern. Jeder merkt, dass Teufel kein Blech redet. Was er sagt, klingt simpel, hat aber Hand und Fuß ... Erwin Teufel hat ein triumphales Ergebnis erzielt und damit diejenigen in seiner Partei beschämt, die ihn schon aufs Altenteil schicken wollten. Die CDU muss froh sein, dass sie noch einen Teufel hat; und hätte sie mehr von so lauteren Landesgärtnern wie ihn, es ginge ihr besser" (Heribert Prantl in der „Süddeutschen Zeitung").

Natürlich habe ich mich über das Wahlergebnis gefreut und genauso über die positiven Beurteilungen. Noch mehr als über den Wahlsieg der CDU habe ich mich aber über die Abwahl der Republikaner gefreut. Damit war die schwere Belastung unseres Landes durch das Asylproblem vor acht Jahren wieder gutgemacht. Unsere Politik der Abgrenzung nach Rechtsaußen hatte sich ausbezahlt. Wähler, die Protestwähler waren, wurden ins demokratische Spektrum zurückgeholt.

Einige Auswertungen der Wahl und Wählerbefragungen durch Meinungsforschungsinstitute waren für mich besonders aufschlussreich. Da sie für die CDU im Land und im Bund zur Orientierung unserer Politik von bleibender Bedeutung sind, gerade in unserer jetzigen Zeit, möchte ich einige zitieren: „Entscheidend für Wahlerfolge ist das Kompetenzpotential. Die CDU gewinnt Wahlen, wenn sie Kernkompetenzen besitzt. Im Unterschied zur Bundespartei hatte die CDU Baden-Württemberg das Zutrauen der Wähler in den entscheidenden Fragen: Wirtschaftslage, innere Sicherheit, besonders bei der Beseitigung der Arbeitslosigkeit. Damit hatte die CDU auch die Zukunftskompetenz inne.

Die CDU kann in fast allen Altersgruppen hinzugewinnen. Am stärksten (+ 10 Punkte) gewann sie bei den 25- bis 34-jährigen Frauen hinzu.

Mit der Arbeit der Landesregierung waren kontinuierlich etwa zwei Drittel der Bürger in Baden-Württemberg zufrieden. Weit über die eigene Anhängerschaft hinaus fand sie Zustimmung. So waren im März 2001 (Infratest-dimap) 51 Prozent der SPD- und 44 % der Grünen-Anhänger mit der Landesregierung zufrieden.

80 % der Baden-Württemberger waren mit der wirtschaftlichen Lage zufrieden. Sie wurde der CDU zugeschrieben und bestimmt maßgebend die hohe Zufriedenheit und damit das Abstimmungsverhalten.

Die CDU in Baden-Württemberg konnte unabhängig von der Bewertung der Bundespartei eigene Kompetenzprofile aufbauen.

Ministerpräsident Teufel genoss weit über die Grenzen der eigenen Anhängerschaft hinaus ein positives Image. So bestätigten ihm 73 % der Bürger, ein guter Ministerpräsident zu sein. Selbst unter den Anhängern der SPD fand Teufel bei der Mehrheit Zustimmung" (Analyse der Konrad-Adenauer-Stiftung auf der Basis von dimap, Nr. 18/2001).

„Es waren vor allem zwei Aspekte, die für die baden-württembergischen Wähler wahlentscheidend waren: Wirtschaftspolitik und soziale Gerechtigkeit" (Infratest-dimap für ARD).

Die CDU lag bei den Arbeitern mit einem zweistelligen Prozentsatz vor der SPD. Dimap fasste zusammen: „In Baden-Württemberg ist die CDU die Partei der einfachen Leute". Beides war für mich eine hohe Anerkennung.

In dieser Analyse der Motive für die Wahlentscheidung der Bürger liegen auch die Erfolgsrezepte für die Zukunft der CDU.

Mich machte das Wahlergebnis weder selbstzufrieden noch gar hochmütig. Vielmehr empfand ich große Dankbarkeit gegenüber den Bürgern und Wählern und fühlte mich noch mehr in Pflicht genommen für unser Land. Schon am zweiten Tag nach der Wahl ging ich an die Arbeit, an die Vorbereitung der Koalitionsverhandlungen und an die Regierungsbildung.

54.

Die Koalitionsverhandlungen gingen in einer kleinen Kommission von je drei Verantwortungsträgern, Landesvorsitzender, Fraktionsvorsitzender, Generalsekretär, zügig voran. Wir hatten gut und erfolgreich zusammengearbeitet. Es war ein gegenseitiges Vertrauensverhältnis gegeben und ein hohes Maß an Übereinstimmung in Sachfragen. Walter Döring war immer ein fairer Partner. Obwohl bislang erfolgreich, sagten wir nicht einfach: Weiter so. Wir gingen jeden Sachbereich der Landespolitik und viele Bereiche der Bundespolitik durch und entwickelten neue Ziele. Alles lief konzentriert ab und wir konnten bis Ostern die Koalitionsvereinbarung abschließen.

Mit Beginn der neuen Legislaturperiode im Juni konstituierte sich der Landtag, es fand die Wahl des Ministerpräsidenten und die Vorstellung der Regierung statt und am 20. Juni gab ich die Regierungserklärung für die neue Landesregierung unter der Überschrift: „Erfolgreich, weil menschlich“ ab. Ich zitierte den großen Unternehmensgründer unseres Landes, Robert Bosch, mit der Aussage: „Wer aufhört, besser sein zu wollen, hat aufgehört, gut zu sein". Wir wollten das Land der Talente und Patente bleiben.

Zum 1. Januar 2002 wurde der Euro in zwölf europäischen Ländern eingeführt. Ein Markt – eine Währung. Wir wollten die Einführung des Euro zu einem Erfolg für unsere exportorientierte Wirtschaft machen. Ich kündigte in diesem Zusammenhang an, dass wir in Brüssel ein „Haus Baden-Württemberg" als Vertretung unseres Landes und als Anlaufstelle für unsere Wirtschaft bauen wollten.

Auch wollten wir in der neuen Periode wiederum 5 500 zusätzliche Lehrerstellen für eine gute Unterrichtsversorgung unserer Kinder schaffen. Die Hochschulen sollten im Wesentlichen autonom werden und sich auch ihre Studenten selbst auswählen können.

Der Schwerpunkt lag wiederum in der Investition in die Köpfe der Menschen, in der Schaffung von „Humankapital", dem Humus, auf dem die Wertschöpfung des 21. Jahrhunderts gedeiht. Dafür wollten wir massiv investieren in den Informatik- und Medienbereich und in die Biowissenschaften, in unsere Schulen, Berufsschulen und Hochschulen und Berufsakademien, in Existenzgründungen, in Photonik und Lasertechnik, in Medizintechnik und Nanotechnologie und in die Brennstoffzelltechnik sowie in anwendungsorientierte Forschung.

Ich habe die Förderung von Kursen unserer Weiterbildungsinstitute für einen „Internet-Führerschein" vorgeschlagen. Am meisten gefreut hat mich, dass wir nun eine alte Idee von mir verwirklichen konnten, nämlich ein „Baden-Württemberg-Stipendium". Jedes Jahr werden seither 1000 Stipendien von unserer Landesstiftung ausgeschrieben, 500 für ein einjähriges Auslandsstudium von jungen Baden-Württembergern und 500 für junge ausländische Studenten für ein Studium in Baden-Württemberg. Diese Stipendiaten treffen sich einmal im Jahr in Stuttgart. Ich habe immer an diesen Treffen teilgenommen. Es war eine reine Freude, mit diesen offenen und weltoffenen jungen Menschen zu diskutieren. Mit der Zeit werden eine große Zahl dieser Alumni Führungsaufgaben in ihren Ländern wahrnehmen. Sie werden zu Botschaftern unseres Landes werden.

Ich habe auch ein „Familienland Baden-Württemberg" angekündigt durch Fortentwicklung und Ausweitung unserer Familien- und Betreuungspolitik für kleine Kinder. Wir wollten die Basis dafür schaffen, dass eine junge Mutter (oder ein Vater) wirklich eine freie eigene Entscheidung treffen kann, ob sie nach der Geburt eines Kindes eine Familienphase einlegt und sich ganz der Kindererziehung widmet oder ob sie Berufstätigkeit oder Teilzeitarbeit mit der Kindererziehung verbinden will. Beide Entscheidungen wollten wir ermöglichen und fördern.

Familie ist nicht von gestern, sondern eine Lebensform mit Zukunft. Die Familie ist durch nichts zu ersetzen. Familie gestalten die Eltern durch ihre Entscheidung. Wir wollten eine Wahlfreiheit durch bessere Vereinbarkeit von Familie und Beruf. Deshalb haben wir für familienfreundliche Öffnungszeiten von Kindergärten ebenso gesorgt wie für die verlässliche Grundschule. Wir förderten Horte an der Schule, Betreuungsangebote am Nachmittag und Ganztagsschulen. In enger Zusammenarbeit mit den Kommunen und den freien Trägern haben wir das Angebot an altersgemischten Gruppen und Tagespflegestellen gefördert. Wir wollten den Eltern ihre Erziehungsaufgabe nicht abnehmen, sondern wir wollten sie in ihrer Erziehungsaufgabe unterstützen. Das Landesfamiliengeld wollten wir ausbauen und die ständige Erhöhung des Bundeserziehungsgeldes und die Erhöhung der Anrechnung von Erziehungszeiten für einen selbständigen Rentenanspruch der Mutter auf Bundesebene unterstützen. Das Land selbst hatte schon 1991 eine Teilzeitbeschäftigung von 31 %, mehr als jeder Bereich der Wirtschaft. Wir sind mit dem guten Beispiel vorangegangen. Im Land haben wir die Förderung von Wohneigentum für junge Familien ausgebaut und das Modell „Mutter und Kind“.

Ein weiteres Anliegen war uns die Förderung der ehrenamtlichen Tätigkeit der Vereine und Selbsthilfegruppen.

Insgesamt ein breites Programm für ein erfolgreiches, weil menschliches Baden-Württemberg in den nächsten fünf Jahren.

55.

Am 27. April 2002 konnte unser Land seinen 50. Geburtstag feiern. Zum Fest kamen Bundespräsident Johannes Rau und Lord Dahrendorf als Redner. Viele illustre Gäste aus dem Ausland, aus allen deutschen Ländern und aus Baden-Württemberg versammelten sich im Großen Haus der Württembergischen Staatstheater in Stuttgart.

In meiner Begrüßungsrede brachte ich meine ganze Liebe zum Land und seinen Menschen, zu seiner Kultur und Geschichte zum Ausdruck. Sie sei daher hier ausführlicher dokumentiert.

„50 Jahre Baden-Württemberg – in fast 2000 Veranstaltungen feiern die Bürgerinnen und Bürger in diesem Jahr in allen Städten und Gemeinden dieses Jubiläum und machen es so zu einem Bürgerfest.

50 Jahre Baden-Württemberg:

‚Rühmliche Heimat‘ – so hat Martin Walser seine Reflexion über das Hölderlin-Gedicht ‚Mein Eigentum‘ überschrieben.

‚Rühmliche Heimat‘: Ich möchte heute gerne versuchen, davon ein wenig zu sprechen.

Davon, was die Eigenart unseres Landes und die Lebensart seiner Menschen ausmacht und was in 50 Jahren gemeinsamer Arbeit erreicht wurde.

Es ist gekommen, wie Theodor Heuss prophezeite:

‚Die Jungen werden in einigen Jahrzehnten gar nichts mehr davon wissen.'

Gemeint hatte er die ‚Reibereien' und Kämpfe, die der Gründung des Südweststaats vorausgingen und noch seine Anfangsjahre erschwerten.

Seither ist aus der alten Bezeichnung *badisch*-württembergisch wie selbstverständlich ein *baden*-württembergisch geworden. Ein sprachlich kleiner, aber inhaltlich bedeutender Unterschied. Aus dem Trennungsstrich wurde ein Bindestrich.

Das Land hat seinen Zusammenhalt gefunden und dabei gewonnen, ohne an landsmannschaftlich-kultureller Vielfalt zu verlieren.

Das ist seine Stärke: Einheit in Vielfalt.

Die höchsten Exporte und die niedrigste Arbeitslosenquote, die höchsten Forschungsausgaben und die meisten Ausbildungsplätze, die meisten Patente in Deutschland und die meisten Hochtechnologie-Arbeitsplätze in Europa, den ersten Platz bei ‚Jugend forscht' und den ersten Platz bei ‚Jugend musiziert': Baden-Württemberg setzt Maßstäbe auf vielen Gebieten.

Seit 1952 ist die Einwohnerzahl von 6,5 auf 10,5 Millionen gestiegen. Heimatvertriebene und Flüchtlinge, Aussiedler und ausländische Mitbürger, Binnenwanderung von Nord nach Süd und von Ost nach West: ein bundesweit einzigartiges Plus von 60 %.

Was hier *auch* zum Ausdruck kommt, ist eine permanente ‚Abstimmung mit dem Kopf und mit den Füßen' zugunsten unseres Landes. Ob Zugewanderte, Vertriebene, Spätaussiedler oder Gastarbeiter – sie alle haben ihren Teil zu einem modernen und menschlichen Baden-Württemberg beigetragen. Die Heimatvertriebenen dazuhin mit einer hohen Zustimmung zum gemeinsamen Land bei der Volksabstimmung 1951.

Die Geschichte dieses Landes ist auch und insbesondere die Geschichte einer gelungenen Integration neuer Mitbürgerinnen und Mitbürger.

Den Mut und die Überzeugungskraft, aus drei Ländern, die von den Besatzungsmächten willkürlich geschnitten wurden, eines zu machen, kann man auch heute noch nur bewundern. Weitsichtige politische Persönlichkeiten und eine heimatverbundene, geschichtsbewusste, aber gleichwohl zukunftsoffene und europaorientierte Bürgerschaft haben die einzige Länderneugliederung seit 1945 zustande gebracht.

Nicht nur Badener und Württemberger, sondern auch Hohenzollern und Hohenloher, Kurpfälzer und Franken, Schwarzwälder und Odenwälder, Alemannen und Oberschwaben bilden ein starkes Land, ohne ihre Herkunft, ihre Mentalität, ihre Mundart, ihre Bräuche, ihre Heimatfeste, ihre Küche aufzugeben. Sie finden ihre Identität in ihrer näheren Heimat *und* in unserem gemeinsamen Land und beides ist inzwischen unzertrennlich miteinander verwoben.

So verneigen wir uns heute vor der Gründergeneration. Sie hat ein hohes Maß an Weitsicht bewiesen.

Auch die Landespolitik kann im Laufe dieser 50 Jahre auf beachtliche Erfolge verweisen: Schulreform, Gebiets- und Verwaltungsreform, starker Ausbau und Neugründung von Hochschulen, der Aufbau einer großen Forschungslandschaft, die Bündelung der Kräfte und die Schaffung wettbewerbsfähiger Strukturen vom Energie- bis zum Bankensektor, vom Rundfunk bis zu den Sozialsystemen, die Standortpolitik zur Stärkung der Wettbewerbsfähigkeit unserer Wirtschaft, die drei Zukunftsoffensiven für die junge Generation.

Das alles haben die Bürgerinnen und Bürger ermöglicht, in Wahlen bestätigt und durch ihre Steuern bezahlt. Eine Regierung ist nur so mutig, wie es das Volk mitträgt, nur so weitsichtig, wie die Bürger folgen, auch wenn von ihr gefordert ist, voranzugehen.

‚Diejenige Regierung wäre ohnehin die beste, die uns lehrte, uns selbst zu regieren', sagt Goethe.

Was die Menschen in diesem Land seit Generationen auszeichnet, ist der Sinn für das Freie.

Von Professor Wilhelm Hahn, dem baden-württembergischen Kultusminister, der mit seinem baltischen Dickschädel gut in unser Land passte, habe ich folgende Sätze noch gut in Erinnerung: ‚Die Geschichtlichkeit des Menschen, der auf den Schultern seiner Väter steht, ist die Voraussetzung unserer Kultur. Wer das leugnet, entwurzelt den Menschen.'

Man muss wissen: das waren Reizworte in jener ‚aufgeladenen' Zeit der späten 60er und frühen 70er Jahre, die wir nicht ohne Kämpfe, aber ohne bleibenden Schaden durchgestanden haben.

Heute, vor dem Hintergrund manch gesellschaftlicher Entwicklungen und Herausforderungen auch im Zuge der Globalisierung, gewinnen die Worte neu an Bedeutung.

Wir brauchen ein Bewusstsein von Herkunft und Geschichte.

Denn es stärkt uns im Bestreben, zu bewahren, worauf wir stolz sein können, was wir spät genug erreicht haben und worauf wir auch in Zukunft nicht verzichten wollen: Freiheit, Demokratie und Menschenrechte, Wohlstand und Arbeitsplätze für alle Bürger, Bildungschancen und soziale Gerechtigkeit, auch äußere und innere Sicherheit.

Werte, die wir aus gewonnener Erfahrung tradieren, werden so auch über künftige Möglichkeiten und Wege entscheiden.

Das heißt keineswegs, dass wir dunkle und dunkelste Kapitel unserer Geschichte ignorieren oder verdrängen dürften. Bürger und Land pflegen die Gedenkstätten und halten die Erinnerung lebendig.

Es heißt, dass wir – ins Positive gewendet – nach formenden Kräften suchen, die uns weiterführen in Richtung Zukunft.

Eine solch formende Kraft im deutschen Südwesten ist – über die Jahrhunderte unbestreitbar –: der Kampf um Bürgerfreiheit, der ‚Sinn für das Recht'.

Bedenken wir: Schon im Jahr 1457 trat der erste württembergische Landtag zusammen.

Der Tübinger Vertrag von 1514 enthielt – erstmals in Festlandeuropa – Ansätze einer Gewaltenteilung, verbriefte bürgerliche Grund- und Freiheitsrechte und räumte den Landständen ein Budget-Bewilligungsrecht ein.

Diese freiheitliche Kraft äußerte sich ferner in den Aufständen und Bauernkriegen des frühen 16. Jahrhunderts.

Dann die bürgerliche Luft der freien Reichsstädte.

Johann Peter Hebels ‚Selber denken macht gescheit!'

Die Badische Verfassung von 1818 und die Württembergische Verfassung von 1819. In der Tat: Das Karlsruher Ständehaus ist die Wiege des deutschen Parlamentarismus.

Die Badische Revolution 1848/49. Leuchtfeuer eines kommenden demokratischen Deutschlands. Das Manifest aus dem ‚Salmen' in Offenburg von 1847 liest sich wie ein moderner Grundrechtekatalog.

Die Auswanderung und Ausweisung derer, die nach dem Scheitern der Revolution keine Zukunft und keine Freiheit in ihrem Heimatland mehr sahen.

Ludwig Uhlands Kampf und das ‚Alte (württembergische) Recht' und sein Auftreten in der Frankfurter Paulskirche.

Friedrich Ebert und Matthias Erzberger als Leitfiguren der Weimarer Republik.

Dann der Widerstand im Dritten Reich: der Offizier Graf von Stauffenberg, der Staatspräsident Eugen Bolz, der Karlsruher Stadtrat Reinhold Frank, der Geistliche Alfred Delp, der Gewerkschafter Julius Leber, der Arbeiter Georg Elser, die Studenten Hans und Sophie Scholl, die mutige Kämpferin für die jüdischen Mitbürger, Gertrud Luckner.

Es gibt wahrlich Persönlichkeiten und historische Kräfte, auf die wir stolz sein können im deutschen Südwesten. Wir orientieren uns heute zunehmend an Bildern. Wir sollten uns stärker noch an solchen ‚Vorbildern' orientieren.

‚Man soll Gottes Güte regnen lassen, aber selbst das Land pflügen.'

Ein Spruch, der mehr als manche volkswirtschaftliche Theorie erklärt, worauf unser Wohlstand beruht.

Die Menschen dieses Landes, das im 19. Jahrhundert in weiten Gebieten einem Armenhaus glich, haben ihr Schicksal *selbst* in die Hand genommen.

Der karge Boden ihrer Heimat hat sie zu allerhand Erfindungen und wirtschaftlichen Aktivitäten gebracht. Das konnten sie nur tun, weil sie niemand daran hinderte – weil sie sich als ‚Bürger' fühlten und weniger als ‚Untertanen'.

Heute nennt man das ‚Eigeninitiative'. Damals war es für viele Menschen ihre einzige Chance; und sie haben sie in großer Zahl genutzt. So entstanden Unternehmen, die oft bis in unsere heutige Zeit hinein vom Geist und Charakter örtlich-regionaler Zusammengehörigkeit getragen werden. Hier liegen die Wurzeln des für unser Land so typischen Mittelstandes. Durch den Wagemut und die Risikobereitschaft von Unternehmern, die Kompetenz von Facharbeitern und Meistern, den Erfindungsreichtum von Ingenieuren und Informatikern haben wir die höchste Beschäftigung in Deutschland, die niedrigste Jugendarbeitslosigkeit in Europa, die wenigsten Krankheitstage in den Betrieben und den höchsten Anteil im Länderfinanzausgleich.

Das alles wurde erreicht durch Tüfteln und Erfinden, durch gemeinsame Wertüberzeugungen. Das alles hört sich sehr bodenständig an, doch gehörte von Anfang an eine außergewöhnliche Weltoffenheit mit dazu.

Der wirtschaftliche Aufstieg des deutschen Südwestens war nur möglich, weil sich die Menschen in der Welt umgesehen haben: Weil sie bereit waren, dort hinzugehen, wo man am meisten lernen konnte, weil sie selbst ihre besten Verkäufer waren und Märkte erschlossen haben. Weil sie bereit waren, sich im Wettbewerb mit den Besten der Welt zu messen. Diese betont weltoffene Ausrichtung zeigt sich in den Biografien vieler Gründerpersönlichkeiten bis weit in den Mittelstand hinein.

Und sie zieht sich wie ein roter Faden durch die gesamte Wirtschaftsgeschichte unseres Landes.

Herausragende Gründerpersönlichkeiten kamen hinzu, die der industriellen Entwicklung eine ganz neue Richtung gaben: Gottlieb Daimler und Carl Benz, Robert Bosch und Graf Zeppelin. Aber auch Friedrich List und Ferdinand Steinbeis als Gewerbeförderer.

Heutige Unternehmensgründer in unserem Land stehen ihnen nicht nach.

Wo sonst gibt es reihenweise kleine und mittlere Firmen, die wie große Unternehmen Exportquoten von 60 und 70 % haben und oft Weltmarktführer sind.

Hinzu kommt: Lange bevor der Begriff ‚Soziale Marktwirtschaft' überhaupt erfunden war, haben baden-württembergische Unternehmer im Arbeiter den *Mit*-Arbeiter gesehen. Es gibt eine in Jahrzehnten gewachsene Unternehmenskultur in unserem Land: eine Zusammenarbeit von Arbeitgebern und Arbeitnehmern und das gemeinsame Verständnis für das Wohl des Unternehmens, das uns Mitte der 90er Jahre, in Abweichung von Flächentarifverträgen, durch Betriebsvereinbarungen die schlimmste Strukturkrise der Nachkriegszeit meistern ließ.

Arbeitgeber und Arbeitnehmer, nicht als Gegner, sondern als Partner im gemeinsamen Bestreben, Arbeitsplätze, Wettbewerbsfähigkeit und Zukunftschancen zu sichern. Auch das ist Baden-Württemberg!

Und: Baden-Württemberg ist das Land des Handwerks und der qualifizierten Ausbildung, der Bauern, der freien Berufe und der Pflegeberufe, der Erzieherinnen und Erzieher, der Lehrerinnen und Lehrer vom Elternhaus über den Kindergarten und die Schulen bis hin zu den Hochschulen. Auch das ist Baden-Württemberg!

Was prägt uns Baden-Württemberger noch? Über die Jahrhunderte ist aus dieser Landschaft an Rhein, Donau und Neckar ein beständiger Strom an Geist und Gedanken in die Welt geflossen.

Thomas Mann hat dieser Geisteshaltung, dieser Art, der Welt und den Menschen zu begegnen, seine Reverenz erwiesen. 1955 sagte er in Marbach in seiner Rede über Friedrich Schiller: ‚Von seinem sanft-gewaltigen Willen gehe … etwas in uns ein: von seinem Willen zum Schönen, Wahren und Guten, zur Gesittung, zur inneren Freiheit, zur Kunst, zur Liebe, zum Frieden, zu rettender Ehrfurcht des Menschen vor sich selbst.'

Ein anderes Beispiel: Die Geschichtsmächtigkeit der Hegelschen Philosophie. Diese Philosophie hat das geschichtliche Bewusstsein vieler nachfolgender Generationen bis in die Gegenwart hinein beeinflusst.

Einen anderen Strang bildet die Existenzphilosophie von Edmund Husserl, Martin Heidegger und Karl Jaspers, die

die Zerrissenheit des modernen Menschen, seine Geworfenheit und die Gefahr, ‚sich an das unbedingte Herstellen zu verlieren', beschreibt.

Ich denke an Max Weber, der als scharfsinniger Analytiker die moderne Gesellschaftswissenschaft in Deutschland begründet hat.

Bahnbrechend für die ganze Nachkriegsentwicklung war die Begründung der Sozialen Marktwirtschaft durch die „Freiburger Schule" um Walter Eucken in den 30er und 40er Jahren.

So betrachte ich als eine geschichtlich formende und ebenso zukunftsweisende Kraft dieses Landes ein Denken und Handeln, das um die Verletzlichkeit des modernen Menschen in einer hochtechnisierten Gesellschaft, auch mit all ihren bürokratischen Zwängen, weiß.

Ein Denken, das ständig um eine Balance ringt:
von Geist und Macht,
von Technik und Ethik,
von Information und Orientierung,
von Außen und Innen,
von Logik der Vernunft und Logik des Herzens.

Zu diesem Land, zu seiner Kultur, zu seinem ganzen Wesen und Werden gehören auch die Sinnierer und Spintisierer, die Templer und Morgenlandfahrer, die Sinnsucher und „Glasperlenspieler". Menschen, auf der Suche nach den noch ursprünglichen Quellen von Wahrheit und Glück und gelingendem Leben.

Martin Heideggers ‚Feldweg' etwa und die unerschöpfliche Kraft des Einfachen.

Das Erlebnis der Natur.

Leise Töne und empfindsames Schauen.

Bildende Kunst, Musik – und vor allem: Sprache.

Auch das scheint mir ein kostbares Stück Baden-Württemberg zu sein!

In einer Liebeserklärung an seine alemannische Heimat schreibt Hermann Hesse: ‚Unser alemannisches Land hat vielerlei Täler, Ecken und Winkel. Aber jedes alemannische Tal, auch das engste, hat seine Öffnung nach der Welt.'

So sind auch die Menschen in diesem Land: mit Ecken und Kanten, aber offen zur Welt. Und offen für die Fragen, was diese Welt im Innersten zusammenhält.

Von Maulbronn bis zur Reichenau, von Hirsau bis zum Tübinger Stift, von Heidelberg bis Freiburg reicht der Rang der Geisteswissenschaften in unserem Land, die auch heute der Spitzenforschung in den Naturwissenschaften, in der Medizin- und Biotechnologie an unseren Universitäten und Forschungseinrichtungen nicht nachstehen.

Wie dem großen Heidelberger Philosophen Hans-Georg Gadamer geht es den Forschern um die Hermeneutik, um das Verstehen und die Verständigung der Menschen durch die Sprache.

Die offenen Täler Hermann Hesses, mit ihrer Öffnung zur Welt, sind symbolisch auch die Donau und der Rhein, die uns verbinden mit den Völkern des Ostens und des Westens. Weltoffenheit ist zunächst Offenheit nach Europa.

Gute Nachbarschaft, die Versöhnung mit Frankreich, ihre Verankerung in den Herzen der Menschen in über 400 Städtepartnerschaften zwischen Baden-Württemberg und Frankreich, die europäische Einigung, die Orientierung zu den freiheitlichen Demokratien des Westens, das Bündnis mit den Vereinigten Staaten von Amerika haben unserem Land über 50 Jahre Frieden und Freiheit erhalten. Vor allem deshalb waren die 50 Jahre Baden-Württembergs 50 glückliche Jahre. 50 Jahre, die den Wohlstand der Bürger gemehrt haben und nicht die Zahl der Gefallenendenkmäler auf unseren Friedhöfen.

Baden-Württemberger waren Europäer der ersten Stunde. Schon für den Zusammenschluss wurde unter dem Leitmotiv geworben: ‚Der Südweststaat – erster Schritt zu Europa!'

Nun stehen wir wieder vor europäischen Weichenstellungen, die weit in die Zukunft reichen: Einer europäischen Verfassungsordnung und der Erweiterung der Europäischen Union nach Südosteuropa und Osteuropa, die wir beide bejahen. Europa wird dabei in Vielem – auch Grundsätzlichem – neu ausgerichtet werden müssen. Aber auch wir werden uns in Manchem umstellen und weiter verändern müssen.

Wir müssen *unsere* Interessen europäisch definieren. Europa aber muss sich an dem Grundsatz orientieren, der sich in Baden-Württemberg so sehr bewährt hat: Einheit in Vielfalt. Vielfalt ist Reichtum. Und: Europa muss vom Kopf auf die Füße gestellt werden. Die Füße aber sind die Städte und Gemeinden, die Länder und Regionen.

Baden-Württemberg bringt sich ein in dieses gemeinsame und wiedervereinigte Europa als ein junges Land mit Zukunft.

Ein Land der Talente und Patente.

Ein Land, das Nobelpreisträger und Weltraumfahrer hervorbringt.

Ein Land, das sich aktiv einbringt in die globalen Netzwerke von Wirtschaft, Bildung, Wissenschaft und Forschung.

Ein Land, das kluge Köpfe und mutige Leute anzieht – Menschen, die etwas unternehmen, etwas bewegen, etwas aus ihrem Leben machen wollen.

Ein Land herausragender Orchester und Theater, Museen und Galerien, Künstler und Filmemacher.

Waren es früher manuelle Fertigkeiten, die den Aufstieg des Landes begründeten, so kommt es heute – mehr denn je – auf die geistigen Kräfte an: auf Verfügungswissen und Orientierungswissen, auf die Fähigkeit, Wissen rasch in neue, weltmarktfähige Produkte und Dienstleistungen umzusetzen. Das internationale Spitzenniveau muss deshalb der Maßstab für unsere Schulen und Hochschulen sein.

Lord Dahrendorf, hat über die politischen Herausforderungen im Zeitalter der Globalisierung gesagt: ‚Es geht darum, drei Dinge miteinander zu verbinden, nämlich erstens Wettbewerbsfähigkeit in den rauen Winden der Weltwirtschaft zu erhalten und zu verstärken, zweitens dabei nicht Solidarität und sozialen Zusammenhalt zu opfern, drittens schließlich, das alles zu tun unter den Bedingungen und durch die Institutionen freier Gesellschaften.‘

Genau das: Freiheit der Bürger, Wirtschaftskompetenz und soziale Gerechtigkeit. Wir müssen uns die Menschenrechte, einen wirtschaftlichen Spitzenplatz und Mitmenschlichkeit täglich neu erarbeiten.

Das letzte Jahr war von den Vereinten Nationen zum ‚Jahr der Freiwilligenarbeit‘ ausgerufen worden. Die ‚Frankfurter Allgemeine‘ schrieb aus diesem Anlass: ‚Im Süden wird am meisten für das Gemeinwohl getan. Baden-Württemberg liegt an der Spitze bei der ehrenamtlichen Tätigkeit der Bürger.‘

‚Die Zeit‘ schrieb: ‚Wo existiert das dichteste Selbsthilfenetz? In Baden-Württemberg.‘

Die Bürgerinnen und Bürger in unserem Land begreifen also Solidarität nicht zuerst als eine Forderung an den Staat, sondern als Selbstverpflichtung, sich für das Gemeinwesen und das Gemeinwohl, für die Mitmenschen und Hilfsbedürftigen einzusetzen. Auf eine solche Bürgerschaft kann man nur stolz sein. Sie ist die Stärke dieses Landes.

Ein solches Kapital entsteht in der Familie, durch die Vermittlung von Werten, durch Erziehung zu Hause und in der Schule, durch Jugendarbeit und Vereinsarbeit, durch das gelebte Beispiel, durch soziales Engagement vor Ort.

Baden-Württemberger sehen auch über die Gemeindegrenze und Landesgrenze hinaus: Von ‚Adveniat' bis ‚Misereor', von ‚Brot für die Welt' bis zu den Sternsingern, von der Katastrophenhilfe bis zur Osteuropahilfe ist die Spendenbereitschaft in unserem Land am höchsten. Die Menschen sehen die Not – sie sehen nicht weg, sondern helfen mit.

Ich danke allen, die zum Zusammenhalt und zur Gemeinschaft beitragen und damit zu einer seelischen Temperatur in unserem Land, in der man sich wohl fühlt.

Ich danke allen, die täglich ihre Pflicht tun, in der Familie, im Beruf, in der Nachbarschaftshilfe, im Ehrenamt.

Ich habe Respekt vor dem jungen Wissenschaftler, der nach Amerika geht, um dort den letzten Schliff zu bekommen. Ich freue mich über jeden, der wieder zurückkommt.

Ich habe Respekt vor dem Existenzgründer, der etwas riskiert und damit die wirtschaftliche Basis stärkt, von der wir alle leben.

Ich habe Respekt vor dem Arbeitslosen, der sich weiterbildet und sich damit eine neue berufliche Perspektive eröffnet.

Ich habe Respekt vor dem ausländischen Mitbürger, der hier arbeitet, unsere Sprache erlernt und sich mit seiner Familie einlebt in unsere Gesellschaft.

Ich habe Respekt vor der Erziehungskraft unserer Mütter und Väter, die trotz vieler heimlicher Miterzieher ihren Kindern Halt vermitteln und Geborgenheit und Lebenshilfe und Selbstsicherheit.

Ich habe Respekt vor den vielen Frauen und Männern, die ihre alten Eltern zu Hause pflegen und sie nicht in ein Altersheim geben.

Wenn der geschichtliche Werdegang dieses Landes uns eines lehrt, dann ist es Vertrauen in die schöpferischen Fähigkeiten des freien Menschen und in sein mitmenschliches Verhalten. Was wir auch in Zukunft brauchen, ist Lebensfreude,

Zuversicht und Gottvertrauen. Über allem aber steht, was uns der 24-jährige Hans Scholl unter dem Fallbeil des Henkers als letzte Worte zurief: ‚Es lebe die Freiheit!'"

56.

Unser Land machte sich selbst und seinen Bürgern ein Geburtstagsgeschenk mit dem Bau eines „Landesmuseums für Geschichte" in bester Lage an der Konrad-Adenauer-Straße in Stuttgart.

Die Ursprungsidee für unser Landesmuseum „Haus der Geschichte" liegt in Israel. Sie entstand in den 80er Jahren in Tel Aviv. Bei einem Besuch im dortigen Diaspora Museum war ich fasziniert von der Darstellung jüdischer Geschichte und Kultur. Es war eine ganz neue Art der Präsentation, eine Inszenierung von Ereignissen in der Geschichte des Volkes und des Alltags und der Feste der Menschen. Das didaktische, pädagogische Geschick der Darstellung hat mich tief beeindruckt.

Schon lange war ich der Meinung, dass das Land Baden-Württemberg, das manche noch für das künstliche Gebilde „Südweststaat" hielten, eine Fundierung in seiner reichen Geschichte braucht, um die Menschen ganz unterschiedlicher Herkunft zu einer Identifikation mit ihrem Heimatland zu bringen.

„Wer nicht um seine Herkunft weiß, hat auch keine Zukunft", sagt Golo Mann. Unsere Zeit stellt sich weithin als Geschichtsvergessenheit dar. Landespolitik in Baden-Württemberg hat sich davon immer unterschieden, indem der Geschichtsunterricht erhalten wurde und viele Gedenkstätten und Heimatmuseen geschaffen wurden. An unseren Hochschulen lehren bedeutende Historiker.

Als Fraktionsvorsitzender der CDU-Landtagsfraktion habe ich dann den damaligen Ministerpräsidenten Lothar Späth, den damaligen Landtagspräsidenten Erich Schneider und den damaligen Stuttgarter Oberbürgermeister Manfred Rommel zu einem Besuch des Diaspora Museums in Tel Aviv eingeladen. Wir sind miteinander nach Israel geflogen und haben das Diaspora Museum besichtigt. Fortan hatte ich die Unterstützung der Spitze der Landesregierung, des Parlaments und der Landeshauptstadt.

Wir haben dann ein „Haus der Geschichte" gegründet. Es hatte aber noch kein festes Haus, aber wir konnten einige Stellen einrichten, auf die wir qualifizierte junge Wissenschaftler beriefen, die Dokumente und Ausstellungsgegenstände sammelten, Landesausstellungen vorbereitet und ein erstes Konzept für ein „Haus der Geschichte" als Museum entwickelt haben.

In einem zweiten Schritt ging es darum, einen Platz zu suchen. Er sollte in der Stadtmitte liegen, verkehrsgünstig gelegen sein, nahe beim Landtag für den Besuch von Schulklassen und er sollte ein anziehendes Bauwerk ermöglichen. Wir fanden ihn zwischen Staatsgalerie und dem Haus der Abgeordneten, als Teil der städtebaulichen Gestaltung von James Stirling, neben und im Zusammenhang mit den beiden Bauabschnitten einer neuen Musikhochschule an der Konrad-Adenauer-Straße.

Doch dann folgte eine große Enttäuschung und eine lange Durststrecke: Im Februar 1991 kam die erste Steuerschätzung mit Mindereinnahmen in Millionenhöhe auf Grund der schlechten wirtschaftlichen Entwicklung. Die ganzen Neunzigerjahre waren geprägt von ständigen Verschlechterungen der Haushaltslage. Ein neues Museum bauen, wenn man an allen Ecken und Enden sparen musste, das ging nicht. Das Projekt eines Hauses der Geschichte wurde von Haushalt zu Haushalt verschoben. Für Viele schien es gestorben.

Dann war das fünfzigjährige Jubiläum des Landes Baden-Württemberg im Jahr 2002 vorzubereiten. Ein großes Jubiläum eines starken Landes. Es entstand die Idee, dass sich das Land selbst und seinen Bürgern zum 50. Geburtstag ein Geschenk von Dauer machen solle: das „Haus der Geschichte".

Wir haben also mit zahlreichen Gesprächen unter Beteiligung des Finanzministeriums, des Wissenschaftsministeriums und des Staatsministeriums begonnen, Planung, Gestaltung und Inhalte vorzubereiten. Bedenken, hier wolle sich die Regierung mit der Darstellung ihrer Arbeit der letzten Jahre ein Denkmal setzen, wurden mit Fakten zerstreut. Das Parlament stimmte zu und stellte die Mittel zur Verfügung.

Lange wurde mit Wissenschaftlern und den Fachleuten der Ministerien unter meinem Vorsitz über die Zeitspanne der Darstellung und über die Grundzüge der Gestaltung diskutiert. Ich habe vorgeschlagen, dass wir mit Napoleon beginnen, nicht weil ich ihn herausstellen wollte, sondern weil in der „napoleonischen Flurbereinigung" aus über zweihundert selbständigen Ländern, Herzogtümern, Fürstentümern, Grafschaften, Klöstern, Freien Reichsstädten und Reichsstiften im heutigen Baden-Württemberg vier Einheiten entstanden: das Großherzogtum Baden, das Königreich Württemberg und die beiden Fürstentümer Hohenzollern-Sigmaringen und Hohenzollern-Hechingen.

Die Darstellung sollte mit der Gründung des Landes enden, die unmittelbare Gegenwart ausklammern und deren Beurteilung ruhig unseren Bürgerinnen und Bürgern überlassen. Dieser Zeitrahmen ermöglichte auch die Darstellung der Verfassungsgeschichte unserer Länder und die Darstellung der Industrialisierung unseres Landes im 19. Jahrhundert.

Auf der Grundlage dieser Grundsatzentscheidung haben Architekten und Bauhandwerker, Historiker und Künstler, Museumspädagogen und Ausstellungsfachleute ein Werk geschaffen, das alle überzeugt hatte und bei seiner Einweihung im Jubiläumsjahr 2002 architektonisch und gestalterisch als großer Wurf gefeiert wurde. Die reiche Kunst-, Kultur- und Museumslandschaft Baden-Wüttemberg wurde durch einen Solitär bereichert.

Das „Haus der Geschichte" ermöglicht neben der Dauerausstellung auch Wechselausstellungen, Symposien und Vorträge. Diese Chance wird auch gut genutzt. Das Haus ist lebendig und attraktiv. Es wird gut geleitet und vom Ministerium für Wissenschaft und Kunst auch gut geführt. Mein Wunsch: Jede Schulklasse, die den Landtag besucht, sollte bindend auch das „Haus der Geschichte" besuchen. Unsere Schülerinnen und Schüler hätten dann einen Bezug zur Landesgeschichte und sie gingen mit einem besseren Eindruck nach Hause, als wenn sie nur eine Plenarsitzung des Landtags besuchen.

57.

Im Laufe des neuen Jahrzehnts fiel Deutschland im Standortvergleich zurück. Die Arbeitslosigkeit im September 2003 lag bei 4 Millionen. Deutschland machte Schulden wie nie zuvor und die sozialen Sicherungssysteme waren am Zusammenbrechen. In dieser Situation gab die rot-grüne Bundesregierung keine Perspektive über den Tag hinaus. Tag für Tag gab es Änderungen, Kürzungen, Reformankündigungen, neue Wortschöpfungen und Gesetzesverabschiedungen, die vor ihrem Inkrafttreten wieder geändert wurden. So entstanden keine verlässlichen Rahmendaten für Wirtschaft und Bürger.

Es entstand eine Unübersichtlichkeit und eine Verunsicherung und als Folge eine Kaufkraftzurückhaltung der Verbraucher und eine Investitionszurückhaltung der Wirtschaft. „Wer arbeitet ist der Dumme", titelte der „Spiegel". So konnte es nicht länger bleiben. Die Lösung konnte nur heißen: Leistung muss sich wieder lohnen, mehr Eigenverantwortung und weniger Staat, mehr Mitverantwortung und Solidarität für die wirklich Bedürftigen, mehr Eigeninitiative und Wettbewerb, mehr Zukunftsvorsorge durch Politik für die Familien, für Bildungschancen junger Menschen statt einem Leben über unsere Verhältnisse.

Sozial war, was zu neuen Arbeitsplätzen führte.

Wir brauchten einen Mentalitätswandel. Die Bürger warteten auf Antworten auf die Fragen: Wie kommen wir aus der Talsohle und aus der hohen Arbeitslosigkeit heraus? Womit verdienen wir morgen unser Geld? Wo entstehen die Arbeitsplätze der Zukunft? Politik musste wieder berechenbar und verlässlich werden für die Bürger und die Arbeitgeber und Arbeitnehmer. Nur so konnte Vertrauen entstehen. Vertrauen aber ist die wichtigste Ressource für politische Gestaltung in schwierigen Zeiten. Natürlich war ein Land wie Baden-Württemberg von der Wirtschaftskrise und von der Unsicherheit der Bundesregierung auch stark betroffen. Aber wir versuchten trotz aller Sparmaßnahmen Schritt für Schritt unsere Ziele, unsere Zusagen zu verwirklichen. Gestaltungskraft war ebenso gefragt wie Berechenbarkeit. Die Mittel der Zukunftsoffensive und der Landesstiftung kamen uns bei der Aufgabenerfüllung zugute.

Beispielhaft möchte ich unsere Schulpolitik erwähnen: Wir führten eine flexible und frühere Einschulung der Kinder in die Grundschule ein. Als erstes deutsches Land boten wir ab der ersten Grundschulklasse Fremdsprachenunterricht an, entlang der Rheinschiene Französisch, die Sprache des Nachbarn, und im übrigen Land Englisch.

Wir stärkten die Lesefähigkeit in der Grundschule und die Ausrichtung auf die Berufsausbildung in der Hauptschule. Wir führten eine Oberstufenreform an Gymnasien und ein Abitur mit 12 Jahren neben dem Abitur mit 13 Jahren ein. In der Lehrerausbildung führten wir Praxissemester während des Studiums als Pflicht ein. 5 500 zusätzliche Lehrerstellen verbesserten die Qualität des Unterrichts. Wir haben bundesweit die Vorreiterrolle bei der Einführung von Bildungsstandards übernommen. Den Schulen gaben wir mehr Freiheit und Selbstverantwortung durch Kernlehrpläne und schuleigene Akzente. An der Universität Ulm richteten wir ein Zentrum für „Neurowissenschaften und Lernen" ein. In der PISA-Studie belegte Baden-Württemberg über alle Schularten hinweg den 2. Platz. Aber wir wollten noch besser werden.

Für die Hochschulreform lässt sich Ähnliches sagen: Kein anderes Bundesland war weiter als wir, mit einem Selbstauswahlrecht der Studenten für jede Hochschule, mit Bachelor- und Master-Studiengängen auf breiter Ebene, mit professionellen Leistungsstrukturen und starken Hochschulräten, mit einer Stärkung der Autonomie, mit Studiengebühren für Langzeitstudenten. Sie sollten ihren Platz frei machen für junge Abiturienten.

Mit Mut zu Veränderungen haben wir in unserem Land eine neue Dynamik erreicht.

58.

In den Jahren 2002 und 2003 war ein weiterer Schwerpunkt meiner Arbeit in Brüssel im „Konvent für eine Europäische Verfassung". Jedes von 28 Ländern stellte drei Vertreter, einen aus der ersten Kammer des Parlaments, bei uns dem Bundestag, einen aus der zweiten Kammer des Parlaments, bei uns aus dem Bundesrat, und einen Vertreter der Regierung. Hinzu kamen 16 Abgeordnete des Europäischen Parlaments und zwei Vertreter der Europäischen Kommission. Ich wurde als Vertreter des Deutschen Bundesrates in den Konvent gewählt. Ich habe mich aus Überzeugung der Aufgabe gestellt und einen großen Zeitaufwand zusätzlich zu meinen Aufgaben als Ministerpräsident auf mich genommen. Jahrelang hatte ich über die Zentralisierung in Brüssel und über die Unübersichtlichkeit der Entscheidungsprozesse geklagt. Jetzt wollte ich die Chance für eine Verbesserung wahrnehmen.

Europa hatte seine Organisationsstrukturen im Kern seit der Zeit, als die Europäische Gemeinschaft der sechs Staaten Frankreich, Deutschland, Belgien, Niederlande, Luxemburg und Italien gegründet wurde. Inzwischen wurde die Gemeinschaft nach Süden, Westen und Norden auf 15 Mitglieder der Europäischen Union erweitert und der Beitritt von zehn neuen Staaten in Ost- und Südosteuropa stand vor der Tür. Die Strukturen, die man bei der Gründung vereinbarte, waren tragfähig für sechs Mitglieder, wurden aber mit jedem neuen Beitritt reformbedürftiger, ganz besonders deshalb, weil in fast alle Fragen Einstimmigkeit der Mitgliedsländer vorgeschrieben war.

Der Gipfel in Nizza war der längste in der Geschichte der EU und der mit dem geringsten Ertrag. Es war nicht mehr möglich, die unterschiedlichsten Interessen von 15 Mitgliedsstaaten zu weiterführenden gemeinsamen Lösungen zu bringen. Ohne diese Erfahrung von Nizza wäre es nicht auf dem folgenden Gipfel der Staats- und Regierungschefs in Laaken zur Einsetzung eines „Konvents für eine Europäische Verfassung“ gekommen.

Aber klar war, dass der Konvent nicht eine Europäische Verfassung verabschieden konnte wie der Parlamentarische Rat 1948 eine deutsche Verfassung, das Grundgesetz. Der entscheidende Unterschied war: Die Bundesrepublik Deutschland ist ein Bundesstaat. Die Europäische Union aber ist ein Staatenbund von souveränen Staaten, die einen Teil ihrer Souveränität freiwillig an die EU abgegeben haben, sich aber selbst das Gesetzgebungsrecht im Europäischen Rat vorbehalten haben und erst recht das Verfassungsrecht. Der Konvent konnte also nur einen Entwurf für die Staats- und Regierungschefs, den Europäischen Rat, erstellen.

In vielen Sitzungen des Plenums, der Ausschüsse, der Fraktion, und in vielen, vielen Einzelgesprächen mit Konventsmitgliedern aus allen Ländern und Parteien habe ich für die Anliegen der deutschen Länder für einen subsidiären und föderativen Aufbau und eine innere Ordnung der Europäischen Union geworben.

Ich war neben dem Bekenntnis zur Menschenwürde und zu unveräußerlichen Menschenrechten und Freiheitsrechten für ein Europa, das von unten nach oben aufgebaut wird, für eine klare Transparenz der Entscheidungsprozesse, für demokratische und öffentliche Verfahren, für eine volle Gleichberechtigung des Europäischen Parlaments als Gesetzgebungsorgan neben dem Europäischen Rat, für eine Wahrung der Rechte der Länder (Regionen) in ihrer eigenen Zuständigkeit durch die europäischen Organe, für die Anerkennung des Selbstverwaltungsrechts der Städte und Gemeinden, für eine qualifizierte Mehrheit anstelle von Einstimmigkeit bei Entscheidungen, für eine klare Kompetenzordnung der europäischen Aufgaben, kurz: für die Einhaltung und Kontrolle des Subsidiaritätsprinzips, das schon in den Verträgen von Maastricht und Amsterdam steht, aber nicht eingehalten wurde, weil es keine Kontrolle gab.

Diese Ziele durchzusetzen war nicht einfach, weil es Länder (Regionen) mit Staatscharakter wie in Deutschland in den anderen Mitgliedsstaaten nicht gab. Deshalb musste man Gleichgesinnte finden, wenn man nicht allein auf weiter Flur stehen wollte. Man musste auch Kompromisse schließen, denn es gab keine Mehrheitsentscheidungen wie in einem Parlament, sondern ein Konsensprinzip.

Wenn man dies alles bedenkt, kam für einen Föderalisten wie mich doch beachtlich viel heraus. So sahen es auch alle Kollegen Ministerpräsidenten. Ich fand Unterstützung für das Ergebnis und der Europäische Verfassungsvertrag wurde im Deutschen Bundesrat nicht nur mit Zweidrittelmehrheit, sondern einstimmig angenommen. Bei der Ratifizierungsdebatte des Vertrags im Deutschen Bundestag habe ich in einem frei gehaltenen Debattenbeitrag den Vertrag und seine Bedeutung für Deutschland und Europa erläutert und für seine Annahme geworben. Ich fand nicht nur Zustimmung in den eigenen Reihen, sondern weit darüber hinaus. Anschließend erhob sich Bundeskanzler Gerhard Schröder von seinem Platz auf der Regierungsbank und ging zur Bundesratsbank, um mir zu gratulieren.

Der Verfassungsvertrag wurde auch im Bundestag mit ganz großer Mehrheit verabschiedet und anschließend auf dem Kapitol in Rom, in Erinnerung an die „Römischen Verträge“, das seitherige Fundament der Gemeinschaft, feierlich von den Staats- und Regierungschefs unterzeichnet. Anschließend wurde er in 19 Mitgliedsstaaten nach deren Recht in den Parlamenten oder in Volksabstimmungen ratifiziert. Aber er blieb leider in Frankreich und in den Niederlanden in Referenden ohne Mehrheit.

In einem intensiven Konsultationsprozess erreichte die deutsche Ratspräsidentschaft unter Vorsitz von Bundeskanzlerin Merkel eine Einigung, die als „Lissaboner Vertrag“ bezeichnet wurde, weil er in Lissabon unterzeichnet wurde und kein Verfassungsvertrag mehr sein durfte. Das Positive am Lissaboner Vertrag: Er enthält über 90 % der wichtigen Lösungen und Inhalte des Verfassungsvertrags. Das Negative: Er ist unlesbar und für die Bürger unverständlich, denn die Neuregelungen sind in über 400 Änderungen von zwei Altverträgen der EU versteckt. Dabei sollte durch eine Verbesserung der Strukturen und Verfahren im Verfassungsprozess ja gerade ein dem Bürger verständliches Dokument herauskommen, das wie das Grundgesetz und eine Landesverfassung einem jungen Menschen und einem Interessierten in die Hand gedrückt werden kann und von ihm gelesen und verstanden wird. Dennoch ist die Verabschiedung des Lissaboner Vertrags wichtig, denn er bringt Europa weiter.

Leider blieb auch der Lissaboner Vertrag in einer Volksabstimmung in Irland hängen. So stagniert der Verfassungsprozess und die Bürger ärgern sich nach wie vor über mangelnde Transparenz und völlig unzureichende Strukturen in Europa. Eine Alternative aber gibt es nicht, denn der Lissaboner Vertrag ist bereits die weniger gute Alternative zum Verfassungsvertrag. Ich bin zuversichtlich, dass der zweite Anlauf einer Volksabstimmung zum Lissaboner Vertrag in Irland positiv ausfällt.

Es wäre auch höchste Zeit, damit sich die Staats- und Regierungschefs auf ihren Treffen nicht zu zwei Drittel ihrer wertvollen Zeit mit Strukturfragen der EU beschäftigen müssen, sondern sich den wirklich wichtigen Fragen der Bürger zuwenden können: Sicherung der Wettbewerbsfähigkeit der europäischen Wirtschaft; Wissenschaft und Forschung in einer Welt, die immer mehr zusammenwächst; klare Rahmenregelung für den Wettbewerb im Sinne einer internationalen sozialen und ökologischen Marktwirtschaft; Überwindung der weltweiten Finanz- und Wirtschaftskrise durch klare Regeln für die Finanzmärkte in Abstimmung mit den Vereinigten Staaten und den anderen Wirtschaftspartnern der Welt. Wenn Europa auf Welthandelskonferenzen mit 27 Stimmen spricht, hat es keine Stimme. Wenn es aber mit einer Stimme spricht, wird niemand an Europa vorbeigehen können. Gerade auch die Globalisierung erfordert eine europäische Einigung, damit wir ein Faktor der Weltpolitik bleiben oder wieder werden.

59.

Auf Einzelheiten der mehrjährigen Konventsarbeit will ich hier nicht eingehen, weil sie in einer eigenen Schrift deutscher und europäischer Wissenschaftler und Politiker dargestellt ist („Erwin Teufel – für die deutschen Länder im Konvent"). Mir geht es hier aber um eine zentrale Leitlinie meiner politischen Arbeit im Land, im Bund und in Europa.

Für alle großen Probleme, die ich kenne, gibt es kein Patentrezept. Für die Probleme in Europa aber gibt es ein Patentrezept: das Subsidiaritätsprinzip. Leider erklärt sich das Wort nicht von selbst, aber es ist eine großartige Sache. Das Subsidiaritätsprinzip hat eine dreifache Bedeutung:

Erstens: Jeder ist für sich selbst und für seine Angehörigen verantwortlich, bevor er Ansprüche an die Gemeinschaft stellen kann.

Zweitens: Wenn seine Kraft nicht ausreicht, haben freie Träger in der Hilfeleistung Vorrang vor dem Staat, weil sie näher an den Menschen sind. Einrichtungen der freien Wohlfahrtspflege und Selbsthilfegruppen bieten Hilfe zur Selbsthilfe.

Drittens: Ein Staat oder Europa muss vom Bürger her gedacht und von unten nach oben aufgebaut werden. Bürgernähe und Problemnähe sind wichtig. Das ursprüngliche Recht liegt bei der kleinsten Einheit. Das ist die Gemeinde, die Stadt. Sie hat ein originäres Selbstverwaltungsrecht. Sie ermöglicht Teilhabe der Bürgerinnen und Bürger an ihren

Angelegenheiten. Die Gemeinde ist allzuständig. Wer eine Aufgabe weiter oben ansiedeln will als auf der Ebene der Gemeinde, ist beweispflichtig. Er muss aber nicht beweisen, dass es weiter oben auch geht, sondern dass es auf der Ebene der Gemeinde nicht geht. Nur dann darf eine Aufgabe auf die Ebene des Kreises gegeben werden. Große Städte sind selbst Stadtkreis.

Der Kreis ist ebenfalls eine Selbstverwaltungsebene. Er nimmt wichtige Aufgaben wahr, wie Sozial- und Jugendhilfe, Trägerschaft von Berufsschulen und Kliniken, den öffentlichen Nahverkehr, die Abfallwirtschaft, wichtige Verwaltungsaufgaben.

Nur was über die Kraft der Kreise hinausgeht, ist Aufgabe des Landes, in der europäischen Sprache, der Region, in der Schweiz, des Kantons. Länder sind in Deutschland Staaten innerhalb des Bundesstaates. Sie haben eine eigene Verfassung, ein eigenes Parlament, eine eigene Regierung, eine eigene Verwaltung für Landes- und Bundesaufgaben, eine eigene Gerichtsbarkeit, ein Verfassungsgericht. Sie haben wichtige Aufgaben: die ganze Bildungspolitik, die Ausbildung, Anstellung, Besoldung und Fortbildung der Lehrer. Die Trägerschaft der Universitäten, Fachhochschulen, Pädagogischen Hochschulen, Musikhochschulen, Kunsthochschulen, Berufsakademien. Sie sind für die Forschung zuständig und für den Gesamtbereich der inneren Sicherheit, für weite Bereiche des Umweltschutzes und der Wirtschaftsförderung, für den Straßenbau und den Regionalverkehr.

Nur was über die Kraft eines Landes hinausgeht, ist Sache des Bundes, des Nationalstaates, seines Parlaments und seiner Regierung. Das sind und bleiben wichtige Aufgaben. Wir erleben das gerade jetzt in einer Zeit der Wirtschafts- und Finanzkrise. Der Bund ist zuständig für die Außenpolitik und Verteidigungspolitik, für die Staatsangehörigkeit und

Zuwanderung, für den Luftverkehr und die Bundesbahn, für die Bundesautobahnen und Bundesstraßen, für die Postangelegenheiten und die Telekommunikation, für das Strafrecht und das Bürgerliche Recht, für die sozialen Sicherungssysteme, für die Großforschungseinrichtungen, für das Arbeitsrecht und die Betriebsverfassung, für das Recht der Wirtschaft und die friedliche Nutzung der Kernenergie und für viele andere wichtige Probleme von bundesweiter Bedeutung. Der Bund ist vor allem auch zuständig für die Gewährleistung der Menschenwürde, der Grundrechte und Freiheitsrechte unserer Verfassung. Der Bund, der Nationalstaat, wird deshalb in einer Europäischen Union nicht überflüssig. Das zeigen alle diese geschilderten, wichtigen Aufgaben.

Nur, was über die Kraft des Bundes, über die Kraft des Nationalstaates hinaus geht, sind heute europäische Aufgaben. Europa ist nicht dann stark, wenn es sich um tausenderlei Aufgaben kümmert, sondern wenn es sich um die richtigen Aufgaben kümmert. Die richtigen Aufgaben lassen sich nach dem Subsidiaritätsprinzip ganz genau definieren. Es sind diejenigen Aufgaben, welche die Kraft des Nationalstaates übersteigen:

Kein Nationalstaat kann sich heute mehr allein verteidigen. Deshalb sind Fragen der Außenpolitik, der Sicherheitspolitik, der Verteidigungspolitik zunehmend europäische Aufgaben. Hier müssen mehr Aufgaben nach Europa, während in anderen Bereichen vieles, was in Europa heute gemacht wird, heruntergegeben werden kann auf die nationalstaatliche, regionale oder kommunale Ebene.

Wenn man einen gemeinsamen Markt hat, sind Fragen des Wettbewerbs zentrale Aufgaben der Europäischen Union.

Wenn viele Staaten in Europa eine gemeinsame Währung haben, sind Fragen der Währungspolitik europäische Aufgabe.

Wenn die Welt immer stärker zu einer Welt wird: ein Weltmarkt für Güter, Dienstleistungen, Kapital, Wissen, organisierte Kriminalität, dann können diese Fragen nicht mehr auf nationaler Ebene allein geregelt werden. Ihr Feld geht über Europa hinaus. Weil wir aber kein Weltparlament, keine Weltregierung und keine Weltpolizei haben, brauchen wir ein Völkerrecht durch internationale Verträge, in denen sich die Staaten binden. Gewicht und Durchsetzungsfähigkeit wird aber Europa nur haben, wenn es seine Kräfte bündelt und mit einer Stimme spricht.

Wenn Teile der Agrarpolitik auf europäischer Ebene angesiedelt und integriert sind, sind diese Fragen in europäischer Zuständigkeit und Entscheidung.

Großforschungsaufgaben, die über die finanzielle Kapazität und über die Forschungs- und Entwicklungskapazität eines Nationalstaats hinausgehen, sind europäische Aufgabe.

Grenzüberschreitender Umweltschutz, wie etwa die Klimapolitik, muss europaweit und weltweit organisiert und gelöst und durchgesetzt werden.

Damit sind bereits die wesentlichen europäischen Aufgaben genannt. Sie müssen in einer klaren Kompetenzordnung festgelegt werden, damit jeder Bürger weiß, wer wofür zuständig ist. Dann kann er seine Zustimmung oder sein Missfallen mit dem Stimmzettel an der richtigen Stelle zum Ausdruck bringen.

Von allem anderen soll Europa die Finger lassen, weil man es auf kommunaler, regionaler oder nationaler Ebene besser, billiger, effizienter, näher an den Menschen und näher an den Problemen regeln kann. Nur so viel Einheit, wie zwingend nötig. Aber so viel Vielfalt, wie überhaupt möglich. Vielfalt ist Stärke. Die vielfältigen Kulturen und Sprachen, Mentalitäten und Herkünfte in Europa sind Reichtum und nicht Ballast.

Jeder Mensch hat mehrere Identitäten im Sinne einer vollen Übereinstimmung mit einer Gemeinschaft oder einer Sache. Wir haben eine Identität mit der Familie, aus der wir stammen. Eine Identität mit der Familie, die wir selbst gegründet haben. Eine Identität mit der Herkunftsgemeinde, aus der wir stammen, und mit der Stadt, die uns durch eigene Entscheidung zum Lebensmittelpunkt wurde. Wir haben eine landsmannschaftliche Identität, wir sind Schwaben und Oberschwaben, Alemannen und Hochalemannen, Badener und Württemberger, Franken und Kurpfälzer, Hohenzoller und Menschen von der Schwäbischen Alb, Schwarzwälder und Odenwälder. Wir identifizieren uns mit der Sprache dieser Landschaft und ihren Kulturdenkmälern, wir sind geprägt von den Vorfahren und wir schauen über den Kirchturm und die Gemarkungsgrenze hinaus. Wir sind Baden-Württemberger und haben hoffentlich auch eine nationale Identität. So brauchen wir auch eine europäische Identität, die geprägt ist aus der Antike von Griechenland und Rom, vom Judentum und Christentum, von der Renaissance und Aufklärung, von den Menschenrechten und dem Rechtsstaat, von den europäischen Wissenschaften, der Philosophie und den Geisteswissenschaften, den Naturwissenschaften und der Technik. Wir brauchen aber auch eine auf die Zukunft gerichtete europäische Identität in einer Welt, die immer mehr zusammenwächst. Wir werden Weltbürger, die wissen, woher sie kommen und was sie geistig trägt und bewegt.

Europa braucht ein Wir-Gefühl, eine Zusammengehörigkeit, eine Identität. Der ehemalige „Kontinent der Gewalt", in dem über Jahrhunderte jede Nachkriegszeit zur Vorkriegszeit wurde, braucht vor allem dies: eine verbindende Idee und geistige Kraft. Nicht Nivellierung, sondern Vielfalt. Freiheit des Menschen und Toleranz. Friedensbereitschaft und die unbedingte Herrschaft des Rechts. Solidarität und Verantwortungsbereitschaft.

60.

Das Gegenteil von Subsidiarität ist der Zentralstaat. Dem Prinzip der Subsidiarität entspricht der Föderalismus und der Bundesstaat. Er ist der Staat der Einheit in Vielfalt. Er lässt die Eigenarten und Unterschiede, die gewachsenen Institutionen gelten und baut auf starken Ländern und Kommunen auf.

Der Föderalismus des Parlamentarischen Rats und des Grundgesetzes von 1949 ist ein anderer Föderalismus, als wir ihn heute haben. Er ging von starken Landesparlamenten mit Gesetzgebungszuständigkeiten aus. Er unterschied zwischen Bundesgesetzen, die unstrittig auf Bundesebene zu erlassen waren, und Rahmengesetzen, in der der Bund nur den Rahmen bestimmen und die Ausgestaltung den Ländern überlassen sollte. Niemand hat die Entwicklung der Rahmengesetzgebung schöner beschrieben als Bundespräsident Rau bei der 50-Jahrfeier des Landes Baden-Württemberg im Jahr 2002: „Man sieht vor lauter Rahmen das Bild nicht mehr." Wer etwa das Hochschulrahmengesetz oder das Bundesbaugesetz in ihren Detailregelungen sah, konnte ihm nur zustimmen.

Der Hauptgrund für die Abweichung des Föderalismus heute von den Vorstellungen des Parlamentarischen Rats liegt aber bei der so genannten „konkurrierenden Gesetzgebung", dem größten Teil der Gesetzgebung überhaupt. Der Parlamentarische Rat und das Grundgesetz sahen die Gesetzgebungszuständigkeiten dieser 27 konkreten und breiten Sachgebiete bei den Ländern und damit bei den Landtagen.

Der Bund bekam in diesen Feldern lediglich das Recht zur Gesetzgebung im Einzelfall, „wenn und soweit die Herstellung gleichwertiger Lebensverhältnisse im Bundesgebiet eine bundesgesetzliche Regelung erforderlich macht".

Mit dieser Ermächtigung ging seit 1949 im Laufe der Jahre die ganze Gesetzgebung an den Bund. Es war konkurrierende Gesetzgebung, eine einzige Einbahnstraße ohne jeden Gegenverkehr. Da der Bund allein diese Auslegung zu entscheiden hatte, konnte ihn niemand zurückhalten. Die Leidtragenden waren die Länder, vor allem die Landtage. Sie verloren den größten Teil ihrer Zuständigkeiten. Sie behielten den Namen Parlament, verloren aber fast alle Gesetzgebungsbefugnisse. Die Landesregierungen wurden entschädigt durch die Mitentscheidungsrechte über diese Sachgebiete im Bundesrat. Aber das Grundgesetz wollte Gestaltungsföderalismus und nicht Beteiligungsföderalismus der Länder.

Deshalb habe ich über viele Jahre auf Bundesebene eine Föderalismuskommission und eine Änderung dieser Entwicklung gefordert. Der allererste Durchbruch gelang uns in der Definition der Mitwirkungsrechte und Mitbestimmungsrechte des Bundesrats in der Bundesgesetzgebung über europäische Fragen in einem neuen Artikel 23 des Grundgesetzes aus Anlass der Ratifizierung des europäischen Vertragswerks von Maastricht. Gegen die Auffassung des Auswärtigen Amtes und auch einiger Mitarbeiter des Bundeskanzleramts hat hier Bundeskanzler Kohl wichtige Zugeständnisse an die Länder gemacht, die auch eingehalten wurden.

Vor wenigen Jahren gab es eine Chance für eine Föderalismuskommission von Bund und Ländern, von Bundestag und Bundesrat, weil der Bund ein Interesse daran hatte, von der hohen Zahl an zustimmungspflichtigen Gesetzen im Bundesrat herunterzukommen. Da der Bundesrat häufig eine andere

Zusammensetzung hat als die jeweilige Bundesregierung, war dies natürlich ein berechtigtes Anliegen. Beide hatten also einander etwas zu geben. Trotz unterschiedlicher Interessen kam die Föderalismuskommission gut voran. Sie wurde von der Bundesregierung einige Zeit nicht sehr ernst genommen, weil sie wohl nicht mit einer Einigung rechnete. Im letzten Moment vor der Einigung stellte die Bundesregierung dann Forderungen auf dem Gebiet der Kulturpolitik, die genau gegenteilig zu den Anliegen der Länder und zur angedachten Einigung standen. So musste das Reformwerk scheitern. Es bekam eine neue Chance während der großen Koalition. Die Vorarbeit war geleistet und die Einigung war in kurzer Zeit möglich. Die Rahmengesetzgebung wurde abgeschafft und im Rahmen der konkurrierenden Gesetzgebung gingen einige weniger wichtige Zuständigkeiten und wenige wichtige an die Länder zurück. Zum ersten Mal Gegenverkehr nach Jahren der Schwächung der Länder und der Landtage.

Meine Erfahrung ist: Zentralismus ist wie ein Naturgesetz, wie ein reißender Strom. Wer dagegenhalten will, muss ständig Dämme errichten. Dämme aber können unterspült werden und wegbrechen und umgangen werden. Es ist ein ständiger Kampf. Deutschland hat kein Föderalismusproblem, sondern ein Zentralismusproblem.

Wer Föderalist ist, darf es im Geiste des Subsidiaritätsprinzips aber nicht nur nach oben sein, sondern muss, wenn er Landespolitiker ist, das gleiche Prinzip und Recht auch nach unten gewähren. Ich kenne Föderalisten, mit denen man Pferde stehlen kann, wenn es gegen Berlin oder Brüssel geht, die aber in ihrem Land alles auf die eigene Hauptstadt ausgerichtet haben. Ich hätte mir das als baden-württembergischer Ministerpräsident niemals leisten können und ich persönlich hätte mir eine solche Politik auch niemals vorstellen können.

Stuttgart ist als Landeshauptstadt wichtig und die Region dazu. Aber Baden-Württemberg besteht nicht nur aus Stuttgart.

Karlsruhe ist als ehemalige Landeshauptstadt Badens wichtig. Das Land hat deshalb alle großen Einrichtungen doppelt, sowohl in Stuttgart wie in Karlsruhe. Aber Baden besteht nicht nur als Karlsruhe.

Während meiner ganzen Amtszeit als Fraktionsvorsitzender und als Ministerpräsident habe ich sehr darauf geachtet, dass Mannheim, die zweitgrößte Stadt des Landes, eine Industriestadt und Kulturstadt, eine Einkaufsmetropole und Wissenschaftsstadt nicht zu kurz kommt.

Baden-Württemberg besteht aus den großen Zentren Stuttgart und Karlsruhe, Mannheim und Heidelberg. Freiburg und Ulm, Heilbronn und Pforzheim, aber auch Reutlingen und Villingen-Schwenningen, Ludwigsburg und Esslingen und vielen anderen bedeutenden Mittelstädten und Kreisstädten, Zentralorten und Gemeinden. Nie bin ich nach der Zahl der Einwohner gegangen, sondern ich habe auf eine ausgewogene Entwicklung des ganzen Landes geachtet. Nicht nur die Städte waren mir wichtig, sondern auch der ländliche Raum. Gleichwertige Lebensverhältnisse in allen Teilen des Landes war das Ziel der Landespolitik. Lebensqualität in Stadt und Land.

Es hat mich immer besonders gefreut, dass derjenige Landkreis, der in der Kreisreform in der letzten Nacht vor der Gesetzgebung aus der Taufe gehoben wurde, weil er der dann kleinste im Land war, nämlich der Hohenlohekreis, später die höchste Zuwachsrate hatte und die beste Entwicklung nahm.

In allen Teilen des Landes haben wir Hochschuleinrichtungen auch aus strukturpolitischen Gründen und nicht nur aus bildungspolitischen Gründen gegründet. Sie bieten Studienplätze, sind aber auch Partner der Wirtschaft in der technologischen Forschung und Entwicklung. Das Land kann nicht direkt Arbeitsplätze schaffen, wohl aber den Humus, auf dem neue Unternehmen und neue Arbeitsplätze entstehen.

Noch in der letzten Woche meiner Amtszeit als Ministerpräsident habe ich nach kurzer, intensiver Vorarbeit in Bad Mergentheim eine Außenstelle der bewährten Berufsakademie Mosbach aus der Taufe gehoben. Einziger Grund: In der Region Franken schwächelte der Main-Tauber-Kreis in wirtschaftlicher Hinsicht etwas gegenüber dem Kreis Heilbronn und dem Hohenlohekreis und auch gegenüber der Stadt Würzburg. Deshalb wollte ich einen Schwerpunkt der Bildung und Ausbildung setzen. Ich habe inzwischen festgestellt, dass sich das Kind gut entwickelt.

Der renommierte Unternehmensberater Roland Berger hat in einem Gutachten über die Entwicklung des Landes Baden-Württemberg festgestellt, er kenne kein Land in Deutschland und weltweit, das eine so ausgeglichene Entwicklung in allen Teilen des Landes habe wie Baden-Württemberg. Eine größere Auszeichnung hätte ich für meine innerste Überzeugung von der guten Entwicklung eines Landes nicht bekommen können.

61.

Auf der gleichen Linie eines föderalen Denkens und einer dezentralen Politik liegt das letzte Großvorhaben der Legislaturperiode, eine große Verwaltungsreform. Das Ziel war, eine leistungsstarke und bürgernahe Verwaltung für das 21. Jahrhundert zu schaffen.

Da war in Südbaden ein mittelständischer Unternehmer. Er war Zulieferer zur Automobilindustrie und hatte bis dahin vor allem Daimler und VW beliefert. Er hatte die Chance, neu mit BMW ins Geschäft zu kommen. Die Voraussetzung war: Er musste in einem halben Jahr liefern können. Dafür musste er seinen Betrieb erweitern. Das Baugesuch wurde nicht nur von der Baugenehmigungsbehörde, sondern von weiteren sechs Sonderbehörden bearbeitet. Fünf gingen klar, die sechste legte sich quer. Es bestand die Gefahr, dass das halbe Jahr, das er für den Neubau brauchte, für das Genehmigungsverfahren verloren ging. Der Mittelständler musste bis zum Ministerpräsidenten gehen, damit er zu seiner Baugenehmigung kam. Das konnte ja nicht die Ordnung im Staate sein. Dieser Fall brachte bei mir das Fass zum Überlaufen.

Oder, das andere Beispiel: Der Bürgermeister einer Gemeinde der Region Stuttgart kam auf mich zu. Er brachte mir die Stellungnahmen eines Landwirtschaftsamts im Rahmen einer Anhörung zur Aufstellung von Bebauungsplänen. Auf einem standardisierten Papier, auf dem nur der Betreff und der Name des Baugebiets geändert war, schrieb das Landwirtschaftsamt einen Einspruch nach dem anderen gegen die bauliche Erweiterung der Gemeinde mit der Begründung, dass es sich im geplanten Baugebiet um die besten Böden des Landes handle. Sie müssten der landwirtschaftlichen Nutzung vorbehalten bleiben. Mit dieser Begründung hätte im Raum Herrenberg bis Ludwigsburg keine bauliche Erweiterung stattfinden dürfen, denn in diesem Bereich liegen die besten Böden des Landes.

Was wurde in beiden Fällen sichtbar? Dass Sonderbehörden wichtig sind, dass sie aber nicht das letzte Wort haben dürfen. Wir brauchen heute den Sachverstand aller Spezialisten, aber wir brauchen integrierte Entscheidungen. In keinem Bereich geht es ohne Spezialisierung und Arbeitsteilung, nicht in der Wissenschaft, nicht in der Wirtschaft, nicht in der Medizin, nicht in der Verwaltung. Wir brauchen die Spezialisten, aber wir brauchen auch ein vernetztes Denken, ein Denken in Zusammenhängen. Jeder Spezialist vertritt eine Teilwahrheit. Aber die Wahrheit ist das Ganze.

Dabei lag auch hier das Modell, das durchzusetzen war, vor aller Augen. Es ist die Gemeinde, die Stadt, das Rathaus. Dort ist seit mehreren Jahrhunderten die ganze Verwaltung unter einem Dach und einer muss bei unterschiedlichen Auffassungen seiner Ämter entscheiden: der Bürgermeister oder Oberbürgermeister. Er trägt dafür auch die Verantwortung. Er leitet die Verwaltung.

Man könnte das auch alles ganz anders organisieren: Man könnte ein eigenes Bauamt schaffen, ein eigenes Versicherungsamt, ein eigenes Steueramt, ein eigenes Standesamt. Aber von der kleinsten Gemeinde bis zur Stadt Stuttgart ist alles unter einem Dach. Das fällt uns gar nicht mehr auf, so selbstverständlich ist es.

Aber auf der nächsten und übernächsten Ebene sieht es ganz anders aus. Da haben wir neben dem Landratsamt als untere Verwaltungsbehörde bis zu 15 untere Sonderbehörden. Sie sind selbständig und mit qualifizierten Fachleuten besetzt. Aber wer führt das Sachwissen zusammen?

Auch auf der nächsthöheren Ebene, dem Regierungsbezirk, sieht es gleich aus. Da haben wir als großes Flächenland je ein Regierungspräsidium in Stuttgart, Karlsruhe, Freiburg und Tübingen. Aber daneben obere Sonderbehörden, einmal oder vierfach: eine Forstdirektion, ein Oberschulamt, eine Naturschutzbehörde, eine Gewässerdirektion, ein Landesamt für Geologie, ein Denkmalamt, eine Gewerbeaufsichtsverwaltung, Landespolizeidirektionen, ein Landesversorgungsamt, ein Landesstraßenbauamt, ein Landesamt für Flurneuordnung, die Landeswohlfahrtsverbände.

Das Ziel war nun, alle unteren Sonderbehörden in das

Landratsamt und in die Rathäuser der Stadtkreise einzugliedern und auf der Ebene der Regierungspräsidien alle höheren Sonderbehörden in das Regierungspräsidium zu integrieren. Einheit der Verwaltung auch auf Kreisebene und Bezirksebene, so wie auf der Ebene der Gemeinde und der Stadt. Eine moderne Verwaltung: Bürgernähe und Problemnähe, gebündelte Kompetenz, kurze Wege, integrierte und schnelle Entscheidungen, klare Verantwortung.

Bislang gab es für eine so weitreichende Reform der Verwaltung keine Mehrheit im Landtag. Im Gegenteil: Die Oppositionsparteien SPD und Grüne waren für die Aufhebung der Regierungspräsidien und für die Schaffung von Regionalkreisen. Die FDP vertrat über Jahre auch diese Auffassung. Da wir keine eigenständige Mehrheit im Landtag hatten, ging unsere ganze Anstrengung dahin, diese beiden politischen Ziele zu verhindern.

Auf einmal las ich in der Zeitung einen kleinen Bericht über eine Pressekonferenz der FDP-Landtagsfraktion. Er war beachtlich, wurde aber kaum zur Kenntnis genommen. Der Fraktionsvorsitzende und sein innenpolitischer Sprecher, ein kompetenter Oberbürgermeister, äußerte sich zu einer Verwaltungsreform und sagte, dass sie nicht mehr auf der Auflösung der Regierungspräsidien bestehen würden und dass ihre Vorstellung von Regionalkreisen nun auch ihre Zeit gehabt habe.

Ich erkannte die einmalige Chance und setzte mich ohne Rücksprache mit der FDP, aber auf der Basis dieser Aussage an meinen Schreibtisch zu Hause. An einem Samstagvormittag entwickelte ich die Verwaltungsreform durch Eingliederung aller Sonderbehörden in die Verwaltung der Landkreise und Stadtkreise und in die Regierungspräsidien. Als Hilfsmittel hatte ich nur das Landesverwaltungsgesetz vor mir, damit ich auch keine Behörde vergesse. Ich errechnete an Hand der jährlichen Fluktuationsrate bei der Verwaltung von ca. 4 % eine Effizienzrendite als Vorgabe für die neue Behörde von 3 % im Jahr. Damit waren noch Einstellungen möglich. In der Summe ergaben sich in sieben Jahren 20 % Personalkostenreduzierung. Das Konzept feilte ich noch aus und legte es am Montagmorgen der Regierung, dem Koalitionspartner, den Regierungsfraktionen und ihren Arbeitskreisen vor. In der Zeit von Montagmorgen 9 Uhr bis Dienstagnachmittag 17 Uhr, nach den beiden Fraktionssitzungen der CDU und FDP, wurde alles unter Dach und Fach gebracht und dann das Ergebnis vom stellvertretenden Ministerpräsidenten, den beiden Fraktionsvorsitzenden und mir in einer Pressekonferenz verkündet. Das war der einzige Weg zum Erfolg. Von 450 selbständigen Behörden wurden 350 aufgelöst. 20 000 Landesbedienstete waren betroffen. Etwa 12 000 von ihnen wurden Mitarbeiter der Landkreise und Stadtkreise, ohne dass sie irgendeinen Nachteil hatten.

In anderen Ländern ist eine solche Reform am Widerstand der Betroffenen und am Widerstand von Städten, die eine Behörde verlieren sollten, gescheitert.

Eine solche Reform konnte ich nur entwickeln und durchsetzen, weil ich in Fragen der Verwaltung selbst kompetent war. Von meinem 16. Lebensjahr an kannte ich jede Verwaltungsebene von innen. Nie hätte ich mir eine Reform in einem anderen Bereich ohne Sachverstand und Beratung zugetraut. Es war also eine einmalige Ausnahme, aber sie führte zum Erfolg.

Natürlich habe ich nur das Grundkonzept entwickelt. Nach der grundsätzlichen Zustimmung der Regierungsfraktionen war monatelange Detailarbeit nötig. Sie wurde vom Innenministerium und allen Ressorts geleistet. Eng wurde mit den Personalvertretungen zusammengearbeitet. Einen besonders schwierigen Part spielte Staatssekretär Rückert vom

Finanzministerium, aber mit Erfolg. Er brachte durch Offenlegung aller Zahlen eine vollständige Zustimmung der übernehmenden Stadt- und Landkreise zustande. Dabei ging es um sehr viel Geld auf viele Jahre hinaus für die Besoldung und die Pensionslasten aller Mitarbeiter, die vom Land zu den Kommunen wechselten.

Natürlich gab es auch viel Widerstand. Besorgnis bei den Betroffenen über die Veränderung. Die Zumutung an selbständige Amtsleiter, sich als Abteilungsleiter in ein größeres Amt einzufügen. Das habe ich verstanden.

Der größte Widerstand allerdings kam aus den Ministerien. Sie fürchteten um ihr Durchgriffsrecht auf „ihre" Sonderbehörden. Ministerien eines Landes geben so wenig freiwillig Zuständigkeiten ab, die sie seit Jahren haben, wie ein Bundesministerium oder wie die Kommission der EU in Brüssel.

Aber der Staat braucht Vertrauen in die Selbstverwaltung. Dort sitzen die gleich gut ausgebildeten Leute wie in der Staatsverwaltung, und auch sie halten sich an Recht und Gesetz. Entscheidend ist, dass eine Aufgabe möglichst gut und bürgernah erledigt wird. Entscheidend ist nicht, dass es ein Staatsbediensteter sein muss, der sie erfüllt.

Heute hat sich die Verwaltungsreform bewährt. Unsere Gemeinden und Städte haben gute Arbeit geleistet, und auch die vielen qualifizierten Fachleute unserer Sonderbehörden leisten gute Arbeit in den Landratsämtern. Die Kreise haben zu einem großen Teil die Effizienzrendite von 20 % viel früher als geplant erreicht. Sie dürfen die früher eingesparten Mittel behalten. Die Sorge der Kreistage, das Land wolle sich finanziell entlasten, ist zerstreut und wird nirgends mehr befürchtet.

Landesregierung und Landtag haben inzwischen an einer einzigen Stelle eine Korrektur angebracht. Sie haben die

Schulämter aus den Stadt- und Landkreisen wieder ausgegliedert und zu einer selbständigen Behörde gemacht. Ich möchte nur sagen, warum wir sie eingegliedert haben:

Die Schulämter bestanden und bestehen aus kompetenten Schulamtsdirektoren mit der Qualifikation zur Ausbildung von Lehrern. Sie haben eine starke pädagogische Kompetenz, sind aber verständlicherweise keine Verwaltungsfachleute. Die Eingliederung in das Landratsamt hat die Schulämter in ihrer Verwaltungskraft gestärkt und den Schulräten Raum für Schulbesuche und die Betreuung der Lehrer geschaffen.

Wenn es schon in Bälde durch den starken Rückgang von Schülern auf Grund der Geburtenentwicklung zur Schließung von Schulen kommt, wäre sicher mancher froh, er hätte die Kreistage und Gemeinderäte für sich und nicht gegen sich.

Die Verwaltungsreform in Baden-Württemberg wird heute in vielen Ländern als ein vorzügliches Modell betrachtet. Ich bin inzwischen in fünf Länder eingeladen worden, um bei Landkreistagen vor Kreisräten und Landräten, Abgeordneten und Regierungsvertretern über die Reform in unserem Land zu berichten.

Am meisten freue ich mich darüber, dass mich immer wieder Beamte aus früheren Sonderbehörden ansprechen und mir sagen, sie hätten zu Unrecht Bedenken gehabt und würden sich in der neuen Behörde wohl fühlen.

62.

„Die Deutschen haben Grund zur Freude. Die Zeitenwende des Jahres 1989 brachte uns die Wiedervereinigung am 3. Oktober 1990. Nach den vielen schlimmen Daten dieses Jahrhunderts eine Wende zum Guten. Wir in Baden-Württemberg haben Grund zur Freude. Denn wir dürfen in diesem Jahr das Fest der Deutschen ausrichten."

Das sagte ich am 3. Oktober 1997 beim Festakt in unserer Staatsoper in Stuttgart.

Als Bundesratspräsident durfte ich alle anderen Repräsentanten unserer Verfassungsorgane begrüßen: Bundespräsidenten Roman Herzog, Bundestagspräsidentin Rita Süßmuth, Bundeskanzler Helmut Kohl und die Präsidentin des Bundesverfassungsgerichts Jutta Limbach. Zahlreiche Ministerpräsidenten, Bundesminister, Botschafter, Abgeordnete, Repräsentanten der Kirchen, der Wirtschaft, der Kultur, der Wissenschaft und Bürgerdelegationen aus allen 16 deutschen Ländern waren unsere Gäste.

Als Ehrengäste hatte ich den 41. Präsidenten der Vereinigten Staaten von Amerika George Bush und seine Frau eingeladen.

In seinem Buch „Verspielte Größe" zitiert Fritz Stern den großen Zeitgenossen Raymond Aron mit dem Satz: „Es hätte Deutschlands Jahrhundert sein können."

Stattdessen wurde das 20. Jahrhundert ein Jahrhundert von zwei Weltkriegen, von Völkermord und Unterdrückung, von totalitärer Herrschaft durch Nationalsozialismus und Kommunismus, von Flucht und Vertreibung, von Wirtschaftskrisen und Elend.

„Der Friede ist kein Naturzustand", sagte Immanuel Kant. Also bedarf es der Friedensstifter. Sie werden im Neuen Testament selig gepriesen.

Unser Land lebt seit 50 Jahren in Frieden. Es ist die längste Zeit des Friedens in unserer Geschichte. Zum ersten Mal wachsen bei uns Generationen heran, die nicht in einen Krieg ziehen müssen.

Wir verdanken Frieden und Freiheit einer Politik der Westorientierung nach 1945, wie sie von Konrad Adenauer eingeleitet wurde. Es war nicht nur eine Politik der geographischen Orientierung nach Westen, sondern auch eine Politik der Orientierung an den Werten der westlichen Demokratien, an der christlichen Vorstellung von der Würde des Menschen als Geschöpf Gottes, an den Werten der amerikanischen Freiheitsbewegung und der Menschenrechte, der europäischen Freiheitsgeschichte und der Aufklärung.

Wir verdanken Frieden und Freiheit der Politik der Versöhnung mit Frankreich und mit allen unseren Nachbarn, der Politik der europäischen Einigung und des Bündnisses mit den Vereinigten Staaten von Amerika.

Wir verdanken den Vereinigten Staaten nicht viel, sondern alles:

Humanität im Umgang mit Kriegsgefangenen und in ihrer Besatzungszone,

die Schülerspeisung und Carepakete in der Zeit der größten Not,

die „Rede der Hoffnung", die der amerikanische Außenminister Byrnes im kriegszerstörten Stuttgart am 6.9.1946 in der dortigen Staatsoper an das deutsche Volk gehalten hat,

den Marshallplan und den Wirtschaftsrat in Frankfurt,

die Luftbrücke und die Rettung Westberlins,

die Präsenz der Truppen in Deutschland und Europa. Deshalb wurde die Nachkriegszeit nicht, wie nach dem Ersten Weltkrieg, zur Vorkriegszeit.

Wir verdanken den Amerikanern die Aufnahme der jungen Bundesrepublik Deutschland in die NATO nach dem Scheitern der Europäischen Verteidigungsgemeinschaft.

Wir verdanken den Vereinigten Staaten und diesem Präsidenten, George Bush, vor allen die Wiedervereinigung Deutschlands.

Es war sein Wagemut und seine besonnene Führung, seine Sensibilität für eine geschichtliche Chance und sein Vertrauen in Bundeskanzler Helmut Kohl und in die deutsche Regierung.

Er hat die vielerorts tiefsitzende Furcht vor einem geeinten Deutschland überwunden. Präsident Bush sprach offen aus, dass der Kalte Krieg erst vorüber sein werde, wenn Europa ungeteilt und frei sei.

Die Regierung der Vereinigten Staaten war zu jeder Stunde in den entscheidenden Jahren 1989 und 1990 im konzeptionellen Denken der Wiedervereinigung jeder anderen Regierung voraus.

Präsident Bush ist über die plötzliche Chance zur Wiedervereinigung nicht erschrocken, er hat sie nicht auf die lange Bank geschoben, er hat sich nicht hinter vorsichtige und ablehnende Worte anderer Regierungschefs versteckt, sondern ist mutig vorangegangen. Seine Maxime war nicht Furcht, sondern Mut und Vertrauen.

Was viele Deutsche für aussichtslos hielten und einige für eine Lebenslüge, nämlich die Deutsche Einheit, war für Präsident Bush eine realistische Vision und ein mit aller Klugheit und Macht anzustrebendes Ziel.

Am 24. Oktober 1989 sagte er der „New York Times": „Ich teile nicht die Sorge, die manche europäischen Länder in Bezug auf ein wiedervereinigtes Deutschland haben." Am 21. November sagte er: „Das ist eine Sache, die das deutsche Volk zu entscheiden hat." Die westliche Führungsmacht zauderte nicht, sondern führte und sie fand so Gefolgschaft.

Die Amerikaner hielten zu Deutschland. Sie ermöglichten der deutschen Regierung direkte Verhandlungen. Es war die Anerkennung einer jahrzehntelangen Verlässlichkeit der deutschen Regierungen und eines partnerschaftlichen Miteinanders.

Dem Bundeskanzler sagte der amerikanische Präsident am 25. Februar 1990: „Ich vertraue Ihnen. Wir werden das Spiel gewinnen, aber wir müssen uns geschickt dabei anstellen." Kairos, die Gunst der Konstellation, gibt es nur selten in der Geschichte. Sie kann gespürt und genutzt oder verzögert und vertan werden.

Friedrich Schiller sieht es so: „Was man von der Minute ausgeschlagen, gibt keine Ewigkeit zurück".

Die Gunst der Stunde wurde vom deutschen Bundeskanzler Helmut Kohl genutzt.

Die Väter und Mütter des Grundgesetzes haben in unserer Verfassung nicht nur das Ziel der Einheit und ein Wiedervereinigungsgebot vorgegeben, sondern in weiser Voraussicht auch den Weg über den Art. 23 des Grundgesetzes durch Beitritt ermöglicht.

Die Regierung Helmut Kohl ist in Abstimmung mit der freigewählten Volkskammer und der frei gewählten Regierung der DDR diesen Weg zielstrebig gegangen. Die Bundesregierung hatte ihn offen gehalten, indem sie die Forderung nach Selbstbestimmung für die Deutschen in der DDR nicht aufgab und eine eigene Staatsbürgerschaft konsequent ablehnte.

Die Monate vom Fall der Mauer bis zur Wiedervereinigung waren eine politische Meisterleistung und ein geschichtliches Ereignis von Rang. Deutschland fand seine Einheit. Alle Chancen wurden genutzt. Geschick und Geschenk. Und Ergebnis politischer Klugheit und Verlässlichkeit, von Mut und Augenmaß. Deutschland geht keinen Sonderweg, sondern bleibt Mitglied der Europäischen Union und des Bündnisses mit den Vereinigten Staaten. Ein neues Kapitel unserer Geschichte wurde aufgeschlagen. Deutschland erhielt am Ende dieses blutigen Jahrhunderts eine neue Chance. Sie zu nutzen für die Erhaltung des Friedens, die Bewahrung der Freiheit und die Herrschaft des Rechts ist unsere gemeinsame Verantwortung.

Deutschland ist nicht nur eine „verspätete Nation". Wir haben auch erst spät, zu spät, den Durchbruch zur Anerkennung der Grund- und Menschenrechte als dem Staat vorgegebene Rechte in unserer Verfassung geschafft. Die 150-Jahrfeier der badischen und der deutschen Revolution 1848/49, die wir in über 100 Städten Baden-Württembergs feierten, erinnern uns daran.

Diese deutsche Revolution erfasste die Massen, in den Städten und gleichermaßen bis in die kleinsten Dörfer. Sie ging aus von einer Volksversammlung am 12. September 1847 im Gasthaus „Salmen" in Offenburg. Ihre Ursache war nicht nur die politische Entmündigung der Bürger und der nationale Aufbruch, sondern auch die Abhängigkeit der Bauern, das Elend der Handwerker und Gesellen, die Armut der Tagelöhner und Arbeiter, der Hunger, der zu Hungerrevolten führte. Die Offenburger Forderungen, Grundlage auch für die späteren Märzforderungen, lauteten:

Anerkennung der Menschenrechte; Gewissensfreiheit; Pressefreiheit; Lehrfreiheit; Versammlungsfreiheit; Vereinsfreiheit; Religionsfreiheit; Wehrpflichtarmee und Vereidigung des Militärs auf die Verfassung

gerechtere Besteuerung durch eine progressive Einkommensteuer; Recht auf Schulbildung; Geschworenengerichte; Bürgernahe Verwaltung; Abschaffung aller Vorrechte.

Die deutsche Revolution endete am 23. Juli 1849 mit der Kapitulation der über 6000 in der Festung Rastatt eingeschlossenen Revolutionäre. Leider scheiterte diese demokratische Revolution. Aber der Ruf nach Freiheit und Recht und Einheit verstummte nicht in unserem Land, sondern hielt sich durch alle Rückschläge und durch Kriege und totalitäre Herrschaften hindurch bis zur Anerkennung im Grundrechtskatalog des Grundgesetzes und unseren Landesverfassungen. Nach Irrwegen und unsäglichem Leid ist heute verwirklicht, was unsere Nationalhymne verheißt: „Einigkeit und Recht und Freiheit für das deutsche Vaterland".

„Der Staat DDR ist vergangen. Zur Nostalgie besteht kein Anlass. Dieser Staat war ein verbrecherischer Staat" (Wolf Lepenies).

Wir verdanken die Deutsche Einheit auch und vor allem unseren Landsleuten in der früheren DDR. Sie hielten den Gedanken an die Einheit wach durch ungezählte Kontakte mit unseren Mitbürgern im Westen, durch die Beanspruchung der Rechte aus der Schlussakte des KSZE-Prozesses in Helsinki, durch die Bewahrung der geistigen Freiheit, durch Information über die Zwangsgrenze hinweg, durch die Bindung an unsere gemeinsame Kultur und Geschichte, durch das Engagement in den christlichen Kirchen. „Das Recht auf Freiheit war nicht verjährt" (Herbert Weichmann).

Die Montagsdemonstrationen in Leipzig und Dresden und anderswo waren Beispiele des Mutes und der Zivilcourage. Immer mehr Menschen überwanden die Furcht und forderten Selbstbestimmung und Mitbestimmung. Ich stehe in Hochachtung vor den vielen Frauen und Männern der Bürgerrechtsbewegung, der Demonstrationen und der Runden Tische. Ihnen verdanken wir die friedliche Revolution und die deutsche Einheit in Selbstbestimmung der Menschen. Aus dem Ruf „Wir sind das Volk" wurde binnen weniger Wochen der Ruf „Wir sind ein Volk". Ihnen, den Menschen in der früheren DDR verdanken wir die Renaissance der deutschen Länder. Die Menschen haben Identität gesucht in ihren Ländern, in ihrer geschichtlich gewachsenen Heimat.

Wir werden noch lange Hilfe zur Selbsthilfe leisten müssen. Dazu sind wir im Westen Deutschlands auch moralisch verpflichtet. Es war purer Zufall, Fremdbestimmung durch die Siegermächte und nicht Selbstbestimmung der Deutschen, dass ein Teil Deutschlands in die amerikanische Zone, der zweite in die britische, der dritte in die französische und der vierte in die sowjetische Besatzungszone geriet. Das aber war die Vorentscheidung dafür, dass die einen auf die Sonnenseite der Nachkriegsentwicklung und die anderen auf die Schattenseite geraten sind. Nun haben diejenigen, die ohne ihr eigenes Verdienst auf die Sonnenseite kamen, auch die Pflicht, denen zu helfen, die ohne ihr eigenes Verschulden über 40 Jahre auf der Schattenseite lebten.

Die gewaltigen Transferleistungen von West nach Ost und die spontanen und persönlichen Hilfeleistungen von Tausenden Bürgerinnen und Bürgern aus Westdeutschland im Osten über Monate und Jahre zeigen, dass Solidarität in unserem Land kein Fremdwort ist, sondern gelebte Wirklichkeit.

Wir Deutsche haben Grund zur Dankbarkeit und zur Freude. Freude ist ja nicht gerade eine verbreitete Befindlichkeit und Grundeinstellung der Menschen in unserem Land. Aber Freude über die guten Seiten unserer Geschichte könnte zur produktuven Kraft werden, um die gewaltigen Probleme zu bewältigen, vor denen wir durch Herausforderungen von außen und von innen stehen.

Unser Landsmann Friedrich Schiller sieht es in seinem großen „Lied an die Freude“ so: „Freude heißt die starke Feder/ in der ewigen Natur./Freude, Freude treibt die Räder/ in der großen Weltenuhr./ Festen Mut in schweren Leiden,/ Hilfe, wo die Unschuld weint,/ Ewigkeit geschwornen Eiden,/ Wahrheit gegen Freund und Feind.“

Ich habe bei diesem Festakt alle Deutschen vom „Fest der Einheit“ aus Stuttgart gegrüßt mit dem ebenso schlichten wie schönen Wort von Joseph Freiherr von Eichendorff: „Grüß Dich Deutschland aus Herzensgrund“.

63.

In meine Amtszeit als Ministerpräsident fiel auch mein 60. Geburtstag. Die Landesregierung gab für mich einen Festakt, an dem 800 Gäste und Repräsentanten der Bürgerschaft unseres Landes teilnahmen. Auf dem Weg zum Großen Haus standen viele Bürgerwehren und Trachtengruppen Spalier. Ich habe mich darüber gefreut, dass so viele Menschen kamen, um mir ihre Verbundenheit und ihre guten Wünsche zu sagen. Ich war ihnen dankbar dafür, dass sie mir das Wertvollste schenkten: ihre Zeit.

Viel Gutes ist von Persönlichkeiten gesagt worden, die ich schätze. In der Presse gab es – ausnahmsweise – sehr positive Schlagzeilen und Kommentare. Eine Festschrift „Auf sicherem Fundament" wurde mir ohne mein vorheriges Wissen von den Herausgebern, den Professoren Hans Küng, Berthold Leibinger und Werner Spies, überreicht. Sie ist auch heute noch lesenswert. Ich möchte hier aus den vielen Laudationes nicht zitieren, denn sie betrafen ja nur eine, wenn auch lange Etappe meines Lebens. Ich war noch mitten in der Arbeit und in der Verantwortung. Meinen Dank an alle brachte ich mit den Worten eines oberschwäbischen Pfarrers zum Ausdruck, der einen solchen Jubeltag mit dem Nachtgebet beschloss: „Herr, vergib ihnen, dass sie so maßlos übertrieben haben, und verzeih mir, dass ich so viel Gefallen daran finde."

Auf die guten Wünsche, die mir hundertfach persönlich und in Briefen ausgesprochen wurden, habe ich mich mit dem hintersinnigen Spruch bedankt, der am Elternhaus meiner Mutter stand: „Es wünsch mir einer, was er will, so gebe ihm Gott dreimal so viel."

64.

„Die Freiheit ist die Quelle aller Kultur“, sagt Schopenhauer. Noch weniger als in die Wirtschaft darf sich der Staat in die Kultur einmischen, wenn sie gedeihen soll. Wohl aber soll der Staat in beiden Bereichen günstige Rahmenbedingungen und Ausbildungsmöglichkeiten schaffen, damit Menschen in Freiheit ihre Talente entfalten können. Kultur muss wachsen, deshalb bedarf sie der Pflege. Kultur und Künstler wollen leben. Deshalb bedürfen sie der Förderung. Künstler brauchen Anerkennung. Deshalb dürfen Menschen nicht kulturell und geistig verarmen, sondern sich kulturell betätigen und sich der Kunst, dem Theater und der Musik erfreuen und sie fördern. Kultur braucht Breite als Sprungbrett für Spitze. Kunst beruht auf den spielerischen Fähigkeiten des Menschen und seiner inneren Kraft. Kunst ist Lebensmittel. „Sie gibt nicht das Sichtbare wider, sie macht sichtbar“ (Paul Klee).

Kultur lebt auch vom Wort und von der Sprache, vom Dialog und vom Disput, vom Essay und von der Dokumentation bedeutender Reden und Preisverleihungen. Ich habe deshalb zeitlebens neben der Politik und Wirtschaft dem Feuilleton meine Aufmerksamkeit geschenkt. Ich wollte auch am geistigen Ringen unserer Zeit teilnehmen.

Baden-Württemberg hat in allen Regionen einen kulturellen Rang und Reichtum. Die Museen und Galerien des Landes, die Kultursommer und Festspiele, die Hochschulen und Akademien, die Rundfunkanstalten und Feuilletons, die Chöre und Orchester, die Opern und Schauspiele, Ballett und Musik, die Ausstellungen und Vernissagen, der Rang unserer Kathedralen und Kulturdenkmäler, die Bibliotheken und Archive, die Kirchenmusik und Jugendchöre, Musiklehrer und Dirigenten, Blaskapellen und Chorgesang, Jugendmusikschulen und Jugendkunstschulen – sie sind Vielfalt und Reichtum des Landes.

Das Land fördert vielfältig unser kulturelles Leben, unsere Institutionen, Schulen und Hochschulen, unsere Vereine und Feste. Ich rühme mich dessen nicht, denn es ist das Geld der Bürger, das wir im Landeshaushalt verteilen.

Gleichwohl ist es eine Leistung des Parlaments und der Regierung, wenn in finanziell schwierigen Zeiten nicht zuerst an der Kultur gespart wird, sondern wenn noch Neues entsteht. Ich denke an unsere Dreispartentheater in Stuttgart und Karlsruhe, an das hervorragende Nationaltheater in Mannheim, ein städtisches Theater von Rang mit Unterstützung des Landes. Ich denke an die Förderung unserer Orchester. In Baden-Württemberg gibt es regional, in Stuttgart und Karlsruhe, in Freiburg und Konstanz, in Reutlingen und Ulm, in Heilbronn und Pforzheim, in Heidelberg und Mannheim mehr feste Orchester als in Frankreich. Das Land unterhält fünf Musikhochschulen, mehr als jedes andere Land. Wir leisten uns zwei Kunstakademien und sind führend in der Ausbildung für Kunst und Medien.

Aus Mitteln des Haushalts und der Landesstiftung haben wir in wenigen Jahren zwei Bauabschnitte der neuen Musikhochschule in Stuttgart mit einem wunderschönen Konzertsaal gebaut und die Staatsgalerie für Wechselausstellungen erweitert. In Karlsruhe wurde das Zentrum für Kunst und Medientechnologie gebaut. In Ludwigsburg entstand in mehreren Bauabschnitten eine Filmakademie und ein Medienzentrum von heute internationalem Rang. Daneben entstand eine Medien- und Film-Fördergesellschaft (MFG) des Landes.

In Mannheim entstand neu eine Popakademie. Ich konnte sie am 25. April 2004 einweihen. Sie hat sich zwischenzeitlich hervorragend entwickelt und hat dem Land und sogar mir

Anerkennung gebracht. 2004 erhielt ich für diese Gründung den Bayerischen Rock-Preis. Aus der Zukunftsoffensive IV legten wir auch den Grundstein für eine neue Akademie für darstellende Kunst in Ludwigsburg.

Mit großem Geschick, mit Einfühlungsvermögen und langem Atem hat Christoph Palmer, zuerst als Staatssekretär im Wissenschaftsministerium und dann als meine rechte Hand und Minister im Staatsministerium diese Projekte initiiert und begleitet. Er hatte fähige Mitarbeiter und eine glückliche Hand in der Personalauswahl. Ohne die Professoren Albrecht Ade in Ludwigsburg, Udo Dahmen in Mannheim, Heinrich Klotz und Peter Weibel in Karlsruhe wären unsere Neugründungen nicht in so kurzer Zeit zu Institutionen nationalen und internationalen Rangs geworden.

Alle zwei Jahre führte das Land herausragende Landesausstellungen durch, die in der Fachwelt und bei den Bürgern Anerkennung fanden.

Soweit es meine Zeit erlaubte, nahm ich an kulturellen Ereignissen teil, an Theateraufführungen in Stuttgart, Karlsruhe und Mannheim, aber auch in Schwäbisch Hall, Freudenberg, Jagsthausen und Ötigheim teil. Die Bachakademie und die Gächinger Kantorei Helmuth Rillings sind ein Solitär in der Kulturlandschaft unseres Landes. Wenigstens zweimal im Jahr konnte ich ein Konzert besuchen. Im Sommer waren wir auch gerne bei der Birnauer Kantorei von Klaus Reiners. Hochrangige Konzerte veranstaltet die Familie Ruß mit ihrer Agentur in der Stuttgarter Liederhalle. Die Begegnung mit Anne-Sophie Mutter war jedes Mal ein Ereignis. Ich habe mich von Herzen darüber gefreut, dass die Stuttgarter Oper viermal hintereinander „Oper des Jahres“ in Deutschland wurde und ich habe mich über jeden Preisträger auf Bundesebene in „Jugend musiziert“ ebenso gefreut wie auf das jährliche Konzert der Preisträger in Stuttgart oder eine Darbietung der vielen Gesangvereine im Land. Ein Konzert des Landesjugendorchesters war für mich ebenso ein Vergnügen, wie ein Konzert des Rundfunksinfonieorchesters Stuttgart oder der Aurelius-Chorknaben in Calw.

„Die Kunst erfreut des Menschen Herz", wer erlebt es nicht in seinem eigenen Leben? Sie macht den Alltag zum Fest.

65.

Politik geht häufig im Tagesgeschäft auf. Sie ist oft kurzatmig, nur auf die Schlagzeile des nächsten Tages bedacht und auf den Machterhalt ausgerichtet. Dabei ist für Politik nichts wichtiger als langfristiges Denken, das Erkennen der Zeichen der Zeit, ein Seismograph, der früh Veränderungen anzeigt, eine saubere Analyse von Sachverhalten, das Bedenken von Alternativen, Strategien statt bloßer Taktik, ein Denken vom Bürger her, ein Erfassen von Zusammenhängen, ein Ertragen von geistigem Streit um den rechten Weg.

Wir leben in einer Gesellschaft freier Menschen. Vielfältig sind ihre Meinungen und Interessen. Säkular und plural sind die geistigen Stränge. Aber, wer Verantwortung trägt, muss auch zusammenführen. Frühzeitig habe ich mir die Frage gestellt: Was hält die moderne Gesellschaft zusammen? Welches sind die wenigen, von allen anerkannten Werte, die gegeben sein müssen, wenn Menschen menschenwürdig zusammenleben wollen? Wir brauchen ein gutes Fundament, auf dem dann jeder seine eigene Wohnung bauen und nach seinem Geschmack einrichten kann. Mit dem viel zitierten Satz von Ernst-Wolfgang Böckenförde: „Der freiheitliche, säkulare Staat lebt von Voraussetzungen, die er selbst nicht garantieren kann" gefragt: Was sind diese Voraussetzungen? Ist es die von allen anerkannte Würde des Menschen und sind es die Grund- und Freiheitsrechte unserer Verfassung? Das wäre schon sehr viel, aber reicht es aus?

Ich habe mit dieser Fragestellung, was die moderne Gesellschaft zusammenhält, nach gründlicher Vorbereitung über 30 herausragende Persönlichkeiten zu einem dreitägigen Kongress im April 1995 nach Karlsruhe eingeladen. Die Stadthalle war voll, so attraktiv waren die Referenten. Das breite Spektrum reichte von Otfried Höffe, Daniel Cohn-Bendit, Marion Gräfin Dönhoff, Helmut Klages, Hans Maier, Karl Fürst zu Schwarzenberg, Anne McElvoy, Wolfgang Schäuble, Helmut Dubiel, Ernst-Wolfgang Böckenförde, Heiner Geißler, Hans Bertram, Hartmut von Hentig, Hans-Peter Schwarz, Dieter Senghaas, Karl Gabriel, Eberhard Jüngel, Thomas Luckmann, Adalbert Evers, Jürgen Gohde, Hildegard Schooß, Hans Christoph Buch, Herta Müller, Kurt Sontheimer, Adam Michnik, Hans Jochen Vogel, Hans Küng, Hubert Markl, Tilman Todenhöfer, Walter Riester bis Peter Conradi.

Ich sagte einleitend: „Der technologische und wirtschaftliche Wandel greift immer stärker in das Leben von immer mehr Menschen ein. Beeinflusst dadurch und parallel dazu lockern sich traditionelle Bindungen, lösen sich einst fest gefügte Milieus zunehmend auf, wird unsere Gesellschaft mobiler, pluralistischer. Parteien, Kirchen, Gewerkschaften, Verbände verlieren an Zustimmung, an Mitgliedern.

Immer mehr Vereine haben heute Schwierigkeiten, genügend Mitglieder, vor allem auch junge Menschen, zu finden, die zum ehrenamtlichen Engagement bereit sind. Fast jeder hat in den vergangenen Jahren in der Heimatzeitung lesen können, dass ein Verein keinen Vorsitzenden, keine Übungsleiter finden konnte.

Dies sind nur einige Indizien für den Umbruch unserer Gesellschaft. Sie reichen vom Rückzug ins Private, von der vielbeschworenen ‚Politikverdrossenheit' und den hohen Scheidungsziffern über die niedrige Geburtenrate, die Zunahme von Kriminalität und Korruption bis zur Gewalt gegen Ausländer oder Behinderte oder den Zulauf zu radikalen Protestparteien.

Die Aufklärung hat uns die Freiheit und Autonomie des Individuums gebracht und damit die unverzichtbare Voraussetzung für freiheitliche Demokratie und die pluralistische Gesellschaft. Sie hat die geistigen Kräfte entfesselt, die notwendig waren, um die Menschen aus unwürdigen Abhängigkeiten zu befreien, so dass aus rechtlosen Untertanen selbstbestimmte Individuen wurden.

Mit dem Zusammenbruch des Kommunismus haben wir eine Zeitenwende erlebt. Die Zeitenwende geht tiefer als es die Zäsur von 1989 vermuten lässt. Bevor die Mauer fiel, ging das Erinnern zurück auf das Jahr 1789, auf die Französische Revolution. Zweihundert Jahre Staat und Gesellschaft im Geiste der Aufklärung liegen hinter uns. Ihre Verheißung war, die Menschen von den alten Abhängigkeiten zu befreien. Der Marxismus hat dann, ein halbes Jahrhundert später, die Aufklärung nur radikalisiert, indem er den Menschen und den Völkern versprach, nicht nur die alten Abhängigkeiten, sondern auch die neuen Ungerechtigkeiten zu überwinden. Diese menschenfeindliche Utopie ist sichtbar und weltweit gescheitert.

Was aber ist mit jenen ursprünglichen Versprechen der Aufklärung? Eine eher skeptische Betrachtungsweise lässt sich am Bedeutungswandel ablesen, den so zentrale Begriffe wie Selbstverwirklichung und Individualisierung erfahren haben. Sie haben heute einen anderen Klang als noch vor wenigen Jahren. Sie haben ihren Zauber, ihren selbstverständlichen Optimismus verloren. Gestern noch eine große Verheißung, beschreiben diese Begriffe heute auch die Verluste an Sinn und Orientierung, an Ideen und Zielen, für die es sich zu engagieren lohnt. Zugespitzt könnte man fragen: Frisst jetzt die Aufklärung ihre Kinder?

Es war eine bittere und eine für viele unerwartete Lektion: Individualisierung macht nicht nur frei, sondern auch unsicher, und Gemeinschaften sind nicht nur Bindung und Begrenzung, sie stiften auch Geborgenheit und Chancen. Und so lässt sich fragen: Wie können wir das positive Erbe der Aufklärung, die Menschenrechte und Bürgerfreiheiten bewahren und gleichzeitig erkennbare Fehlentwicklungen verhindern und korrigieren?"

Wie erhofft, erwies sich der Kongress als Forum der grenzüberschreitenden Auseinandersetzung, der offenen Diskussion über politische Lager hinweg, ohne Denk- und Sprechverbote, ohne Scheuklappen, geprägt von dem Willen der Beteiligten, zuzuhören, aber auch Kontroversen auszutragen, die eigene Meinung engagiert vorzutragen, aber auch zu überprüfen.

Der Verleger Siegfried Unseld hielt die Ergebnisse immerhin für so gehaltvoll, dass er die Vorträge alle in der anspruchsvollen „edition suhrkamp" als Buch veröffentlichte.

66.

Globalisierung – Digitalisierung – Individualisierung. Das sind die drei großen Schlagworte, mit denen die epochemachenden Umbrüche unserer Zeit charakterisiert werden. Der wirtschaftliche und technologische Wandel, der sich weltweit vollzieht, hat nicht nur revolutionäre Auswirkungen auf unsere Arbeitswelt, sondern auch auf das gesamte Gefüge unserer Gesellschaft. Es ist zu befürchten, dass die Fundamente unserer freiheitlich-demokratischen Ordnung ihre Tragfähigkeit verlieren. Modernisierungsverlierer könnten die Stabilität der Mittelschicht gefährden. Zusammenhalt und Solidarität sind deshalb wichtige Aufgaben.

Da ich es nicht nur bei der Analyse und dem Zusammentragen von Fakten belassen wollte und weil nicht nur die wirtschaftlichen Auswirkungen bedacht werden mussten, habe ich neben der „Kommission Wirtschaft 2000“ eine Kommission „Gesellschaft 2000“ berufen. Ich konnte dafür einen der renommiertesten Geisteswissenschaftler in Deutschland, Professor Wolfgang Frühwald aus Augsburg, als Vorsitzenden gewinnen. Er hatte gerade den langjährigen Vorsitz als Präsident der Deutschen Forschungsgemeinschaft aufgegeben und noch nicht die Aufgabe des Präsidenten der Alexander-von-Humboldt-Stiftung übernommen. In dieser schmalen Phase stellte er uns seine ganze Kraft und Erfahrung zur Verfügung.

Neben ihm konnte ich ferner zur Mitarbeit gewinnen: Martin Walser und Robert Leicht, Norbert Bolz und Aleida Assmann, Hans Lenk und Franz-Xaver Kaufmann, Bernd Guggenberger und Hans Bertram, Annette Schavan und Max Wingen, Ortwin Renn und Norbert Walter, Bärbel Bohley und Ernst Elitz, Benjamin Barber und Ulrich Fischer sowie weitere Wissenschaftler und einige Politiker aus unserem Landtag. Mehr Sachverstand und Weitblick konnte man kaum aufbieten. Die Kommission hat im Dezember 1999 ihre Empfehlungen vorgelegt, die wir dann in der Landesregierung aufgenommen und, soweit uns möglich, umgesetzt haben.

Außerdem haben wir die Ergebnisse auf einem mehrtägigen Kongress mit 800 Teilnehmern im März 2000 in Mannheim vorgestellt und diskutiert. Er stand unter dem Titel „Von der Risikogesellschaft zur Chancengesellschaft“. Alle wertvollen und weiterführenden Referate wurden wiederum veröffentlicht im Band 2209 der „edition suhrkamp“. Mit dieser Arbeit wollten wir auch zum Ausdruck bringen und in die öffentliche Diskussion einbringen, dass die Geisteswissenschaften so notwendig sind wie die Naturwissenschaften, dass Orientierungswissen so wichtig ist wie Sachwissen.

67.

„Einmal sehen ist besser als hundertmal hören", lautet eine chinesische Erfahrung und Weisheit. Geschichtsbücher und Geschichtsunterricht sind wichtig. Genauso wichtig sind Orte des Gedenkens. Wir wollen unsere Mitbürger und die junge Generation hinführen an die Gedenkstätten ganz in ihrer Nähe und, in der Entfernung eines Halbtagsausflugs, im ganzen Land Baden-Württemberg.

Die Errichtung solcher Orte des Gedenkens und des Nachdenkens war mir wichtig während meiner ganzen Zeit als Ministerpräsident. Die Direktoren unserer Landeszentrale für politische Bildung, Siegfried Schiele und Lothar Frick, und vor allem der dafür verantwortliche Mitarbeiter Konrad Pflug haben sich des Anliegens in vorbildlicher Weise angenommen und eine sehr gute Arbeit geleistet.

In einem Buch sind alle Orte verzeichnet und beschrieben, die ehemaligen Synagogen, die Museen der großen Baden-Württemberger, etwa das Theodor Heuss Museum, das Geburtshaus von Matthias Erzberger, die Gedenkstätte für die Geschwister Scholl und die „Weiße Rose", für Graf Claus Schenk von Stauffenberg und Friedrich Ebert, für Georg Elser und Friedrich Hecker. Das Dokumentationszentrum der ermordeten Sinti und Roma und Erinnerungsstätten für die ermordeten 10 000 Mitbürger aus unseren Psychiatrischen Landeskrankenhäusern, die ehemaligen Konzentrationslager und die Erinnerungsstätten unserer ehemaligen jüdischen

Gemeinden. Wir müssen die Erinnerung wachhalten, denn „das Geheimnis der Versöhnung ist Erinnerung", wie ein gutes jüdisches Wort lautet. Wir müssen auch die konkrete Geschichte zeigen und weitererzählen, damit nicht jede Generation solche Erfahrungen neu machen muss.

68.

Ich flog von Stuttgart nach Barcelona, um ein Gespräch mit Jordi Pujol, dem Präsidenten unserer Partnerregion Katalonien, zu führen. Er hat in einem gotischen Palast im gotischen Viertel von Barcelona den ältesten und schönsten Amtssitz weit und breit. Auf dem Flughafen holte mich der deutsche Generalkonsul ab und brachte mich in seinem Wagen zur Innenstadt. Auf dem Weg sprach er mich zurückhaltend auf ein Problem an, das ihn bewegte. Bundespräsident von Weizsäcker habe bei einem Besuch in Katalonien ein Denkmal für Walter Benjamin in Port Bou zugesagt. Inzwischen habe dort auch bereits die feierliche Grundsteinlegung stattgefunden. Der Haushaltsausschuss des Deutschen Bundestages habe aber die für den Bau des Denkmals notwendigen Mittel abgelehnt. Der Bundespräsident und er seien nun vor Ort in einer schwierigen Lage.

Ich sagte dem Generalkonsul, ich wolle überlegen, ob und wie ich weiterhelfen könne. Ich schätze unseren Bundespräsidenten sehr und ich hielt das Anliegen für berechtigt. Walter Benjamin, der große deutsche Schriftsteller und Philosoph, sein Schicksal und sein Werk sollten nicht in Vergessenheit geraten. Walter Benjamin wurde während der Zeit des Nationalsozialismus und der Besetzung Frankreichs durch Deutschland bei einer Vortragsreise in Südfrankreich als Jude verhaftet. Er konnte in Lourdes entfliehen und war dann mit Dutzenden von deutschen Schriftstellern, mit Bert Brecht, Lion Feuchtwanger, Bruno Frank, Walter Hasenclever, Arthur Koestler, Annette Kolb, Golo Mann, Heinrich Mann, Thomas Mann, Ludwig Marcuse, Erwin Piscator, Joseph Roth, Franz Werfel, Arnold Zweig, Stefan Zweig u. a. in Sanary-sur-mer, der „Hauptstadt" der deutschen Schriftsteller im Exil. Heute erinnert in diesem schönen Badeort am Mittelmeer ein Denkmal an das Exil bedeutender deutscher Schriftsteller, die dort einige Jahre frei leben konnten. Es kam dann aber die Zeit, in der auf Druck der deutschen Besatzung das Leben für Verfolgte auch in Südfrankreich gefährdet schien. Viele machten sich erneut auf die Flucht, meist nach Übersee, die meisten nach Lateinamerika und in die Vereinigten Staaten. Sie hatten häufig ein Ticket ab Lissabon, mussten aber von Frankreich über die spanische Grenze in den Pyrenäen kommen, um dann Lissabon zu erreichen. Jede Nacht waren Flüchtende auf unwegsamem Gelände, meist mit einheimischen Führern, in Richtung Port Bou unterwegs. Viele kamen auf den Schleichwegen durch. Es war nicht ungefährlich. Die Gestapo hatte ihre Spitzel überall sitzen. Walter Benjamin wagte die Flucht in der Nacht vom 26. auf den 27. September 1940, wurde aufgegriffen und verhört. Er war verstört und konnte nicht mehr. Er nahm sich das Leben, da er wohl eine Auslieferung durch Spanien fürchtete. Doch die verschärfte Weisung an die Grenzpolizei galt nur wenige Tage. Welch ein Schicksal!

Lisa Fittko, seine Fluchthelferin, gab zu Protokoll, auf dem beschwerlichen Weg nach Port Bou habe bei Benjamin nichts auf Selbstmordgedanken schließen lassen. Von Arthur Koestler wissen wir allerdings: Schon in Marseille hatte Benjamin 50 Morphium-Tabletten bei sich gehabt – „für alle Fälle".

Inzwischen wird diskutiert, ob Walter Benjamin durch Selbstmord oder durch die Gestapo ums Leben gekommen ist. Jedenfalls beschloss der Tod auf der Flucht ein Leben auf der Flucht. In diesem Leben spiegelt sich die ganze Unbeständigkeit eines halben Jahrhunderts, seine Aufbrüche und Katastrophen, Ideologien und Gewalt, mit Hoffnungen und Scheitern. Walter Benjamin erlebte und erlitt all diese Bewegungen und Abgründe.

Nun ging es für mich um die Finanzierung des Denkmals. Ich sprach mit dem Präsidenten unserer Landeskreditbank. Er stellte 200 000 DM zur Verfügung. Dann sprach ich mit den Kollegen auf der nächsten Ministerpräsidentenkonferenz. Mehrere Länder machten mit und übernahmen einen Anteil. Mein Freund Jordi Pujol, der Präsident Kataloniens, sagte mir, er wolle mit dem gleichen Anteil wie ein deutsches Land dabei sein. Eine noble Geste.

Die Finanzierung stand und das Denkmal konnte gebaut werden. An einem heißen Augustsommertag 1994, mitten in unserem Sommerurlaub, flogen meine Frau und ich nach Perpignan. Wir führten ein Gespräch mit dem Präsidenten von Languedoc-Roussillon, Jacques Blanc, und fuhren dann mit dem Auto nach Port Bou, um an der Einweihung teilzunehmen. Ein israelischer Künstler, Dani Karavan, hatte ein sehr eindrucksvolles Denkmal geschaffen: „Passagen", in Anlehnung an ein Werk Walter Benjamins. Es ist ein steil zum Meer abfallender Gang und am Ende ein Durchblick auf das tiefblaue Mittelmeer.

Über das Leben Benjamins könnte man schreiben, was er selber 1936 seiner Briefesammlung „Deutsche Menschen" als Motto vorangestellt hat:

> „Von Ehre ohne Ruhm.
> Von Größe ohne Glanz.
> Von Würde ohne Sold."

69.

Mit Polen, einem Land und Volk, das von dem nationalsozialistischen Deutschland im Krieg, in einem Vernichtungskrieg und in der Besatzungszeit so viel erlitten hat, wollten und wollen wir ebenfalls neue Beziehungen aufbauen. Leider ist uns dies über Jahrzehnte kommunistischer Herrschaft und Propaganda verwehrt gewesen. Jetzt aber haben sich nach der Zeitenwende in Europa, die entscheidend von der Solidarność in Polen ausgegangen ist, ganz neue Chancen ergeben.

Noch in der Wendezeit habe ich als Fraktionsvorsitzender mit meinen Stellvertretern Polen besucht. Wir haben Gespräche mit den gerade neu gewählten Abgeordneten und Senatoren im Seijm geführt. Wir waren in Warschau, Krakau, Auschwitz und Tschenstochau. Auch als Ministerpräsident habe ich Polen besucht.

Der Mann, der in Polen an der Spitze der Versöhnungsbereitschaft stand, Wladyslaw Bartoszewski, war noch in der kommunistischen Zeit zweimal als Gast unserer Fraktion in Stuttgart. Über 13 Jahre war er in Konzentrationslagern und Gefängnissen. Er ist der Baumeister neuer Beziehungen zwischen Polen und Deutschland. Dafür wurde er auch mit dem Friedenspreis des Deutschen Buchhandels in der Frankfurter Paulskirche ausgezeichnet.

Als im Dezember 2008 die Sinti und Roma erstmals einen Europäischen Bürgerrechtspreis stifteten wurde er erster Preisträger . Ich sagte zu, bei der Preisverleihung im Europasaal des Auswärtigen Amtes in Berlin vor einem großen Kreis von Persönlichkeiten, die sich in Polen und Deutschland um die Versöhnung beider Länder verdient gemacht haben, die Laudatio auf ihn zu halten.

Ich fragte: „Warum ein Europäischer Bürgerrechtspreis der Sinti und Roma?“ Und ich gab die Antwort: Weil im 20.

Jahrhundert mitten in Europa, einem Kontinent, der seit über 2000 Jahren von einer griechischen und römischen, jüdischen und christlichen Kultur, von Aufklärung und Menschenrechten geprägt wurde, dennoch vielfach Völkermord organisiert wurde. Das nationalsozialistische Deutschland hat diesen Krieg in unsere Nachbarländer getragen.

Es war nicht nur ein ideologisch motivierter Eroberungskrieg, sondern ein Vernichtungskrieg, der zuerst die Polen traf, dann die Juden Europas, dann die Sinti und Roma in Europa und schließlich alle, die sich der Barbarei entgegenstellten.

Ein Vernichtungskrieg fand statt gegen Mitbürger in Deutschland, gegen europäische Mitbürgerinnen und Mitbürger, gegen Kinder und Greise, gegen Menschen, die zu einer „minderen Rasse" erklärt wurden. Völkermord durch Zwangsarbeit und Verhungern, durch Schinden und Schlagen, durch Erschießen und Vergasen.

Für das furchtbare Geschehen gibt es kein angemessenes Wort in unserer Sprache. Unkultur, Barbarei, Frevel, Vernichtung, Mord, Unmenschlichkeit, Verbrechen, Kulturschande, Kollektivscham – sie bringen etwas zum Ausdruck, was wir empfinden. Aber sie werden dem furchtbaren Geschehen nur unzureichend gerecht und sie sind schon gar nicht geeignet, es zu erklären.

Die Sinti und Roma in Deutschland haben nach 1945 die Mauer des Verschweigens durchbrochen. Sie haben sich zusammengeschlossen, um sich gegenseitig zu helfen. Sie fordern Gleichberechtigung als Bürger ihrer Heimat in den europäischen Staaten. Sie verlangen Bürgerrechte, Menschenrechte und Minderheitenschutz.

Sie erinnern an ihre Landsleute, die Opfer der Gewalt des Nationalsozialismus und seiner Helfer wurden. Sie geben den Opfern ihre Namen zurück und dokumentieren ihre Herkunft und das an ihnen verübte Verbrechen.

In Heidelberg steht ein großes Dokumentations- und Kulturzentrum der Erinnerung und Mahnung.

Der erste Europäische Bürgerrechtspreis der Sinti und Roma geht an eine Persönlichkeit, die für alle diese Werte durch Wort und Tat steht. Ein Mann, der das 20. Jahrhundert mit erlitten hat und unter drei Regimen nacheinander 13 1/2 Jahre in Konzentrationslagern verbrachte. Eine Persönlichkeit, an der man hinaufblicken, und eine Gestalt, an der man sich orientieren kann: Wladyslaw Bartoszewski aus Warschau.

Wladyslaw Bartoszewski ist ein Leuchtturm für die Freiheit und die Rechte des Menschen, für Mitmenschlichkeit und Nächstenliebe, für Wahrheit und Versöhnung.

Er ist Pole und er ist Warschauer. Beides gehört zu seiner Identität.

Als Hitler Polen überfiel, war er 17 Jahre alt und stieß zum Widerstand. Er hatte gerade das Abitur gemacht und war beim Polnischen Roten Kreuz beschäftigt. Als 18-Jähriger wurde er anlässlich einer Razzia der SSW am 19. September 1940 verhaftet und nach Auschwitz verschleppt.

Die große Zeitenwende des Jahres 1989 brachte neue Chancen und Möglichkeiten der Mitgestaltung. Viele seiner Freunde waren in der Regierung und im freigewählten Seijm.

Wladyslaw Bartoszewski wurde Botschafter in Wien. Er wurde polnischer Außenminister, dann Mitglied des Senats, dort Vorsitzender des Außenpolitischen Ausschusses, dann wieder Außenminister der Republik Polen. Jetzt ist er mit seinen 85 Jahren offizieller außenpolitischer Berater des Ministerpräsidenten in der Staatskanzlei. Der Herrgott gibt ihm einen Zuschlag an Jahren und Kraft für die vielen Jahre, die er im Untergrund und in Lagern und KZs verbringen musste.

Er hat sich einen Namen erworben durch das Wort, mehr noch durch seine Tat, seinen Mut, seine Lebensleistung, seine Mitmenschlichkeit.

Was ist seine Botschaft an uns und an die nächste Generation?

„Wer auch nur ein Leben rettet, dem wird es angerechnet, als rette er die ganze Welt." Diese Weisheit aus dem Talmud verdanke ich Wladyslaw Bartoszewski.

Das beantwortet die Frage, was ein Einzelner gegen eine Übermacht tun kann.

„Wir brauchen ein Aufbegehren gegen die Gleichgültigkeit." Es reiche nicht aus, dass einer nicht tötet und selbst keine Verbrechen begeht. „Wir dürfen Verbrechen nicht akzeptieren, wir dürfen nicht wegschauen, wir dürfen gegen Verbrechen nicht gleichgültig sein.". Und er fordert Mut, Zivilcourage, Opferbereitschaft, Vorbild, Vertrauen, Menschenliebe.

„Es lohnt sich, anständig zu sein", so lautet der Titel eines Buches von Bartoszewski. Ist das nicht eine großartige Botschaft eines Mannes, der Gewalt und Erniedrigung erfahren hat, der Angst durchstand und dennoch furchtlos handelte, der Hass nicht mit Hass vergolten hat.

Wir brauchen über die Geschichte und die Verbrechen nicht nur ein Tatsachenwissen, sondern auch ein Wissen über die Ursachen, die diese Verbrechen möglich gemacht haben. Wir müssen unsere Erfahrung der nächsten Generation vermitteln, damit die Menschen aus der Geschichte lernen. Indem Menschen wie Bartoszweski ausgezeichnet werden setzen wir auch ihrer Haltung ein Denkmal.

70.

Ich habe bereits den bekannten Satz von Max Frisch zitiert: „Demokratie heißt, sich in seine eigenen Angelegenheiten einmischen." Eine Demokratie braucht Demokraten. Bürger, die sich über die Wahrnehmung ihrer eigenen Interessen hinaus auch für das Ganze interessieren und für das Gemeinwohl engagieren.

Die Demokratie überlebt nicht als Zuschauerdemokratie, in der bei Wahlen einige Profis als Spieler abgeordnet werden und selbst bleibt man auf der Zuschauertribüne des Stadions. Spielt die Mannschaft gut, gibt es Beifall. Spielt sie schlecht, pfeift man. Die Demokratie ist kein Profi-Fußballspiel, sondern ein Amateurspiel, in dem alle zum Mitspielen aufgefordert sind.

Ich unterscheide zwischen Einwohnern und Bürgern. Einwohner sind auf dem Einwohnermeldeamt registriert, sie sind passive Mitglieder, sie sind Verbraucher und Kunden. Sie stellen Ansprüche und kritisieren, aber sie bringen sich selbst nicht ein. Sie identifizieren sich nicht mit der Gemeinde oder dem Land.

Den Ehrennamen des Bürgers tragen diejenigen, die aktiv sind. Sie haben heute alle genug zu tun in der eigenen Familie und in ihrem Beruf. Dennoch bringen sie einen Teil ihrer Zeit und ihrer Freizeit auf, für die Gemeinschaft. Sie engagieren sich und kandidieren für das Mandat eines Stadtrats oder Kreisrats, sie sind in der Freiwilligen Feuerwehr, im Roten Kreuz, sie sind Betriebsrat oder Elternbeirat, sie sind aktives Mitglied in einem Verein, sie arbeiten mit in der Pfarrgemeinde, in der Nachbarschaftshilfe, im Sozialdienst, in einer Selbsthilfegruppe. Sie betreuen Jugendliche in einem Sportverein, Gesangverein, Musikverein oder Jugendmusikschule. An irgendeiner Stelle bringen sie ihre Talente und Begabungen, ihre Lebenserfahrung und Berufserfahrung ehrenamtlich ein für die Gemeinschaft.

In Baden-Württemberg sind 43 % der Bürgerinnen und Bürger in irgendeinem wichtigen Bereich ehrenamtlich tätig. Unbezahlt, aber unbezahlbar. Das ist eine der großen Stärken unseres Landes.

Als Ministerpräsident lag mir sehr daran, landauf, landab für ehrenamtliche Tätigkeit zu werben und ihr Anerkennung zu verschaffen. Denn das Ehrenamt lebt auch von der Anerkennung, die der Einzelne durch die Gemeinschaft erfährt. Wir haben eine Landesehrennadel für langjährige ehrenamtliche Tätigkeit gestiftet. Sie wird von vielen Bürgern gerne getragen.

Für herausragende Verdienste um unser Land wurde von der Regierung Filbinger die „Verdienstmedaille des Landes Baden-Württemberg" gestiftet. Sie wird nicht einzeln verliehen, sondern jährlich am Verfassungstag des Landes im Ordenssaal von Schloss Ludwigsburg. Dieser Ordenssaal mit dem Thron des württembergischen Königs hat nicht nur eine monarchische, sondern auch eine demokratische Tradition. Denn in ihm wurde 1819 die demokratische Verfassung des Königreichs Württemberg verabschiedet.

Im Ordenssaal durfte ich jedes Jahr 30–40 Persönlichkeiten unseres Landes auszeichnen. Es darf nicht mehr als 1000 Träger der Verdienstmedaille geben. Vorschläge habe ich das ganze Jahr hindurch gesammelt, wenn ich außergewöhnlichen Persönlichkeiten und herausragenden Leistungen begegnet bin.

Die Teilnehmer an der jährlichen Verleihung der Verdienstmedaille waren jeweils genau so begeistert wie ich, welche Vielfalt an wirklich herausragenden Beispielen, an Diensten und Verdiensten um das Land hier sichtbar wurden. Vom Betriebsrat bis zum Unternehmer, vom Nobelpreisträger bis zur Ordensschwester, die 40 Jahre Kinder von Rheinschiffern unterrichtete, vom Erfinder bis zum Malermeister, der eine persönliche Bibliothek mit 110 000 Bänden und mit Exilliteratur aufgebaut hat. Ich könnte ein eigenes Buch schreiben über die über 500 Persönlichkeiten, die ich im Laufe meiner Amtszeit als Ministerpräsident auszeichnen durfte. Alle habe ich mit einer persönlichen Laudatio gewürdigt. Sie alle gereichen Baden-Württemberg zur Ehre.

71.

In der Nacht zum 1. Juli 2002 hörte ich nach Mitternacht auf der Heimfahrt im Auto eine Sondernachricht durch Unterbrechung der Sendung: Über dem Bodensee und der Stadt Überlingen seien zwei Flugzeuge in großer Höhe abgestürzt. Es handle sich um ein Frachtflugzeug von Italien kommend und eine Passagiermaschine auf dem Weg von Russland nach Spanien. Nähere Einzelheiten waren noch nicht bekannt.

Am frühen Morgen fuhr ich trotz zahlreicher Termine nicht nach Stuttgart, sondern nach Überlingen. Ich war einer der ersten vor Ort. Die Polizei und die Rettungsdienste waren schon im Einsatz, aber man konnte mir noch wenig Einzelheiten sagen. Ich saß in einem Hubschrauber, der das ganze denkbare Einzugsgebiet auf der Suche nach Opfern und Überresten der Flugzeuge überflog. Auch nahm ich am spontanen Gottesdienst am Abend im Münster teil. Im Laufe des Tages stellte sich heraus, dass in dem einen Flugzeug nur zwei Piloten waren, im anderen Flugzeug aber vor allem Kinder, Schülerinnen und Schüler aus Baschkirien, die als Preis für ausgezeichnete schulische Leistungen eine Reise nach Spanien erhalten haben. Einige wurden begleitet durch ihre Mütter. Das Elend hätte größer nicht sein können.

Im Laufe des nächsten Tages trafen die engsten Familienangehörigen in Überlingen ein. Sie wurden von der heimischen Bevölkerung und vor allem von der Gemeinde Owingen liebevoll aufgenommen, untergebracht und verpflegt. Sie waren auf der Suche nach ihren Kindern und Angehörigen und wirkten an der Identifizierung der Opfer mit. Einzelne Väter hatten die Frau und ihr Kind oder beide Kinder verloren. Ganze Familien wurden ausgelöscht. Die Verbitterung und Trauer waren unbeschreiblich. 71 Menschen kamen ums Leben. Der Anblick der aufgebahrten Särge in einer Turnhalle war herzzerreißend.

Bei der Trauerfeier, zu der die Regierung von Baschkirien und viele Angehörige kamen, hatte ich unser Leid, unser Mitleid, unsere Verbundenheit mit den Familien der Opfer, unsere herzliche Anteilnahme zum Ausdruck zu bringen. Jeder weiß, dass Worte in einer solchen Situation versagen, und trotz dieser Unzulänglichkeit und allen Unvermögens muss man versuchen, die Leiden der Opfer und ihrer Familien in Worte zu fassen.

„Einundsiebzig Menschen sind mit einem Schlag hinweggerafft worden. Sie haben einen entsetzlichen, technischen Tod erlitten. Nicht nur ihr Leben wurde vernichtet, auch ihr Gesicht, ihr Körper, ihr Name, ihre Identität.

In unserer Ohnmacht tragen wir unsere Klagen und unsere Hoffnung vor Gott. Wo denn sonst sollen wir sie anbringen?

Mit den Eltern der verstorbenen Kinder und mit allen Angehörigen der Opfer sagen wir in den Worten des Schriftstellers Franz Kafka:

‚Klage ich? Ich klage nicht, mein Anblick klagt.'

Sie kamen alle, um nach ihren Kindern zu sehen. Sie konnten sie nicht einmal als Tote sehen. Der Anblick war ihnen verwehrt. Was sie sahen, war ein Stück toter Technik, der aufgerissene Rumpf eines Flugzeugs, der noch Stunden vorher bergende Haut gewesen und im Bruchteil einer Sekunde zum Grab wurde.

Der Anblick klagt. Der Anblick der zerstreuten Überreste einer Maschine. Der Anblick des zerborstenen Flugzeugs. Die Erfahrung der Vernichtung täglicher Gemeinschaft mit einem geliebten Menschen.

Sie klagten nicht, weil ihnen das Wort erstorben war. Ihr Anblick klagt.

Was sie mitnahmen, war ein Stück Erde vom Acker des Unglücks und ein Bündel Gerste als Zeichen des Lebens.

Schweigend, wie sie gekommen waren, gingen sie am Abend zurück, zurück in die Einsamkeit der Trauer, aus der sie kein Kinderlachen mehr herausholt.

In unserer Ohnmacht richten wir unsere Klagen zu Gott und unsere einzige Hoffnung. Er möge die Toten bei ihren Namen rufen und die Trauernden trösten mit der Gewissheit, dass jeder Mensch in seine Hand geschrieben ist.

Die Menschen in unserem Lande empfinden Mitleid mit dem Trauernden. Wir leiden mit und teilen ihr großes Leid. Menschen, die sich nicht kennen, kommen einander näher durch dieses Leid."

Wir konnten keine Menschen mehr retten. Aber wir konnten die Opfer bergen und ihnen ihre Identität, ihren Namen und ihre Menschenwürde zurückgeben. Das ist wenig und viel zugleich. Es ist Humanität und Mitmenschlichkeit.

800 Polizeibeamte unseres Landes und 1000 freiwillige Helfer der Feuerwehr, des Roten Kreuzes, des Technischen Hilfswerks, der Deutschen Lebensrettungsgesellschaft haben über mehrere Tage und Nächte einen beispielhaften Dienst der Nächstenliebe getan. Sie haben mehr getan als ihre Pflicht. Sie haben sich selbst mit ihrer ganzen Person gege-

ben. Sie haben sich mitmenschlich verhalten und unserem Land Ehre gemacht.

Bei dem Dichter Ernst Ginsburg habe ich ein Wort gefunden, von dem ich mir wünsche, dass es die so schwer Getroffenen nachsprechen können:

Ich falte
die Hände,
die lahmen,
im Geist
und bete
ins Dunkel
dass es
zerreißt.

72.

In aller Welt wurde ich bei Besuchen vom jeweiligen Präsidenten und Ministerpräsidenten empfangen. Dies war kein persönliches Verdienst, sondern ein Zeichen für die Bedeutung und das Ansehen Baden-Württembergs. Es gab selbst Staatsempfänge für unsere ganze hunderköpfige Delegation, etwa von Präsident Ernesto Zedillo im großen Nationalmuseum in Mexiko City, vom König Malaysias im Schloss von Kuala Lumpur und vom Präsidenten Mohammad Habibie von Indonesien in Djakarta.

Es waren viele eindrucksvolle Begegnungen und Gespräche. Zu dem eindrucksvollsten gehört die Begegnung mit Präsident Nelson Mandela in Südafrika. Er kam mir beim Betreten seines Zimmers entgegen, wie einem alten Freund und legte seine Hand auf meine Schulter. Nach einem Gespräch über die innere Situation Südafrikas und über die Beziehungen zu Europa und Deutschland begleitete er mich Hand in Hand über alle Treppen seines Palastes in den Innenhof bis zu einer Begegnung mit Journalisten, die mich begleiteten. Auch in Baden-Württemberg war Mandela zu Gast. Ich behalte die größte Hochachtung gegenüber dem ersten frei gewählten Führer seines Volkes nach der Apartheid in Südafrika. Er organisierte den gewaltfreien Widerstand in Südafrika gegen die Rassentrennung, wurde deshalb mehrfach verurteilt und zuletzt lebenslänglich. Dass ein Mensch, der Jahrzehnte verbannt und im Gefängnis saß, Steine klopfte und sein Augenlicht fast ganz verlor, die Kraft hatte zur Versöhnung, dass nicht Rache seine Antwort war, sondern Zusammenarbeit mit den Weißen, gehört zu den stärksten Eindrücken meines Lebens.

In Kapstadt begegnete ich auch Bischof Desmond Tutu, dem späteren Friedensnobelpreisträger. Eine große Gestalt des gewaltfreien Widerstandes, der Versöhnung und des Rechts für seine schwarzen Landsleute und ein liebenswürdiger Gesprächspartner. Wie wenige kennt er die Zusammenhänge, die Probleme und Zukunftschancen Südafrikas.

Dreimal wurde ich von Papst Johannes Paul II. in Privataudienz empfangen. Ohne ihn wäre die Freiheitsgeschichte Polens und Osteuropas nicht so verlaufen, friedlich und erfolgreich. Das hat kein Geringerer als Michail Gorbatschow gesagt. Dieser Papst gehört zu den großen Gestalten des 20. Jahrhunderts. Innerkirchlich bin ich als katholischer Christ nicht mit allem einverstanden gewesen. Mutig war aber auch hier sein konkretes Bekenntnis zu den geschichtlichen Versagen und Fehlern der Katholischen Kirche. In meinem zweiten Gespräch haben wir uns nur mit dem Verhältnis der Katholischen Kirche zum jüdischen Volk und zum Staat Israel beschäftigt. Auch hier hat Johannes Paul II. später mutige Schritte getan, vom Besuch der Synagoge in Rom, über den Besuch in Israel, bis hin zum gemeinsamen Gebet in Assisi. Im dritten Gespräch habe ich ihm die aus meiner Sicht größte Sorge der Katholischen Kirche in Deutschland, nämlich den Priestermangel vorgetragen und darauf verwiesen, dass das II. Vatikanische Konzil sehr nahe an der Verwirklichung der Weihe von „viri probati", von bewährten Männern war. Die Weihe von bewährten und qualifizierten Laientheologen und Diakonen wäre nach Meinung vieler die Lösung unseres großen Problems der Seelsorge und der Feier der Eucharistie in jeder Gemeinde in Deutschland.

Der spanische König, Juan Carlos, hat mich zusammen mit dem spanischen Senatspräsidenten zu einem langen Gespräch in seiner Privatresidenz empfangen. Er hat sich große Verdienste um die spanische Demokratie erworben.

Ein weiterer Gastgeber ging mit mir Hand in Hand von seinem Amtssitz im Gaza-Streifen in den Vorgarten zur Presse: Yassir Arafat, der Präsident der Autonomiebehörde. Das hätte ich mir nie gedacht, denn ich habe zu der Zeit, als Arafat als Präsident der PLO Attentate und Angriffe gegen Israel, den Libanon und andere Staaten organisierte, jeden Kontakt mit ihm und mit seinem langjährigen Vertreter in Bonn abgelehnt. Erst Jahre später, nachdem er in Oslo in ernsthafte und vertrauliche Friedensgespräche zur Lösung des Nah-Ost-Konflikts eintrat, habe ich Kontakt mit ihm aufgenommen. Im Gaza, in der Villa Reitzenstein, im Neuen Schloss und in Baden-Baden bin ich ihm begegnet und habe ihn zu mutigen Schritten einer Friedenslösung ermuntert. Mein erster Satz der Begrüßung an ihn in Stuttgart war: „In unserem Land ist jeder willkommen, der sich für den Frieden unter den Völkern einsetzt."

Wir haben ihn auch im Bereich der Bildung und beim Aufbau eines eigenen Rundfunksenders unterstützt.

Auch in Israel bin ich für die Bildung und Anerkennung eines Palästinensischen Staates eingetreten und für die Änderung der Siedlungspolitik. Selbstverständlich sei die Voraussetzung dafür die Anerkennung Israels als selbständiger Staat durch die Autonomiebehörde, die Palästinenser und die arabischen Staaten.

Leider sind fünf Minuten vor zwölf die Verhandlungen Camp David II zwischen Präsident Clinton, Arafat und Barak gescheitert, nachdem sogar eine Lösung für Jerusalem gefunden war, was ich für ein Wunder hielt. Wer aber in letzter Minute das freie Rückkehrrecht aller Palästinenser nach Israel fordert, weiß, dass eine Verhandlung scheitert. Die Israelis können sich nicht im eigenen Land in die Minderheit bringen und auf diesem Weg das Ende Israels herbeiführen. Es ist nach diesem Scheitern nicht leichter, sondern schwieriger geworden, zu einem Ausgleich und gerechten Frieden zu kommen.

Danach habe ich mit Arafat keine Kontakte mehr gehabt, zumal er im Anschluss die Intifada II eingeleitet und sich so vom Friedensprozess verabschiedet hat, obwohl er vorher mit Yitzhak Rabin und Henry Kissinger zusammen den Friedensnobelpreis erhalten hatte.

Viele eindrucksvolle Besuche und Begegnungen müsste ich noch schildern: mit den Präsidenten Menem in Argentinien und Lula in Brasilien, mit den Staatspräsidenten Scalfaro und Ciampi in Italien und Meri in Estland, mit den ersten frei gewählten ungarischen Ministerpräsidenten Joseph Antall und dem Präsidenten der Tschechischen Republik Vaclav Havel, mit dem norwegischen König und mit Ministerpräsidentin Brundtlandt, mit dem finnischen und dem polnischen Staatspräsidenten.

Viele hohe Staatsgäste durfte ich in Baden-Württemberg empfangen. Der erste war der chilenische Präsident Ailwin und seine Frau in Stuttgart. Er hatte gerade seine große Rede zur Demokratie und zum Rechtsstaat gehalten, eine mutige Wegweisung, auf die sein Land gewartet hatte, nachdem der abgewählte Diktator Pinochet noch Inspekteur des Heeres blieb und jederzeit Panzer vor die Moneda, den Amtssitz des Präsidenten, schicken konnte.

Zhu Rongji, den späteren Wirtschaftsminister und Ministerpräsidenten Chinas, einen Reformer innerhalb des Systems in China, habe ich zu einer Zeit empfangen, als die Beziehungen noch eingefroren waren. Der Präsident Chinas, Jiang Zemin, war zu Gast in Stuttgart und Ludwigsburg. Auf der Fahrt vom Stuttgarter Flughafen in die Innenstadt sagte er mir auf Deutsch den Text des Liedes „Sah ein Knab ein Röslein stehn" auf. Als ich ihm meine Anerkennung und Bewunderung aussprach, erwiderte er mir: „Sie glauben wohl, dass wir nur Marx und Engels gelernt haben."

Der Protokollchef des Auswärtigen Amtes machte mir gegenüber einmal die Bemerkung: „Alle wollen nach Baden-Württemberg." Ich habe mich vor jedem Besuch eines Staatsgastes eingehend mit der Person dieses Gastes befasst, mich nach seinem Lieblingsschriftsteller erkundigt, habe wichtige Reden von ihm gelesen und mich kundig gemacht über seine bisherige Laufbahn. So konnte ich sehr individuelle Begrüßungen und Tischreden halten. Es entstand schnell eine große menschliche Wärme in den Beziehungen, etwa beim Besuch von Präsident Jelzin oder des amerikanischen Außenministers James Baker oder des Staatspräsidenten von Kasachstan, Nasarbajew. Der spätere russische Staatspräsident Putin war in Begleitung des großen Reformers Oberbürgermeister Anatoli Sobtschak aus St. Petersburg in meinem Wahlkreis, bei uns zu Hause und in meinem Elternhaus.

Oft dauerten solche Verbindungen Jahre an. Auch noch nach dem Ausscheiden der Präsidenten aus ihrem Amt oder nach meinem Ausscheiden empfingen sie mich zu Gesprächen in ihrem Land.

Ein Ministerpräsident Baden-Württembergs muss nahe an den Menschen und den Problemen im Land sein. Im Interesse des Landes und seiner Wirtschaft aber auch weltoffen, informiert und kontaktfähig.

73.

Die Deutschen haben sich im letzten Jahrhundert unseren Anrainern in Baden-Württemberg nicht immer als gute Nachbarn erwiesen. Aus diesem Grund habe ich mich immer auch in der grenzüberschreitenden Zusammenarbeit engagiert. Ich wollte einen bescheidenen Beitrag dazu leisten, ein neues Vertrauensverhältnis zu begründen und zu fördern. Das galt unserer Nachbarschaft zum Elsass, die vielfältig geschichtlich belastet, aber heute gutnachbarschaftlich und eng ist. Befreundet bin ich mit dem Präsidenten der Region Elsass, Adrien Zeller, und mit einigen ehemaligen Senatoren, Abgeordneten, Ministern und Bürgermeistern. Persönlich habe ich noch zusammengearbeitet mit Pierre Pflimlin und Joseph Rey, den Bürgermeistern von Straßburg und Colmar.

Mit allen Kollegen der uns benachbarten Schweizer Kantone hatte ich persönlichen Kontakt und eine gute Zusammenarbeit in den grenzüberschreitenden Gremien. Ich bin ein Bewunderer der Schweiz und der Schweizer Politik. Ihr ist es gelungen, ihr Land aus zwei Weltkriegen herauszuhalten. Mit den Schweizer Kantonen ist gut zusammenzuarbeiten, wenn man ihnen in Augenhöhe begegnet und nicht von oben herab, nur weil wir mehr Einwohner haben als sie. Ich habe diese Beziehungen persönlich gepflegt und nicht delegiert. Das ist uns immer zugute gekommen, wenn wir grenzüberschreitende Probleme hatten. Die gleiche Sensibilität würde ich manchem Kabinettsmitglied in Berlin wünschen.

Selbstverständlich können wir uns um die Anerkennung international vergleichbarer Standards in der Geldanlage bei Schweizer Banken bemühen. Aber nicht mit Verbalinjurien. Wer Schweizer Bürger und Politiker beschimpft, erreicht bei den selbstbewussten und freien Schweizern genau das Gegenteil von dem, was er will.

Gute Verbindungen haben wir über den Bodensee nach Vorarlberg. Es sind gewachsene Beziehungen zu unseren alemannischen Landsleuten, starke wirtschaftliche, kulturelle und menschliche Verbindungen. Das gilt auch für Tirol und Südtirol. Der ganze alemannische Süden ist schließlich bis zum Anfang des 19. Jahrhunderts von Innsbruck aus verwaltet worden.

Mit den Donauländern Oberösterreich und Niederösterreich und mit allen Anliegern bis zur Donaumündung haben wir als Land der beiden Donauquellen einen freundschaftlichen Austausch.

74.

Eines Morgens rief mich der Rektor der Universität Heidelberg an und sagte mir, die Universität werde für ihren großen akademischen Lehrer Hans-Georg Gadamer einen Akademischen Festakt zu seinem 100. Geburtstag veranstalten. Es würden Gäste aus aller Welt erwartet, die herausragenden Philosophen von Australien bis in die Vereinigten Staaten würden kommen. Er fragte mich, ob ich bereit sei, die Laudatio zu halten. Ich sagte ihm spontan, dass ich zwar Professor Gadamer und auch einige Teile seines Werkes kenne und ihn mehrfach schon zu Vorträgen eingeladen hatte. Wenn aber Philosophen aus aller Welt zu Ehren des größten zeitgenössischen Philosophen nach Deutschland kommen würden, dann sollte wahrlich nicht ich als einziger Nicht-Philosoph die Laudatio übernehmen. Ich sagte dies nachdrücklich und der Rektor versprach mir, noch einmal mit seinem Senat zu reden.

Nach einiger Zeit kam er wieder auf mich zu und bat mich im Auftrag des Senats erneut, die Laudatio zu übernehmen. Jetzt sagte ich zu und ging monatelang mit Gedanken für diese Rede schwanger. Nachdem ich diesen großen Lehrer der Philosophie und Meister der „Hermeneutik", der Kunst des Verstehens, der großen Methode der Geisteswissenschaften, der Interpretation von Texten, der Offenlegung ihrer Wahrheit und ihrer Sinnzusammenhänge gewürdigt hatte und auch seine Auswahl und Erschließung der Texte großer Philosophen, stand er auf, stützte sich auf seinen Stock, und sagte: „Ein Ministerpräsident, der mich verstanden hat." Ein größeres Lob konnte ich von einem Mann, der sich zeitlebens um das „Verstehen" bemüht hat, nicht bekommen.

Und noch einem zweiten Hundertjährigen durfte ich die Laudatio zu seinem Geburtstag halten, Ernst Jünger. Er wollte nicht in ein Schloss des Landes zum Geburtstagsempfang eingeladen werden, sondern empfing den Bundespräsidenten, den Bundeskanzler, meine Frau und mich in seinem Forsthaus der Stauffenbergs in Wilflingen. Dort unterhielten wir uns zu fünft eineinhalb Stunden über sein Leben. Draußen warteten Journalisten und Fernsehstationen, Männer des Geistes und Kenner seines Werkes und seine Mitbürger aus Wilflingen und dem Kreis Biberach. Anschließend fand auf seinen Wunsch das Mittagessen in seiner Lieblingswirtschaft, der „Kleber-Post" in Bad Saulgau statt. 99 Stühle gab es und keinen Platz mehr. Das Protokoll hatte Tage zu tun, um in Abstimmung mit ihm die vielen illustren Gäste aus dem In- und Ausland auszuwählen und zu platzieren.

In meiner Laudatio würdigte ich den außergewöhnlichen Mann, das außergewöhnliche Ereignis und ein außergewöhnliches Werk und schloss auch seine Gattin, Dr. Lieselotte Jünger, in die Würdigung ein. Aus dem Werke ihres Mannes, vor allem auch aus seinen Tagebüchern kennen wir diese eigenständige Bewahrerin des Cotta'schen Erbes, die organisationstüchtige und einfühlsame Gefährtin, die charmante Gastgeberin und den guten Geist in der alten Oberförsterei.

Im Kreis der Verleger und Übersetzer, der Feuilletonisten und Interpreten, der Freunde und Weggefährten des Jubilars, versuchte ich die Zeitgenossenschaft, die Beobachtungsgabe des Augenmenschen Ernst Jünger zu schildern. Dann das Durchschreiten und Erleben eines Jahrhunderts vom Kaiserreich über die aktive Teilnahme am Ersten Weltkrieg und seinen eigenen Weg aus der deutschen Misere bis hin zur Wiedervereinigung, die er mit dem Satz kommentierte: „Endlich wieder einmal eine gute Nachricht für unser Land."

Nach dem Weg in die Fremdenlegion und als Stoßtruppführer im Ersten Weltkrieg, die Ernüchterung und das Ende jeder Illusion, wie er sie in den „Stahlgewittern" beschreibt. 1918 hatte er den „Pour le mérite"-Orden erhalten. Als geistiges Vermächtnis schrieb er am Ende seines Lebens und eines blutigen Jahrhunderts: „Wir müssen glauben, dass alles sinnvoll geordnet ist, sonst stranden wir bei den Scharen der innerlich Unterdrückten, der Entmutigten, oder wir leben wie Tiere als Duldende in den Tag hinein."

Als ich ihn zum letzten Mal traf, es war in seinem 102. Lebensjahr, und mich nach seinem Befinden erkundigte, sagte mir Ernst Jünger, es gehe ihm gut. Er schreibe nicht mehr so viel wie früher, aber er lese, auch die Tageszeitungen. Meistens auch die Todesanzeigen. Mit einer gewissen Gelassenheit, denn es sei selten jemand von seinem Jahrgang dabei.

Auch zu Hilde Domin, dieser begnadeten Schriftstellerin und Dichterin, dieser großen Liebhaberin der deutschen Sprache, hatte ich ein herzliches Verhältnis. Ich durfte sie an mehreren ihrer Geburtstage besuchen, ich durfte sie zur Professorin ernennen und die Laudatio auf sie an der Universität Heidelberg halten.

Viele Gedenkreden sind mir noch in Erinnerung, weil ich mich vorher in die Merkmale und das Werk dieser Persönlichkeiten eingearbeitet habe. ich denke an Theodor Heuss, an Gebhard Müller, Karl Arnold, Eugen Bolz, Reinhold Frank, Carlo Schmid, Kurt Georg Kiesinger, Friedrich Ebert und Matthias Erzberger, Philipp Melanchthon und Johannes Reuchlin.

Große Söhne unseres Landes. Vorbilder als Menschen mit Charakter. Gerne hätte ich ihnen auch in diesem Buch ein Denkmal gesetzt, wie ich es andernorts getan habe, aber es würde den Rahmen sprengen.

75.

In meine Amtszeit fiel der Abschied von der Bundeshauptstadt Bonn. Vielen Baden-Württembergern – und auch mir – fiel der Abschied schwer.

Mit Bonn verbindet sich eine der geglücktesten Epochen der deutschen Geschichte, der Parlamentarische Rat und das Grundgesetz, der erste Bundestag, der erste Bundesrat, der erste Bundespräsident, der erste Bundeskanzler. Der Anfang der Staatlichkeit auf Bundesebene nach dem Zweiten Weltkrieg. Mit der „Bonner Republik“ verbinden sich 50 Jahre Frieden und Rechtsstaat, die Soziale Marktwirtschaft, die Nähe zu Europa, die Westorientierung der deutschen Politik, eine neue Bescheidenheit Deutschlands nach Jahren der

Großmannssucht. Die Bonner Jahre gehen als gute Jahre in unsere Geschichte ein.

Bonn ist eine überschaubare Großstadt. Ein schönes Münster und Rathaus, eine angesehene Universität, die attraktive Innenstadt, eine großartige Lage am Rhein zwischen Siebengebirge und Venusberg machen es auch zu einer liebenswürdigen Stadt.

Viele haben auch ungern die Bonner Landesvertretung Baden-Württembergs verlassen, eine gastfreundliche Botschaft unseres Landes und ein Hort des Föderalismus. Sie war quantitativ den Bonner Ministerien weit unterlegen, aber qualitativ ebenbürtig. Sie war ein Stück Baden-Württembergs, mit zahlreichen Ausstellungen der Wirtschaft, der Regionen, der Kultur, der Wissenschaft, der Vielfalt unseres Landes. Ich selbst hatte beim Abschied nicht weniger als 44 Jahre persönliche Erinnerungen an unsere Landesvertretung, in die ich schon als Schüler, dann als Bürgermeister, als Abgeordneter und Fraktionsvorsitzender und schließlich als Ministerpräsident kam.

Schwäbischer Trollinger und badischer Spätburgunder gingen dort ebenso wenig aus, wie Maultaschen und Schäufele. Unvergessen ist die jährliche „Stallwächterparty". Unvergessen ist auch der Ausspruch des Bundespräsidenten Theodor Heuss nach der Aufforderung eines Mitarbeiters, dass es Zeit sei für einen Bundespräsidenten, heimzugehen: „Der Bundespräsident goht jetzt hoim. Aber dr Theodor Heuss bleibt no a Weile hocka."

In der Landesvertretung kamen Politiker und Beamte zusammen, Gäste aus zehn deutschen Ländern, Botschafter aus aller Welt und Landsleute aus Baden-Württemberg. Hier wurde die Große Koalition 1966 gezimmert und der Asylkompromiss in fünf Tagen und vier Nächten zustande gebracht. Die Landesvertretung hat Streit und harte Auseinandersetzungen erlebt, aber es ist nie Blut geflossen. Dagegen sehr viel Wein. Lange nach Mitternacht sind die Matadoren dann versöhnt aus der Schwarzwaldstube abgezogen, oder müde vom Kampf; nicht mehr gerade, aber immer aufrecht.

Die Landesregierung hatte immer Glück mit ihren Hausherrn und Dienststellenleitern, aber auch mit der einzigen Ministerin Annemarie Griesinger.

Und nun Berlin. Würde Politik dort noch überschaubar und menschlich bleiben? Würden Politiker und Journalisten noch so ungezwungen und zufällig auf der Straße aufeinander treffen wie auf dem kleinen Campus zwischen Rhein, Bundestag, Redaktionen und Landesvertretungen?

Würden Landesvertretungen in einer Millionenstadt noch attraktiv sein und in der Vielfalt des Angebots beachtet werden?

Lange haben wir uns auf Berlin vorbereitet. Schwäbischem Sparsinn und badischem Weitblick haben wir es zu verdanken, dass wir zwei Trümmergrundstücke im Tiergarten, das Gelände der früheren Württembergischen Gesandtschaft in Preußen und das Grundstück der früheren Badischen Gesandtschaft in Preußen, über Jahrzehnte behalten haben und jetzt eintauschen konnten für ein „Filetgrundstück" am Tiergarten. Hier sollte die neue Landesvertretung entstehen. Nach einem großen Architektenwettbewerb entschied sich das Preisgericht für die Arbeit des Berliner Architekten Dietrich Bangert. Bei näherem Hinsehen stellte sich heraus, dass er aus dem Wiesental im Schwarzwald stammte. Mit ihm und der ausgezeichneten Architektin und Bauleiterin Birgit Decker aus seinem Büro arbeiteten wir an der Detailplanung.

Fast alles ist großartig geworden, vor allem die Flexibilität im Erdgeschoss, die neben einem halben Dutzend Sitzungssälen durch Öffnen der Faltwände einen großen Empfangsraum von einem Grundstücksende zum anderen ermöglicht und damit die Aufnahme von tausend Gästen. Das neue Haus ist streng im Stil, einladend in der Form, warm im Innern, und wunderbar in den Einfällen von Tageslicht. Es besticht durch seine noble, ruhige und stilsichere Eleganz.

Die neue Ersatz-"Schwarzwaldstube", als Weinstube ausgewiesen, und der Bierkeller sind nicht in gleichem Maß gelungen. In ihnen fühlt sich ein Baden-Württemberger nicht sofort wie zu Hause und wie einst in der Bonner Schwarzwaldstube oder in der neuen Schwarzwaldstube in Brüssel. Aber insgesamt ist unsere Landesvertretung gut, funktionell sogar sehr gut und sie gehört zum Besten, was in den letzten Jahren im Regierungsviertel gebaut wurde.

Inzwischen ist sie angenommen und attraktiv für viele Gäste, Ziel der vielen Besuchergruppen aus dem Land. Sie ist zum Heimathafen aller Baden-Württemberger in Berlin geworden, der zweitstärksten Volksgruppe immerhin nach den Türken.

Am 30. Juni 2000 haben wir unsere neue Landesvertretung in Anwesenheit „unseres“ früheren Bundespräsidenten Richard von Weizsäcker, der aus einem hohenlohischen Geschlecht stammt und im Stuttgarter Neuen Schloss geboren wurde, wo sein Großvater, der letzte Ministerpräsident des Königs von Württemberg, wohnte, eingeweiht. Der Regierende Bürgermeister von Berlin, Eberhard Diepgen, gab uns ebenfalls die Ehre, wie auch der Vizepräsident des Deutschen Bundestages, Rudi Seiters, viele Botschafter und Gäste aus der Bundes- und Landespolitik und allen Bereichen der Gesellschaft des Bundes und unseres Landes.

Vor der Einweihung habe ich am frühen Vormittag ganz bewusst die Gedenkstätte von drei Baden-Württembergern besucht, an deren geistige Kraft und sittliche Haltung wir beim neuen Start in Berlin bewusst anknüpfen wollten: Ich ging in den Hof des Nebengebäudes unserer Vertretung, den ehemaligen Bendlerblock, in dem am Abend des 20. Juli 1944 Claus Schenk Graf von Stauffenberg erschossen wurde. Dort legte ich einen Kranz nieder, wie auch anschließend in der Gedenkstätte Plötzensee, wo zwei Männer unseres Landes hingerichtet wurden: der württembergische Staatspräsident Eugen Bolz und der Karlsruher Rechtsanwalt Reinhold Frank, der aus Hohenzollern stammte.

„In dieser Tradition und in der Tradition der Badischen Revolution von 1848/49, die für Einigkeit und Recht und Freiheit gekämpft und zur Paulskirche in Frankfurt geführt hat, kommt Baden-Württemberg in die Bundeshauptstadt", sagte ich bei der Eröffnung. „Als Gliedstaat der Bundesrepublik Deutschland. Als selbstbewusstes und erfolgreiches Land. Nicht auftrumpfend, sondern bescheiden, aber mit dem Anspruch auf Achtung der föderativen Ordnung. Die Länder waren vor dem Bund da und die Städte, Gemeinden und Kreise sind das Fundament des Ganzen."

Ich selbst habe eine emotionale Bindung an Berlin. 1956 war ich zum ersten Mal in dieser Stadt und von da an habe ich 30 Jahre lang jedes Jahr eine Gruppe hingeführt, nach Westberlin und nach Ostberlin, um sie mit der Teilung der Stadt und mit der Sehnsucht nach der Wiedervereinigung Deutschlands und Berlins vertraut zu machen.

Als Bundesratspräsident habe ich den Vorschlag gemacht, nicht einen Neubau für den Bundesrat zu erstellen, sondern in das damals noch völlig herunter gekommene ehemalige Preußische Herrenhaus zu gehen und es für den Deutschen Bundesrat zu sanieren und umzubauen. Es ist dort dann in der Tat ein würdiges und funktionsgerechtes Gebäude für den Bundesrat entstanden.

76.

Nach einer guten Halbzeitbilanz der Landesregierung, die ich Ende Oktober 2003 dem Landtag vorlegte, machte ich mir in der zweiten Halbzeit, im Jahr 2004, erste Gedanken über die Ausgangslage zur Landtagswahl 2006. Die Umfragen waren sehr gut. Ich hatte Zustimmungswerte zu meiner Person, die 30 % über den Werten der CDU lagen. Die Zustimmung zu meiner Person lag auch weit über 30 % vor den anderen Spitzenpolitikern meiner Partei. Da ich meine Aufgabe immer für alle Bürger gesehen habe, freute mich besonders, dass dieser Zuspruch auch von den Anhängern anderer Parteien kam. Die Ausgangslage für uns war besser als im Vorfeld jeder vorangegangenen Wahl. In der Landtagswahl 2001 hatten wir nur noch zwei Sitze unter einer eigenständigen Mehrheit gelegen. Für die nächste Wahl wären die Chancen noch größer gewesen. Dies war eine vorläufige Zwischenbilanz. Bis zur Wahl war es noch weit und Umfragen sind noch keine Wahlergebnisse. Aber die Ausgangssituation und die Gesamtstimmung waren gut.

Trotzdem musste ich sehen, dass ich für eine erneute Spitzenkandidatur nicht mehr die geschlossene Unterstützung der CDU hatte. Teile der Partei hatten andere Vorstellungen. Auf einem Parteitag hätte ich wohl keinen Gegenkandidaten gehabt. Dafür hatte ich konkrete Anhaltspunkte. Aber ein Spitzenkandidat braucht eine völlig geschlossene Partei. Die Leute wählen keine Partei, die zerstritten ist.

Ich hätte also um die Spitzenkandidatur für 2006 kämpfen können und dies mit guten Argumenten. Aber das entsprach nicht meiner inneren Überzeugung. Ich sah mein Amt als Dienst und als Bereitschaft zur Übernahme von Verantwortung, nicht aber als Kampf um Macht und Machterhalt. Jeder in meiner Partei war frei. Ich war es auch. Ich habe niemand in die Pflicht genommen.

Deshalb habe ich sehr frühzeitig am 25. Oktober 2004 meinen Rücktritt vom Amt des Ministerpräsidenten zum 19. April 2005 erklärt. Mit dem vorzeitigen Verzicht auf das Amt wollte ich einem Nachfolger ermöglichen, als Ministerpräsident in den Wahlkampf 2006 zu ziehen. Zuerst das Land, dann die Partei und dann die persönlichen Interessen. Das wollte ich durchhalten.

Dem Landtag nannte ich die konkreten Aufgaben, die ich im letzten halben Jahr meiner Amtszeit noch erledigen wollte.

Ich war mit mir im Reinen. Ich wusste immer, dass in einer Demokratie Ämter nur auf Zeit vergeben werden.

77·

Im April 2005 hat mich die Ministerpräsidentenkonferenz in Berlin förmlich verabschiedet. Ich war inzwischen der dienstälteste Ministerpräsident in Deutschland. Die Kollegen luden zu meinem Abschied den Präsidenten der Europäischen Kommission José Manuel Barroso und den langjährigen polnischen Außenminister Wladyslaw Bartoszewski als Ehrengäste und Redner ein. Es war für mich eine besondere Freude, denn jeder wusste, dass ich für Europa und für Osteuropa mit dem Kopf und mit dem Herzen engagiert war.

Von einer großen Zahl von Gästen aus der Bundespolitik, von Freunden und Weggefährten habe ich mich in unserer Landesvertretung in Berlin verabschiedet. Der langjährige Bundeskanzler und Bundesvorsitzende der CDU, Helmut Kohl, hielt die Laudatio und widmete mir am Ende die Handnotizen seiner Rede. Beides empfand ich als besondere Geste der Freundschaft.

Am 16. April gab die Landesregierung für mich einen großen Abschiedsempfang. Wenn ich daran denke, wie Politiker im Normalfall von einer Stunde auf die andere davongejagt werden, hat man mich nobel behandelt. Viele, viele Menschen, die ich seit Jahren aus guter Zusammenarbeit schätzte, kamen ins Große Haus. Es war ein Fest, wie zu meinem 60. Geburtstag. Das Landesjugendorchester spielte auf meinen besonderen Wunsch. Mein Stellvertreter, Wirtschaftsminister Pfister, sprach für die Regierung, unser Landtagspräsident Peter Straub für das Land, Jürgen Schrempp für die Wirtschaft, Frau Renate Köcher für die vielen guten Berater meiner Amtszeit, Martin Walser, Friedenspreisträger des Deutschen Buchhandels, als ein Mann, dem das Wort ebenso gegeben ist wie eine große Beobachtungsgabe und Darstellungskunst der Menschen in ihrer Landschaft, und Bernhard Vogel für meine Kollegen und Freunde.

Es tut gut, wenn das, was über einen Menschen im Normalfall nur in Trauerreden gesagt wird, von ihm selbst noch wahrgenommen werden kann.

„Ein bisschen mehr Blumen während des Lebens, denn auf den Gräbern sind sie vergebens." Es war so überreichlich, dass ich jetzt keine offiziellen Geburtstage mehr zu feiern brauche. Da ich veröffentlichte Kritik nicht immer zum Nennwert genommen habe, um nicht jedes Selbstwertgefühl zu verlieren, nehme ich auch jetzt öffentliches Lob nicht immer zum Nennwert, um nicht meine Demut zu verlieren.

Mein Freund Heiner Geißler schrieb in der Festschrift zu meinem 60. Geburtstag über mich: „Ich habe bei ihm immer seine innere Freiheit bewundert. Die antiken Philosophen nannten die innere Freiheit die Fähigkeit, die Meere des Reichtums und der Macht gefahrlos überqueren zu können."

78.

Da mir der liebe Gott auch noch nach dem 20. April 2005 Geist, gesunden Menschenverstand, Zeit und Gesundheit schenkte, ich diese Gaben aber nicht mehr für öffentliche Dienste brauchte, musste ich jetzt auch kein schlechtes Gewissen haben, wenn ich sie für private Prioritäten einsetzte.

Mit meiner Frau hatte ich schon zehn Jahre zuvor abgesprochen, dass ich nach meiner Zeit als Ministerpräsident Philosophie studieren würde, wenn ich einigermaßen heil aus dem Amt herauskomme.

Wer zu 150 % Politik gemacht hat, kann sie nicht mit 30 % machen. Sagen darf man auch nichts, weil jedes Wort abgeglichen wird mit Aussagen heutiger Amtsträger und dann als Einmischung empfunden wird.

Also etwas ganz anderes! Oder auch nicht. Ich habe mich auch bisher ein Leben lang mit philosophischen Fragen beschäftigt, auch mit Theologie, mit Geschichte und Staatsrecht. Im letzten Winkel meiner Freizeit habe ich gelesen. Am Sonntag, in frühen Morgenstunden, im Urlaub, zu Lasten jeder anderen Freizeitbeschäftigung. Ich war mit Haut und Haaren Abgeordneter und Ministerpräsident, aber ich wollte nicht nur im Tagesgeschäft aufgehen. Ich wollte auch bedenken, was ich mache. Nachdenken und Vorausdenken. „Wir sind, was wir gelesen", sagt Golo Mann. Ich suchte auch nach Orientierungswissen, nicht nur nach Faktenwissen.

So ging ich an die Hochschule für Philosophie nach München, die seit 100 Jahren vom Jesuitenorden getragen wird. Dort kannte ich keinen einzigen Professor persönlich. Aber ich kannte sie alle und auch ihre Vorgänger aus Veröffentlichungen. Seit 50 Jahren lese ich die „Stimmen der Zeit". Dort haben sie alle regelmäßig geschrieben.

Ich erinnere mich noch genau: Als ich zum ersten Mal am Beginn des Semesters nach München fuhr, da fragte ich mich auf der Fahrt mit dem Auto: „Was suchst du denn jetzt dort"? Ich antwortete mir spontan: „Gott", und dann: „den lebendigen Gott!". Darüber bin ich selbst erschrocken. Das war sicher anspruchsvoll und musste sofort zur Frage führen: „Warum studierst du dann nicht Theologie?" Die Antwort war eine zweifache und selbstbewusste: „Weil ich in der Theologie zu Hause bin, mich mit philosophischen Fragen aber nur punktuell und nicht systematisch befasst habe. Und zweitens, weil ich zum Gott der Theologen, zum Gott Jesu Christi, zum Gott des Glaubens Zugang habe und ihm vertraue. Ihn suchte ich Zeit meines Lebens und ich habe ihn gefunden. Oder besser gesagt: Er hat mich gefunden. Denn er schenkt das Wollen und das Vollbringen. Es gilt nicht nur: Die Suchenden werden finden, sondern auch: Die Suchenden sind schon gefunden."

Aber ich wollte auch glaubwürdig glauben. Gott hat mir Geist und Vernunft und Verstand geschenkt, damit ich sie nutze und ihn auch mit der ratio finde. Ich will glauben, weil es vernünftig ist, und Gott erkennen, weil er mir Verstand dafür gegeben hat und seinen Geist, der mir eine Realität ist und der unserer Schwachheit aufhilft, wie es im Römerbrief des Apostels Paulus heißt.

Natürlich hatte ich mich auch weit über die philosophische Gottesfrage hinaus für alle anderen Themen der Philosophie interessiert. Ich interessierte mich für Gott und die Welt. Ich war geistig hungrig und durstig nach Wissen und Erkenntnis.

Ich wollte beim Studium ein Fundament und einen Überblick, aber ich konnte nicht jede Vorlesung besuchen. Ich war Montag, Dienstag und Mittwoch in München und bin Donnerstag, Freitag und Samstag im Land gewesen, um Büroarbeit zu erledigen und Vorträge vorzubereiten und ich war im Land unterwegs.

In der ersten Wochenhälfte habe ich jede Vorlesung besucht und mehrere Seminare. Ich habe zugehört, mitgeschrieben, mich beteiligt und nachgearbeitet, auch mit Büchern anderer Hochschullehrer zum gleichen Thema.

Das Grundstudium dauert vier Semester. Fünf Semester war ich in München, weil ich während des ersten Semesters noch im Landtag war und immer wieder zu Sitzungen von München nach Stuttgart fahren musste. Mehr hatte ich nie beabsichtigt als ein Grundstudium. Es war sehr gut. Ich habe keine Stunde bereut. Und ich bleibe auch weiter an dem Thema, das mich nach München geführt hat.

79.

Jetzt bin ich wieder ganz im Land und habe alle Vorsätze, mich die ersten drei Tage der Woche zu Hause mit geistigen Fragen zu beschäftigen, längst über Bord geworfen, weil ich überhäuft werde mit Anfragen.

Ich habe damit gerechnet, dass ich noch zu Vorträgen eingeladen werde. Nicht aber damit, dass die Einladungen in solchem Umfang und in solcher Vielfalt auf mich zukommen, dass ich auf eine Zusage zwei Absagen geben muss. Dennoch bin ich ständig unterwegs. Ich halte jede Woche noch vier, manchmal fünf Vorträge oder bin in Sitzungen. Bei der Hälfte kann ich aus dem Vollen schöpfen, weil ich in diesen Themen zu Hause bin. Auf die andere Hälfte muss ich mich intensiv vorbereiten. Das macht Freude, kostet aber sehr viel Zeit.

Mit einem anderen habe ich gar nicht gerechnet: Jede Woche bekomme ich zwei Anfragen auf Mitarbeit in einer Stiftung, einem Beirat, einer Institution. Am Anfang habe ich verhältnismäßig locker zugesagt, weil ich mir gesagt habe: Jetzt bist du jahrelang landauf, landab gefahren und hast für ehrenamtliche Tätigkeit geworben und ehrenamtlich Tätige ausgezeichnet. Wenn du jetzt etwas mehr Zeit hast, musst du auch das eine oder andere ehrenamtlich tun. Bis mir meine Sekretärin den Hinweis gab: „Jetzt sind wir bei der Nummer 30." Seitdem bremse ich, kann aber doch nicht in jedem Fall absagen.

Aus der Vielfalt der übernommenen Aufgaben möchte ich einige beispielhaft nennen: Seit 2005 bin ich Präsident des Deutsch-Französischen Instituts in Ludwigsburg. Das Institut wurde vor 60 Jahren von Carlo Schmid und Theodor Heuss gegründet. Die Aufgabe liegt mir nahe, weil ich mich ein Leben lang für die deutsch-französischen Beziehungen eingesetzt habe. Sie ist interessant und für mich einfach, weil ich in der Person von Herrn Prof. Dr. Baasner einen ausgezeichneten Generalsekretär habe.

Ich bin Mitglied des Beirats der Stiftung Weltethos von Hans Küng, der von der Einsicht ausgeht, dass es ohne Religionsfrieden keinen Weltfrieden gibt. Er lenkt aus dieser Einsicht heraus die Aufmerksamkeit auf das alle Religionen Verbindende, ohne einem Synkretismus, einer Verschmelzung unterschiedlicher Lehren zu verfallen.

Seit 2008 bin ich Mitglied des Deutschen Ethikrats, von der Bundesregierung vorgeschlagen und vom Bundestag berufen. 24 Mitglieder, hauptsächlich Hochschullehrer oder Forscher, bemühen sich um die Aufarbeitung der Ergebnisse und Folgen von Forschung, vor allem in den Lebenswissenschaften und in der Molekularbiologie. Ich kann in diesem Feld sehr viel lernen, in anderen auch Eigenständiges beitragen. Für die Zukunft würde ich mir einen etwas breiteren Ansatz wünschen, der auch die ethischen Probleme einschließt, die angesichts unserer Finanz- und Wirtschaftskrise auf der Hand liegen. Es gilt, was Werner Heisenberg einmal gesagt hat: „Die Probleme der Zukunft sind nicht Fragen der Technik, sondern Fragen der Ethik."

Dann arbeite ich im „Konvent für Deutschland" mit, in dem sich etwa 15 Persönlichkeiten mit Erfahrung in Politik und Wirtschaft unter Vorsitz des früheren Bundespräsidenten Roman Herzog mit Zukunftsfragen unserer staatlichen Ordnung, ganz besonders auch mit Fragen einer Föderalismusreform befassen. Für mich war es fast eine Offenbarung, dass Männer aus allen Parteien übereinstimmend den Föderalismus und eine bundesstaatliche Gliederung bejahen und die Wirklichkeit mit dieser Zielrichtung verbessern wollen.

Die Karl Schlecht-Stiftung eines großen mittelständischen Unternehmers in Aichtal, in deren Beirat ich mitwirke, befasst sich schwerpunktmäßig mit der Förderung der Forschung und Entwicklung alternativer Energien, den Voraussetzungen für Unternehmensgründungen und mit der Förderung der Idee eines Weltethos, wie sie Hans Küng vertritt, international und an unseren Schulen.

Als ich Bürgermeister war, hat der Gemeinderat der Stadt Spaichingen auf meinen Vorschlag eine „Geschwister-Scholl-Straße" benannt. Heute wirke ich in der Geschwister-Scholl-Stiftung in München mit, die sich dem geistigen Erbe der Geschwister Scholl und ihrer Widerstandsgruppe und der Vermittlung dieses Erbes widmet. In der großen Aula der Universität München findet jährlich eine Geschwister-Scholl-Gächtnisvorlesung statt, die ich auf Einladung des Rektors auch schon selbst einmal halten durfte. Auch im Kuratorium der „Eugen-Biser-Stiftung" in München bin ich Mitglied. Sie fördert die Herausgabe der Werke dieses herausragenden Theologen, der aus Oberbergen am Kaiserstuhl stammt. Ich verdanke ihm viel: Erkenntnisse aus seinen Büchern und Prägungen aus vielen Begegnungen. Vor allem hat er uns Gott als bedingungslos liebenden Vater erschlossen.

In zwei mittelständischen Betrieben und in zwei Banken bietet mir eine Tätigkeit als Aufsichtsrats- bzw. Beiratsmitglied weiterhin Einblick in die Situation unserer Wirtschaft und unserer Banken.

Die Hertie-Stiftung leistet seit Jahren an der Universität Tübingen eine beispielhafte Förderung der Forschung. Ich bin Vorsitzender des „Freundeskreises des Hertie Instituts für klinische Hirnforschung".

25 Jahre lang war ich zudem Mitglied des Zentralkomitees der deutschen Katholiken. Bei der Wahl 2009 habe ich nicht mehr kandidiert.

Der Konrad-Adenauer-Stiftung, der Theodor-Heuss-Stiftung und der Walter-Kasper-Stiftung gehöre ich ebenfalls als Beiratsmitglied an. Letztere fördert das Werk des großen Theologen und Herausgebers des „Lexikon für Theologie und Kirche", des früheren Bischofs von Rottenburg-Stuttgart und heutigen Kurienkardinals Walter Kasper.

In Heidelberg gehöre ich dem Beirat des Kultur- und Dokumentationszentrums der deutschen Sinti und Roma an, weil ich dieser Volksgruppe, von der in der Zeit des Nationalsozialismus ebenfalls Hunderttausende ermordet wurden, besonders verbunden bin.

Ich bin außerdem Mitglied des Beirats der Arco-Iris-Stiftung, die Pfarrer Neuenhofer in seinem vorzüglichen Projekt für Straßenkinder in Bolivien unterstützt.

Ebenso bekenne ich mich zu „donum vitae", welche die vorher von allen Bischöfen der Katholischen Kirche in Deutschland durchgeführte Schwangerenkonfliktberatung in freier Trägerschaft weiterführt.

Seit seiner Gründung bin ich auch Mitglied des Beirats „Gegen Vergessen – Für Demokratie".

Ich gehöre auch dem Beirat des Christlichen Jugenddorfwerks an und unterstütze auch Entwicklungshilfe und Exposure- und Dialogprogramme durch meine Tätigkeit als Vorsitzender des Kuratoriums Exposure- und Dialogprogramme.

In einigen anderen Bereichen stelle ich mich als Schirmherr für einen guten Zweck zur Verfügung.

So versuche ich auch da und dort ehrenamtlich und beratend Bürgerarbeit zu leisten.

80.

Der Rang unseres Landes ist nicht zuvörderst das Ergebnis von Regierungsarbeit, sondern der Arbeit und Zusammenarbeit der Bürgerinnen und Bürger. Es war ein Vorzug und eine Auszeichnung, dass ich durch den Auftrag der Wähler für dieses Land und seine Menschen an vorderster Stelle Verantwortung übernehmen durfte.

Ich wurde in eine schreckliche Diktatur und in einen verheerenden Krieg hineingeboren und ich durfte in einer Demokratie und in Frieden aufwachsen.

Ich bin einfacher Leute Kind und mit acht Geschwistern aufgewachsen. Wir waren in unserem Elternhaus nicht reich und nicht arm. Aber wir haben Liebe erfahren und Geborgenheit und ein Urvertrauen.

Meinen Aufstieg verdanke ich einer offenen Gesellschaft, einer Demokratie und freien Wahlen.

Die höchste Auszeichnung meines politischen Lebens steht in einer Wahlanalyse meiner letzten Landtagswahl 2001 von dimap: „In Baden-Württemberg ist die CDU die Partei der einfachen Leute".

Genau das wollte ich sein: Ein Ministerpräsident für alle,

für die Angehörigen des selbständigen und unselbständigen Mittelstandes und vor allem auch für die einfachen Leute.

Sie kennen kaum Wertpapiere, aber Werte. Sie können sie vielleicht nicht definieren, aber sie leben sie vor und sie geben sie weiter an die nächste Generation. Sie sind gebildeter und gefestigter als manche Intellektuelle.

Sie wissen noch, wo das tägliche Brot herkommt und sie leben nicht über ihre Verhältnisse. Sie haben noch Kinder, Freude an Kindern und delegieren nicht deren Erziehung. Sie wissen, was man tut und was man nicht tut. Sie sind das Fundament des Ganzen und haben deshalb viele über sich. Aber sie garantieren die Stabilität der ganzen Gesellschaft.

Mit ihren Lebensumständen war ich stets vertraut. Deshalb habe ich nie abgehoben. Ihnen habe ich vertraut und vielfältig Vertrauen erfahren.

Das Wichtigste im menschlichen Leben ist Vertrauen unter den Mitmenschen. Vertrauen ist auch die wichtigste Ressource in der Wirtschaft vom Produzenten zum Kunden, vom Patienten zum Arzt, von den Laien zu den Ergebnissen der Wissenschaft und Forschung, in der Familie, im Verhältnis des Vorgesetzten zu den Mitarbeitern und umgekehrt. Vertrauen ist auch die wichtigste Ressource in der Politik.

Auch für den Politiker gilt der alte Kaufmannsgrundsatz: „Vertrauen verloren, alles verloren". Wie aber entsteht Vertrauen? – Nur durch Glaubwürdigkeit. Wie entsteht Glaubwürdigkeit? – Dadurch, dass Worte und Taten der handelnden Menschen nicht allzu weit auseinanderliegen.

Vertrauen ist wie Kapital. Es baut sich nur langsam auf und man kann dann davon leben. Ist es aber weg, dann bringt es kein Wahlkampf zurück.

In den letzten Jahren bin ich im Land vielerorts nicht als Ministerpräsident, sondern als Landesvater begrüßt worden. Mancher hat das sicher als „altbacken" empfunden und kommentiert. Ich habe mich nie dagegen gewehrt, weil ich es als Zeichen gewachsenen Vertrauens empfunden habe. Die Bürger würden keinen kalten Manager, keinen Marktschreier, keinen Staatsschauspieler, keinen Showmaster, keinen Vielschwätzer, keinen Durchreisenden als Landesvater bezeichnen. Auszeichnungen von unten sind noch wertvoller als Auszeichnungen von oben.

Ich habe mit den Menschen gefühlt. Hinsehen, nicht wegsehen und nicht übersehen war mir sehr wichtig. An Schicksalsschlägen von Mitmenschen habe ich Anteil genommen. Sie haben mich selbst betroffen gemacht. Mitleid im Sinne von Mit-Leiden ist ein Teil meiner Identität. Auch die meisten Fehler habe ich aus Mitleid gemacht.

Ich habe mich in andere hineinversetzt. Das war oft anstrengend, aber es hat zu Verständnis geführt und auch zu wichtigen Verhandlungserfolgen.

Staat und Regierung und Verwaltung sind um der Menschen willen da und nicht umgekehrt.

Mit 16 Jahren bin ich 1956 Mitglied der CDU und der Jungen Union geworden. In diesem Alter tritt man nicht aus Machtgier in eine politische Partei ein, sondern aus Idealismus, aus Verantwortungsbereitschaft in einem demokratischen Gemeinwesen und mit dem Willen, diese Welt etwas gerechter und menschlicher zu gestalten. Das Vertrauen der Bürger in Wahlen hat mich in den letzten Jahrzehnten in viele Ämter in Gemeinde und Staat, in Partei und Fraktion geführt.

Über 40 Jahre war ich nun in einem öffentlichen Wahlamt, darunter 34 Jahre als Abgeordneter des Landtags.

Viele, viele haben mir geholfen, haben mich unterstützt, mir vertraut und mich gewählt. Viele sind mir zu Weggefährten und Freunden geworden. Sie haben mein Leben bereichert. Ich möchte sie nicht missen. Viele waren mir Vorbild.

Allen bin und bleibe ich in großer Dankbarkeit verbunden. Demokratie ist eine Weggemeinschaft und eine Wertegemeinschaft.

„Dienen und führen". Diesen Titel hat der langjährige Doyen der baden-württembergischen Wirtschaft, Professor Hans Merkle, einem seiner Bücher gegeben. Das bringt ziemlich genau meine Erfahrung und Überzeugung auf den Punkt.

Dienen: Wer nimmt das einem Politiker noch ab? „Altbacken und überholt" würden die einen sagen und „unehrlich und zur Tarnung" die anderen.

Aber ist nicht genau dies von einem Politiker gefordert: Dienst, als Erfüllung von Pflichten gegenüber den Mitbürgern und dem Gemeinwesen. Ein „Gewissen für das Ganze", wie Eduard Spranger formuliert hat. Erfüllung einer Aufgabe, eines Wählerauftrags, mit „Leidenschaft" (Max Weber). Seit es ein Amt gibt, wird es als Dienst gesehen.

Öffentlicher Dienst bedeutet, ein Handeln für das öffentliche Wohl.

Das bonum commune fördern und das malum commune verhindern oder wenigstens mindern. So steht es auch im Amtseid unserer Verfassung für den Ministerpräsidenten.

Regieren erfordert Mut und Demut zugleich. Dann aber auch Führen. Demokratie verkommt, wenn nicht geführt wird. Jede Diskussion muss auch zu Entscheidungen führen. Raymond Aron hat Demokratie als „kontrollierte Führung" bezeichnet. Genau das, Kontrolle durch Bürger, Medien, Parlamente, Wahlen – aber Führung.

Führung heißt Orientierung geben, obwohl „die Fähigkeit zu erkennen nicht so weit reicht, wie die Notwendigkeit zu entscheiden" (Kant). Das erfordert Weitblick, Mut und Gottvertrauen.

Gustav Heinemann hat einmal gesagt, er liebe seine Frau,

aber nicht sein Land. Ich liebe meine Frau und meine Kinder *und* ich liebe dieses Land und seine Menschen.

Denn wie soll man über 30 Jahre einen 18-Stundentag überleben, wenn man nicht eine emotionale Bindung hat an dieses Land?

Wie soll man bei diesem Stress gesund bleiben, ohne den Rückhalt, den man nur durch Zuwendung der ganzen Person an Land und Leute gewinnt?

Ich habe auf jeder Ebene Verantwortung getragen und Erfahrungen gesammelt. In der Gemeinde war ich Bürgermeister, im Kreis Kreisrat, im Land Mitglied des Landtags und der Landesregierung, im Bund Mitglied des Bundesrates, in Europa Mitglied des Ausschusses der Regionen und des Verfassungskonvents. Was ich gemacht habe, habe ich mit ganzer Kraft und innerer Leidenschaft gemacht. Ich hatte Freude am Gestalten.

Über vier Jahrzehnte habe ich fast nur für die Politik gelebt. Ich hätte nie meine Ämter ausüben können, ohne das Verständnis meiner Frau. Sie stand hinter mir und bei vielen Repräsentationspflichten neben mir. Sie hat nie nach vorne gedrängt, aber ganz selbstverständlich ihre Pflichten erfüllt. Sie war den Menschen nahe. Zu Hause hat sie mir einen Hort der Geborgenheit und der Menschlichkeit geschaffen. Sie hat als „Alleinerziehende" Verantwortung getragen für unsere vier Kinder und war die Anlaufstelle für unsere Enkelkinder. Ihr verdanke ich viel. Meine Zeit in der Familie war kurze Zeit, aber erfüllte Zeit. Ich liebe meine Kinder und Enkelkinder und auch die Geschwister und Angehörigen meiner Herkunftsfamilie.

„Alles Leben ist Problemlösen", sagt Karl Popper, einer unserer großen Philosophen des 20. Jahrhunderts. Auch alle Politik ist Problemlösen. Die Bürger erwarten von den Politikern nichts anderes als gutes Regieren.

Politik ist heute vielfach zur Darstellungskunst verkommen. Nicht Inhalte sind wichtig, sondern Verpackung, Infotainment – also die Meinung: Alles lässt sich nur noch verbreiten, wenn es als Unterhaltung geboten wird.

Politik aber ist eine ernste Sache. Sie kann nicht bloße Taktik zur Erringung oder zur Erhaltung der Macht sein. Sie muss sich an langfristigen Zielen orientieren. Sie muss mehr sein als ein Starren auf die letzte Umfrage und eine Ausrichtung ihrer selbst oder auch nur der öffentlichen Aussage an den Prioritäten dieser Umfrage. Wo Ziele gefragt sind, hilft keine bloße Geschäftigkeit.

Politik muss die Sprache der Menschen sprechen, sonst erreicht sie die Menschen nicht. Da auch in der Politik inzwischen eine Fachsprache gesprochen wird wie in der Medizin oder in der Wissenschaft, müssen Politiker heute vor allem Übersetzungsarbeit der Fachsprache in die Sprache der Menschen leisten, sonst werden sie nicht verstanden. Das ist eine Bringschuld der Politik.

„Wo Sinn gesucht wird, helfen keine Macher", schrieb schon vor Jahren Ludolf Hermann, einer der großen Journalisten. Man kann nicht durch Politik Sinn vermitteln. Sinn muss jeder Mensch selbst finden in seinem Leben. Aber Orientierung dürften die Bürger in unübersichtlichen Zeiten von der politischen Führung schon erwarten.

Berechenbarkeit und Verlässlichkeit haben mir Mitbürger bei Umfragen immer besonders bescheinigt. In unsicheren Zeiten ist Berechenbarkeit der Politik kein geringes Gut.

Mir war das Amt des Ministerpräsidenten immer gut genug. Ich habe nie nach einem Bonner oder Berliner Amt geschielt. Das hat mir manchmal mehr Einfluss auf Bundesebene gegeben als Kollegen, die dort etwas werden wollten. Ich habe immer gedacht: Für einen Ministerpräsidenten in Baden-Württemberg gibt es keine Beförderungsmöglichkeiten mehr.

Vieles, ja das meiste, was ich politisch für unser Land erreicht habe, verdanke ich auch vielen hervorragenden Mitarbeiterinnen und Mitarbeitern. Sie haben mich informiert, auf dem Boden der Tatsachen gehalten, mir rechtliche Chancen und Begrenzungen aufgezeigt und mein Gestaltungsvermögen vielfach multipliziert. Dazu kommt: Sie waren auch angenehme Menschen, in deren Umgebung ich mich wohl gefühlt habe. Ich bleibe ihnen in Dankbarkeit verbunden.

Ich halte den Rechtsstaat, die Menschenwürde, die Grundrechte und Freiheitsrechte der Menschen für die höchste Kulturstufe, die wir erreicht haben. Für Christen sind sie verankert im Glauben an Gott. Menschen, die diesen Glauben nicht teilen, bejahen diese Werte aus anderen Quellen. Sie gelten jedenfalls für alle und sie werden von allen anerkannt.

Wir sind nur zu Gast in einem Amt, in einer Aufgabe, in einem Beruf, wir sind nur zu Gast in dieser Zeit und in dieser Welt und wir haben alle nur eine begrenzte Aufenthaltserlaubnis. In den Worten Hölderlins: „Vieles lernen wir aus der Zeit, die eilends sich verzehrt".

Ich kokettiere nicht damit, aber ich verschweige es auch nicht: Ich habe Kraft aus dem christlichen Glauben, vor allem aus dem Glauben an Gott gewonnen. Und das jeden Tag. Vieles habe ich überhaupt nur verkraftet aus diesem Glauben und aus Gottvertrauen. „Nur wenn wir Bürger zweier Welten bleiben, können wir die menschliche Welt in ihrer Menschlichkeit bewahren", sagt Gabriel Marcel, der große französische Philosoph.

Ich komme auf den Anfang zurück, nämlich auf Eduard Sprangers Wort, wir müssten ein „Gewissen für das Ganze" haben. Darum und um die Folgerungen für das Handeln, die sich daraus ergeben, habe ich mich ein Leben lang bemüht. Vieles ist mir geglückt. Aber letztlich schaffen wir alle durch unser Tun nur Fragmente vom Ganzen. Aber ich glaube, dass Gott aus den Bruchstücken unseres Handelns ein Ganzes schaffen kann und wird.

STATT EINES NACHWORTS

Die Gabe des rechten Worts ist eine große Begabung. Sie ist einem Schriftsteller in besonderer Weise gegeben. Wenn man selbst Adressat ist, ist man fast beschämt. Ich möchte schließen mit einer von ihm handgeschriebenen „Festtags-Heraldik“ Martin Walsers zu meinem 60. Geburtstag, in der Hoffnung, dass er das auch zehn Jahre später noch so über mich sagen würde:

„Seine Schürze ist grün,
und das ist keine politische Farbe,
er ist der Gärtner, der erste des Landes,
er kennt den Boden und pflegt ihn
auf Gedeih und gegen Verderb.
Könnte man sich auf alle verlassen wie auf ihn,
dann wäre Demokratie
eine leise blühende Ordnung.
Sensationen überlässt er sonst wem
und zieht Arbeit vor. Und wirkt
fromm dabei. Arbeitsfromm.
Und begeistert, immer von Sachen.
Macht übt er aus nur
nach Uhrmacherart: er richtet das Werk,
dass die Zeit nicht ins Toben gerate.
Segensreich zu sein, liegt ihm.
Heilig nüchtern, das passt zu ihm.
Überhaupt Wörter von früher.
Er macht sie brauchbar.
Schlaue verfehlen ihn.
Designern ist er zu eckig.
Er lässt die Illusion zu,
das Gute sei möglich."